umland verlag

Die im Text abgedruckten Fragebogenrückläufer stammen von echten Personen. Um deren Anonymität zu wahren, wurden Namen und zum Teil auch Orte verändert.

MIX
Papier aus verantwortungsvollen Quellen
FSC® C083411
FSC
www.fsc.org

Dieses Buch wurde auf FSC©- zertifiziertem Papier gedruckt.
Wir verzichten auf das Einschweißen der Einzelexemplare in Folie.

Doreen Mechsner
Briefwechsel
Stimmungsbild einer viralen Krise

ISBN 978-3-9819587-6-8

2. Auflage 2021

Satz/Layout: Annett Lehmann
Umschlaggestaltung: Annett Lehmann
Druck, Bindung: CPI buch bücher.de GmbH, Birkach

Doreen Mechsner

BRIEFWECHSEL

Stimmungsbild einer viralen Krise

„Urteile nie über einen Menschen,
bevor du nicht wenigstens
tausend Schritte in seinen Schuhen
gegangen bist.“

-Indianische Lebensweisheit-

Liebe Ingeborg, ich danke dir, dass ich in den vergangenen Monaten immer und immer wieder probieren durfte, wie es sich anfühlt, in deinen Schuhen zu laufen.

Zu jeder Kommunikation
gehört das Wohlwollen
des anderen.

-Max Frisch -

Krefeld, 3. Mai 2020

Liebe Freunde,

ich hoffe, ihr seid alle wohlauf in dieser so ungewöhnlichen Zeit. Mir und meiner Familie geht es zum Glück gut.

Alles, was derzeit um uns herum und mit uns passiert, bewegt mich sehr und ich merke, dass ich mich mit möglichst vielen Menschen darüber austauschen möchte. Gerne auch mit euch. Vielleicht habt ihr Zeit und Interesse, euch an meinem Corona-Projekt zu beteiligen. Ich habe einen kleinen Fragebogen entwickelt, in dem ich Menschen aus meinem Familien- und Bekanntenkreis einladen möchte, ihre Gedanken und Meinungen zur Corona-Zeit festzuhalten. Auf die Idee hat mich mein zehnjähriger Enkelsohn gebracht, als er mich unlängst fragte, ob ich denke, dass Corona so wichtig sei, dass die Kinder später in den Geschichtsbüchern etwas darüber lesen werden?

Ich glaube tatsächlich, dass es so kommen wird. Deshalb möchte ich Alltagsgeschichten jenseits der offiziellen Medien für meine Nachkommen festhalten. Ich würde mich sehr freuen, wenn ihr Lust habt, euch daran zu beteiligen und eure Gedanken aufzuschreiben. Wenn ihr lieber redet als schreibt, können wir auch über eine Videoschaltung in den persönlichen Austausch gehen oder aber einfach nur durch den guten alten Telefonapparat miteinander sprechen. Mich interessieren die Gedanken aller Altersklassen vom Zehnjährigen bis zum Hundertjährigen.

Ich freue mich auf Antworten von euch und verbleibe mit vielen Grüßen für ein angenehmes Wochenende,

Hannelore

Zu Beginn der Corona Krise

Was hast du gedacht, gefühlt, beobachtet?
Wie hat Corona dein Leben beeinflusst?
Was hat dich am meisten besorgt?
Was hat dich am stärksten geärgert?

Während des Shutdowns

Wie erging es dir während des Shutdowns, beruflich, familiär, gesellschaftlich?
Wie bist du in deiner Familie und in deinem Freundeskreis mit dieser außerordentlichen Situation umgegangen?
Was hast du in dieser Zeit über dich gelernt?
Was hat dich am stärksten positiv überrascht?

Heute

Was denkst du heute über (das Leben mit) Corona?
Was bewegt dich derzeit am stärksten?
Wie schätzt du den eingeschlagenen Weg zur Bekämpfung der Krise in Deutschland, in Europa und in der Welt ein?

Ausblick

Was erwartest du nach der Corona-Krise?
Was wünschst du dir am meisten?
Welche konkreten Hoffnungen hast du für dich und deine Familie?

Pinnow, 4. Mai 2020

Liebe Hannelore,

jetzt über Corona schreiben, hältst du das für eine gute Idee? Wofür? Was willst du damit? Ich bin ein bisschen vorsichtig geworden. Es ist nicht mehr ganz einfach, offen seine Meinung zu sagen. Denkst du nicht, dass wir momentan noch viel zu dicht dran sind? Viel zu tief drin?

Eben habe ich mit meiner Schwester telefoniert. Sie erzählte mir, dass sie sich jeden Morgen mit dem Wachwerden erst einmal wieder ins Bewusstsein rufen muss, dass das, was gerade passiert, wirklich wahr ist. Es ist so surreal.

Ich kenne Leute, die finden es eine aufregende und spannende Zeit. Mitunter auch eine wegweisende. Ich weiß noch nicht, ob es nicht auch eine gefährliche Zeit ist. Ich will einfach nur, dass das alles vorbei ist, diese Angst, diese Nachrichtenpanik. Aber ganz zurück will ich auch nicht. Ich genieße das Ausschlafen, dass ich keine Termine habe, dass die Kinder nicht zur Schule müssen, dass wir zusammen sind, dass der Flugverkehr so gut wie eingestellt und die Straßen nahezu autoleer sind. Ist es nicht verrückt, dass sich in Italiens Häfen wieder Delfine tummeln und das Wasser in den Kanälen von Venedig so sauber ist wie schon ewig nicht mehr? Und das nach so kurzer Zeit.

Bei allem was passiert, überlege ich mir immer, welchen Sinn könnte es haben? Warum ist Corona über uns gekommen? Mit allem, was jetzt geschieht. Allerdings fürchte ich, dass drei, vier Wochen, oder lass es drei, vier Monate sein, Corona nicht ausreichen werden, um uns Menschen zum rigorosen Umdenken zu bewegen. Wir sind so eingefahren. Müssen wir davor nicht viel mehr Angst haben als vor Corona?

Ich merke, dein Fragebogen gärt bereits in mir, will beantwortet werden. Bitte schreibe mir, was du damit vorhast. Ich bin gespannt.

Liebe Grüße,

Nora.

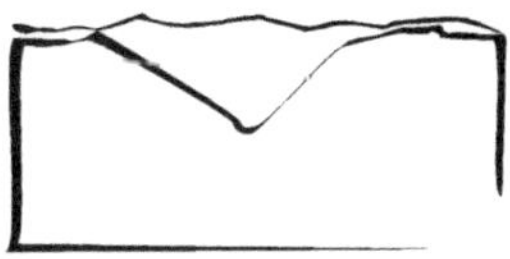

Krefeld, 4. Mai 2020

Liebe Nora,

wie schön, dass du gleich geantwortet hast. Gerne will ich dir sagen, was ich vorhabe. Es ist eigentlich nichts Großes. Oder vielleicht doch?

Mit Beginn des Shutdowns sind Michael und ich auf unser Grundstück nach Grieth gefahren. Dort, am herrlichen Niederrhein hielten wir uns die überwiegende Zeit auf. Wie dein Vater, der mich ja schon mehr als fünfzig Jahre kennt, dir vielleicht erzählt hat, brauche ich stets etwas zu tun. Mein Garten in Grieth wurde mein erstes „Corona-

Projekt". Bisher langte meine Zeit im Garten immer nur für Hauruck-Aktionen, die schnell Erfolg zeigen sollten, jetzt ging ich alles mit Ruhe und Gelassenheit an und beschäftigte mich intensiv mit Giersch, Gundermann und anderen Bodendeckern. Es war wie eine Art Therapie für meine Seele. Aber irgendwann war alles gemacht und ich brauchte ein neues Projekt. Also schrieb ich für meine Enkelkinder ein – schon lange geplantes – Oma-Erinnerungsbuch. Es ist richtig schön geworden, mit vielen Fotos und Anekdoten. Aber nun ist auch das erledigt. Meinem Enkelsohn Max habe ich sein Exemplar bereits überreicht. Nachdem wir zunächst das strikte Kontaktverbot eingehalten hatten, besuchte er uns in der vergangenen Woche zweimal zum Mittagessen – natürlich mit allen gebotenen Vorsichtsmaßnahmen. Wir haben uns nicht angefasst und mit Abstand an unserem großen Zehn-Personen-Tisch gegessen. Max erzählte uns von seinem stressigen Homeschooling-Leben und dann fragte er ganz unvermittelt: „Oma, glaubst du eigentlich, dass Corona so wichtig ist, dass die Kinder später in den Geschichtsbüchern darüber lesen werden?" Mit zehn Jahren stellt er so eine Frage. Das hat bei mir etwas ausgelöst. Vielleicht klingt es etwas seltsam, aber es war, als hätte mein Kopf nur auf diese Frage gewartet. Er ratterte sofort los und überlegte, was die Nachwelt eventuell interessieren könnte. So kam ich zu meinem neuen Projekt, meinem Corona-Projekt.

Dein Vater hat übrigens postwendend geantwortet. Er war der erste. Seine Ausführungen haben mir bestätigt, dass meine Idee funktioniert, dass sie gut ist. Ich bin richtig euphorisch. Ich selbst schreibe auch schon. Es passieren ja so verrückte Sachen, mit denen keiner gerechnet hat. Die man sich gar nicht hätte ausdenken können. Zum Beispiel war unsere Friseurin da. Endlich! Es war wirklich allerhöchste Eisenbahn. Ich sah furchtbar aus, der gesamte Haaransatz war weiß. Wir haben eine „fahrende“ Friseurin. Das heißt, sie arbeitet nicht in einem Salon, sondern kommt mit ihrem Equipment zu uns nach Hause. Jetzt natürlich nur unter Einhaltung aller erforderlichen Hygienemaßnahmen. Im Vorfeld war mir nicht klar, dass die Umsetzung dieser Schutzmaßnahmen gar nicht so einfach ist. Wenn du dir nämlich einen ganz normalen Mundschutz über die Ohren ziehst, stören ständig die Bänder bei der Schneide- und Färberei. Um dieses Problem zu umgehen, war unsere Friseurin auf eine geniale Idee gekommen. Aus Schaschlikspießen und Stoff hatte sie einen Mundschutz gebastelt, den ich mir während des Schneidens und Färbens vor den Mund halten musste. Ich kam mir vor wie eine dieser adligen Frauen damals auf den Maskenbällen. Allerdings waren mir nach einer Stunde die Arme ganz schön schwer. Dafür sehe ich jetzt wieder wie ein Mensch aus und bin begeistert, wie kreativ unsere Friseurin das Problem gelöst hat. Solche Dinge möchte ich festhalten.

Michael ist genau wie du skeptisch, ob **jetzt** der richtige Zeitpunkt ist, aber ich denke, in zwei, drei Monaten haben die Menschen schon wieder etliches von dem, was sie gerade erleben und bewegt, vergessen. Deshalb will ich es **jetzt** sammeln.

Ich würde mich freuen, wenn du Lust hast mitzumachen.

Liebe Grüße,
Hannelore

Jo, 73 Jahre; Rentner mit Beschäftigung in einem Steuerbüro, Berlin

Gedanken zur Corona-Krise

Berlin, 04.05.2020

Hallo liebe Hanne,

da hast du dir ja wieder ein spannendes Projekt ausgedacht. Natürlich mache ich mit, und zwar begeistert. Denn während ich deine Fragen studiert habe, hat sich in mir ganz viel sortiert. Allerdings ist es für mich leichter, mich nicht so streng an deinen Fragenkatalog zu halten, sondern einfach zu schreiben, wie es mir in den Sinn kommt. Ich fange mal von vorne an:

Zu Beginn der Corona-Krise war alles noch sehr weit weg und ich habe mir kaum Gedanken darüber gemacht. Ich hatte nicht erwartet, dass sich das lokale Ereignis in Wuhan zu einer Pandemie ausweiten würde. Um mich selbst habe ich mir auch nicht allzu viele Sorgen gemacht, da ich mich mit meinen nun schon langjährigen Grippeschutzimpfungen und meiner letztjährigen Impfung gegen Lungenentzündung relativ sicher fühlte.

Mittlerweile bin ich besser informiert und weiß, dass Marita und ich und auch unsere Tochter Katharina als Logopädin sowie unser Schwiegersohn Jens als Physiotherapeut zu den „gefährdeten" Personen zählen. Insofern nehme ich die jetzige Situation nicht auf die leichte Schulter.

Inzwischen hat der Corona-Virus meinen Bekanntenkreis erreicht und ist mir damit greifbar nahe gekommen. Die Mutter einer Kollegin ist daran verstorben und eine unserer Hockeytrainerinnen hat den Virus (ohne große Komplikationen) überstanden. Ich versuche soziale Kontakte zu minimieren – ganz vermeidbar sind sie nicht, schließlich muss ich einkaufen. Außerdem arbeite ich unverändert ein- bis zweimal wöchentlich im Büro, bisher allerdings ohne Mandantenkontakt. Die notwendigen Unterlagen habe ich mir immer zuschicken lassen. Ab heute jedoch öffnen wir uns wieder für Mandantengespräche vor Ort. Dafür wurden im Büro alle möglichen Schutzmaßnahmen ergriffen. Ich selbst werde aber unverändert weiter keine Mandantengespräche führen – außer am Telefon.

Zunehmend vermisse ich die „physischen" Kontakte, insbesondere zu Kindern und Enkeln, aber auch zu Hockeyfreunden. Um diesen Verzicht (Mangel) etwas abzufangen, nutze ich jetzt digitale Möglichkeiten, die ich bisher nicht gebraucht habe. Mit Nora und Katharina und deren Familien, also auch mit den Enkeln wird fleißig geskypt. Mit meinen Vorstandskollegen vom Hockey und den Hockeytrainern werden wöchentlich mindestens einmal Videokonferenzen geschaltet.

Ich selbst habe die „durch die Politik in Deutschland" ergriffenen Maßnahmen in der ersten Phase der Corona-Krise befürwortet. Ich hatte ein gutes Gefühl, als parteipolitische Interessen zurückgestellt wurden und sich die politisch Verantwortlichen „durch die Wissenschaft" – und hier vor allem durch Mediziner beraten ließen. Ich hoffe, dass das „nach der Krise" auch auf anderen Politikfeldern stärker und unter Zurückstellung parteipolitischer Profilierungsversuche gemacht wird – zum Beispiel und vor allen Dingen in der Klimapolitik. Allerdings habe ich mit dem Andauern der Krise den Eindruck, dass nun doch wieder parteipolitische Profilierungsneurosen in den Vordergrund rücken. Augenblicklich erleben wir ja einen Überbietungswettbewerb der Ministerpräsidenten der Länder beim Bestreben einer schnellstmöglichen Rückkehr zum „normalen" Leben. Auch die Lobbypolitik (Stichwort: Autoindustrie) ist wieder auferstanden.

Wenn ich schreibe, dass ich es in der Anfangsphase der Krise als angemessen betrachtet habe, vor allen Dingen auf die Mediziner zu hören, so zeigt sich mit zunehmender Dauer des Shutdowns, dass die Probleme doch weit größer als nur eindimensionaler medizinischer Natur sind. Inzwischen machen Pädagogen, Psychologen, Wirtschaftswissenschaftler, Ethiker und noch viele andere mehr auf das weite Spektrum der Krisenbewältigung aufmerksam. Damit zeigt sich, dass es doch ein sehr komplexes Problemfeld ist, vernünftige Politik zu machen.

Ich befürchte, dass diese Komplexität durch Vulgärpolitiker wie Trump, Bolsonaro und Lukaschenko, um nur einige zu nennen, behindert wird und Lobby- und Profilierungspolitker wieder zunehmend ihre „persönlichen" und parteipolitischen Interessen durchsetzen werden. Konkret habe ich den Eindruck, dass es Politiker gibt, die die Corona-Krise mit parteipolitischem Kalkül nutzen, um in den Medien präsent zu sein, substantiell aber nichts zur Problemlösung beizutragen haben. Das trifft nicht nur auf die FDP zu, aber namentlich auf deren Vorsitzenden Lindner. In diesem Zusammenhang ist natürlich auch die Medienpolitik zu sehen.

Zunehmend nervt mich die über ein „verträgliches Maß" hinausgehende inflationäre Thematisierung der Corona-Krise durch die Medien.

Viele Medien haben meines Erachtens jedes Gefühl für den Umgang mit der Vokabel Corona verloren. Psychologisch gesehen ist es eine Binsenweisheit, dass man, wenn man jemanden auf andere Gedanken bringen will, ihm nicht sagen soll, in diesem Falle an Corona zu denken. Was machen Musiksender? Genau das Gegenteil. Wenn die sagen: „Wir wollen Sie mal von der Corona-Krise ablenken und bringen für Sie jetzt den Hit sowieso", was passiert dann wohl in meinem Kopf? Da geistert sofort wieder die Corona-Krise drin herum. Das nervt mich. Ich glaube auch, dass viele Medien die Probleme, die die Corona-Krise mit sich bringt, aus der Sicht unserer Wohlstandsgesellschaft aufblähen. Der weitgehende Verzicht auf soziale Kontakte ist ganz sicher nicht schön. Aber:

Ich sitze in meiner Wohnung doch nicht im Gefängnis. Wir haben hier in Deutschland im Allgemeinen große Wohnungen, wir haben Fernsehen, wir haben das Internet, wir haben funktionierende Telefone. Die Einschränkung sozialer Kontakte ist doch ein Klacks gegenüber den Problemen früherer Zeiten wie Kriegen, kleinen überbelegten Wohnungen - und das ohne Fernsehen. Wenn in den Medien gejammert wird, dass der diesjährige Sommerurlaub wohl bestenfalls ein Heimaturlaub werden wird, regt mich das maßlos auf. Das ist Wohlstandsgejammer. Meine Großeltern aus dem Erzgebirge sind in ihrem ganzen Leben nur zweimal über die eigene enge Heimatregion hinaus weiter weggefahren – beide Male nach Wismar, weil ihr Sohn, mein Vater, dorthin geheiratet hat. Sie sind daran psychisch nicht kaputt gegangen. Wir sollten uns in unserem Anspruchsdenken – alles haben zu wollen, alles machen zu können – etwas zurücknehmen.

Durch den medialen Fokus auf Corona geht der Blick auf die wirklich wichtigen Probleme dieser Welt verloren.

Wenn ich oben „FDP-Lindner" genannt habe, der die Krise meines Erachtens vor allen Dingen für parteipolitische Interessen nutzt, so spielen da für mich die Medien fleißig mit. Sie ermöglichen Lindner eine im Vergleich zur Bedeutung seiner Partei überproportionale Medienpräsenz. Dabei ist doch gerade die FDP die Partei, die mit ihrer neoliberalen Privatisierungspolitik „systemrelevante" Bereiche der Gesellschaft, wie beispielsweise das Gesundheitswesen, bedingungslos Profitinteressen untergeordnet hat.

(Anmerkung: Wenn ich von „vielen" Medien spreche, so will ich damit zum Ausdruck bringen, dass auch die Medienlandschaft differenziert zu betrachten ist.)

Was fällt mir außerdem ein?

Erst einmal meine Kindheit. Ich erinnere mich an Quarantänemaßnamen in den frühen 1950er Jahren. Wenn in einem Haus

Scharlach ausgebrochen war, dann gab es für das Haus an der Haustür ein „Quarantänesiegel". Quarantänemaßnahmen sind also nichts Neues. Es gab sie, wenngleich nicht in der jetzigen Größenordnung, auch in der jüngeren Vergangenheit. Außerdem denke ich an die Geschichte meiner Familie. Meinen Kindern habe ich früher immer erzählt, dass wir unser Leben eigentlich der Spanischen Grippe verdanken. An der Spanischen Grippe nämlich verstarb 1918 die erste Frau meines Großvaters. Ihr Tod ist mein Leben. Denn mein Großvater heiratete ein zweites Mal, meine Oma, mit der er meine Mutter zeugte. Fazit: Auch die jetzige Pandemie wird neues Leben ermöglichen.

Meines Erachtens birgt jede Krise die Chance eines Neuanfangs, eines „Resets". Solche Resets wurden in der Vergangenheit meist durch Kriege bewirkt. Ohne das umfassender zu durchdenken, behaupte ich mal, dass solche Resets geschichtlich notwendig sind, um angehäufte Probleme zu lösen. Viele der aktuellen Probleme in Europa erinnern mich in fataler Weise an gesellschaftliche Konstellationen vor dem Ersten und Zweiten Weltkrieg. Insofern bietet die Corona-Krise vielleicht die Chance, die zahlreich angehäuften (sozialen, klimapolitischen, nationalen) Konflikte gewaltfrei zu lösen. Vielleicht lernt die Menschheit aus der Corona-Krise etwas für die Bewältigung der im Raum stehenden nächsten – der klimapolitischen – Krise. Allerdings weiß ich nicht, ob ich optimistisch oder eher pessimistisch sein soll.

Liebe Hanne, ich hoffe, du kannst mit meinen Ausführungen etwas anfangen. Ich für meinen Teil danke dir herzlich für die Einladung, an deinem Projekt teilzunehmen. Das war eine gute Gelegenheit, meine Gedanken zu ordnen. Bitte grüße Michael ausdrücklich von mir.

Und das Wichtigste in dieser Zeit: Bleibt gesund!
Jo.

Pinnow, 05. Mai 2020

Liebe Hannelore,

so schnell kenne ich Papa gar nicht. Noch bevor deine Mail bei mir ankam, hatte er mir seine Gedanken zur Corona-Krise auch schon zugeschickt. Er muss postwendend losgeschrieben haben. Ich habe seine Ausführungen sofort gelesen und war sehr ergriffen. Ich habe gemerkt, es ist doch etwas anderes, sich mit Papa über Corona zu unterhalten, als schwarz auf weiß und ganz in Ruhe seine Gedankengänge an mich heranzulassen. Es hat mich sehr bewegt, was er schreibt, und ganz vieles sehe ich durchaus ähnlich. Anders als Papa war ich bislang überhaupt nicht tagespolitisch interessiert, sondern habe mir immer erst mit Abstand meine Meinung gebildet. Nun aber, da wir alle ganz direkt betroffen sind, hole ich mir jeden Tag die Zeitung, durchforste das Internet und schaue, was das Fernsehen sagt – das allerdings nur noch reduziert, denn diese Paniküberfrachtung hält wirklich kein Mensch aus. Inzwischen werde ich darüber richtig sauer. Was soll das Ganze?

Um es kurz zu machen. Du hast mich: Ich bin dabei. Mehr noch, wenn es für dich in Ordnung ist, würde ich den Fragebogen gerne auch in meinem Freundes- und Bekanntenkreis verteilen. Wie du sicher weißt, habe ich vor langer Zeit einmal Geschichte studiert. Allerdings nicht sonderlich begeistert, denn das, was ich wissen wollte, nämlich wie die kleinen, einfachen Menschen gelebt und ihren Alltag bewältigt haben, wurde so gut wie nicht vermittelt. Wenn wir jetzt festhalten, wie es uns und unseren Freunden und Bekannten in dieser, vielleicht einmal als geschichtsträchtig beurteilt werdenden, Zeit ergangen ist, finde ich das eine großartige Sache. Ich denke, daraus kann etwas Wertvolles entstehen.

Wärst du denn einverstanden, wenn ich deine Fragen an Menschen in meinem Dunstkreis weitergebe?

Ich selbst habe mir schon erste Notizen gemacht. Bei nächster Gelegenheit werde ich diese in Form bringen und dir schicken. Es wird viel, so viel kann ich dir schon einmal verraten.

Jetzt kommt meine Clara und will mit mir ihre Geschichtshausaufgaben machen. Es geht um die Flüchtlinge, die Friedrich der Große seinerzeit ins Land geholt hat. Ich bin gespannt, welche Parallelen wir zu heute entdecken.

Ganz kurz aber möchte ich doch noch mal auf Papas Corona-Gedanken eingehen, beziehungsweise etwas richtigstellen. Die Mutter der Kollegin, von der Papa schreibt, sie sei an Corona gestorben, war, so hat er es mir vor ein paar Tagen erzählt, zwar schwer an Corona erkrankt, hat die Krankheit aber überwunden. Gestorben ist sie an einem multiresistenten Keim, den sie sich im Krankenhaus eingefangen hat. Ich finde es sehr wichtig, das zu unterscheiden. Nach dem, was ich inzwischen von mehreren Medizinern (anderen als denen vom Robert-Koch-Institut) gelesen und gehört habe, werden im Moment viel zu viele Tote Corona zugeschrieben. Das verzerrt die Zahlen. Vielleicht ist es aber auch nur meine Hoffnung, dass alles doch nicht ganz so schlimm wird.

Liebe Hannelore, die Hugenotten rufen,

dir viele liebe Grüße,
Nora.

Krefeld, 06. Mai 2020

Meine liebe Nora,

das geht ja hin und her zwischen uns. Ich freue mich. Ich liebe es Briefe zu schreiben und zu bekommen. Früher habe ich sehr viel korrespondiert. Nun schreibe ich leider nur noch selten richtige Briefe, also solche von Hand und mit der Post. Es dauert dann auch meist ziemlich lange, bis ich eine Antwort erhalte. Wenn ich eine erhalte. Es wird heute einfach kaum noch geschrieben.

Umso mehr freue ich mich, wenn Nachricht von dir im Postfach liegt. In diesen Momenten genieße ich es ungemein, dass es auf dem elektronischen Wege so viel schneller geht. Derzeit schaue ich mehrmals am Tag in mein Postfach. Ich bin so ungeduldig und voller Vorfreude auf die Rückläufer meines Corona-Projekts. Heute kam schon der zweite nach dem deines Vaters und die nächsten sind zumindest angekündigt.

Ich musste schmunzeln, als du schriebst, „So schnell kenne ich Papa gar nicht." Ich kenne deinen Papa ja schon etwas länger: Wir waren sechzehn, als wir zusammen zur Schule gegangen sind. Von damals habe ich ihn als ziemlich flugs in Erinnerung. Wie du weißt, haben wir zusammen Abitur gemacht. Zwei Jahre lang sind wir uns Tag für Tag begegnet. Jo war einer unserer Besten. Inzwischen sind so viele Jahre vergangen. Jetzt sind wir alte Leute. Jedenfalls der Zahl nach. Vierundsiebzig bin ich im April geworden. Vierundsiebzig, das muss man sich mal auf der Zunge zergehen lassen. Ich fühle mich überhaupt nicht so alt.

Als Corona immer näher kam und es hieß, vor allem die Alten seien gefährdet, habe ich das zunächst auch gar nicht auf mich bezogen. Erst als mein Sohn mir sagte, er mache sich solche Sorgen um uns, schließlich gehörten wir zur Risikogruppe, habe ich begriffen, dass Michael und ich tatsächlich diese ALTEN sind, die am allermeisten gefährdet sind. Ich sage dir, das ist kein schönes Gefühl. Was macht man mit seiner Angst?

Ich habe dir geschrieben, was ich mit meiner gemacht habe – sie einfach umgelenkt. Damit geht es mir meistens gut. Michael ist mehr in der Angst. Aber wir sind auch immer wieder froh und dankbar, dass wir hier in Deutschland leben. Unsere Regierung hat alles wunderbar und gut und richtig gemacht. Zum Glück hatten wir diesen Vorlauf, so dass es uns nicht solchermaßen überrollt hat wie China, Italien oder Spanien. In unserer Familie sind wir sehr streng mit den Einschränkungen umgegangen. Michael und ich waren und sind überwiegend in Grieth. Von dort aus telefonieren wir viel, mit der Familie und Freunden. Wir freuen uns, dass unser Sohn und unsere Schwiegertochter und selbst die Enkel viel Verständnis für unseren Rückzug haben. Allerdings sorgen wir uns auch, wie lange diese Einschränkung, vor allem mit den Enkelkindern, andauern soll. Insofern war es ein Lichtblick, dass Max uns in der vergangenen Woche zweimal zum Mittagessen besuchen kam.

Ich habe sehr damit zu tun, dass ich meine englischen Enkelkinder nicht sehen kann. Ich hatte mich so auf Brian gefreut, der uns eigentlich im April besuchen wollte. Nicht zu wissen, wann wir uns wiedersehen können, belastet mich sehr. Das heißt, sehen tun wir uns – ein Hoch auf die Technik. Wir zoomen jetzt regelmäßig jedes Wochenende. Das ist ganz schön. Rosa, unser jüngstes Enkelkind in England, war bei diesen Zoom-Meetings bisher immer nur stille Beobachterin, manchmal hat sie sich sogar hinter einem Kissen versteckt. Am vergangenen Sonntag jedoch hat Rosa das Zoommeeting noch eineinhalb Stunden mit uns alleine fortgesetzt. In diesem Gespräch hat sie uns alles im Garten gezeigt und war richtig aufgelockert. Ich spürte eine außerordentlich große Verbundenheit.

Wie geht ihr mit euren Eltern um? Seht ihr euch?

Ach liebe Nora, ich würde gerne noch so viel mehr schreiben. Aber ich muss mich disziplinieren. Ich habe am Freitag, also in zwei Tagen schon, mein erstes Online-Training. Ich bin freudig aufgeregt, muss aber auch noch einiges vorbereiten.

Allerdings will ich dir die Antwort meiner Freundin Simone auf meinen Fragebogen nicht vorenthalten. Ich finde ihn äußerst wertvoll. Genauso hatte ich mir mein Projekt vorgestellt. Ich bin neugierig, was du sagst. Und natürlich lese ich auch gerne von Menschen, die ich gar nicht kenne – also JA, ich bin einverstanden, schicke den Fragebogen gerne in deinen Kreisen weiter.

Anhängend sende ich dir noch einen Artikel aus unserer Niederrheinischen Zeitung, in dem ein Museum dazu aufruft, Corona-Erfahrungen aufzuschreiben, um sie für die Nachwelt zu sammeln. Das bestätigt mir: Wir können nicht ganz falsch liegen. Ja, Geschichte wird von uns allen geschrieben. Jenseits der offiziellen Nachrichten interessieren mich wirklich die Menschen.

Ich brenne darauf, zu erfahren, was du berichtest.
Sei herzlich gegrüßt von Hannelore.

Nachrichten

Zeitgeschehen für immer aufbewahren

Das landeshistorische Museum und das Landesarchiv sammeln Erlebnisse rund um Corona

NIEDERRHEIN. Das landeshistorische Museum und das Landesarchiv rufen auf, Erlebnisse, Erfahrungen und Anekdoten rund um die Corona-Pandemie zu teilen.

Derzeit ist nicht abzusehen, wie die Covid-19-Pandemie unsere Gesellschaft und unsere Alltagswirklichkeit beeinflussen wird. Das Niederrheinische Landesarchiv als „Gedächtnis der Region“ sowie das Museum als „Bewahrort“ wollen mit ausgewählten Objekten mögliche tiefgreifende Veränderungen, die durch die Pandemie ausgelöst werden, in ihrer Bedeutung für die Region dokumentieren.

Ein wichtiges Anliegen ist es, die Ausnahmesituation auch aus der Sicht der Bürgerinnen und Bürger zu dokumentieren. Aus diesem Grund rufen das landeshistorische Museum und das Landesarchiv dazu auf, Erlebnisse, Erfahrungen oder Anekdoten rund um die Corona-Pandemie mit ihren Kontaktverboten, Ausgangsbeschränkungen, Berufseinschränkungen, Fernschulungen und vielem mehr in ihren empfundenen Risiken und Hoffnungen zu teilen: egal, ob es die Zeichnungen eines Kindes, die fotografische Dokumentation eines niederrheinischen Geschäftsinhabers, ein Plakat am Wegesrand oder vergleichende Erinnerungen aus der alten Generation sind.

„Mit den Beiträgen unserer Bürgerinnen und Bürger schaffen wir einen Fundus, der es uns erlaubt, die Krise aus völlig unterschiedlichen Perspektiven wahrzunehmen. Jeder erlebt die Situation ganz individuell und geht entsprechend anders damit um. Daraus können wir wichtige Rückschlüsse ziehen, die uns in der Zukunft bei ähnlichen Problemen nützlich sein können“, erklärt Kulturdezernent Erfried Kracht.

Außerdem soll die Sammlung künftigen Generationen ein Bild davon vermitteln, welche sozialen Veränderungen, welch völlig neuen Alltag, mit einem fast gänzlich zurückgefahrenen täglichen Leben, die Pandemie mit sich gebracht hat. Jeder Mensch erlebt die momentane Krise aus seinem ganz persönlichen Blickwinkel. Um ein möglichst breit gefächertes Bild dieser, unserer besonderen Zeit erfassen zu können, benötigen wir viele verschieden Eindrücke. Geschichte wird von uns allen geschrieben.

„Obwohl diese Krise leider noch nicht überwunden ist, müssen wir schon jetzt damit beginnen, die vielschichtigen Alltagserfahrungen zu sammeln und zu archivieren, denn Corona-Geschichte wird jetzt geschrieben“, sagt Erfried Kracht.

Die eingereichten Materialien, wie schriftliche Zeugnisse, Digitalfotos, aber auch Objekte bis Schuhkartongröße, werden in Auswahl gesammelt und verwahrt und nach Richtlinien des nordrhein-westfälischen Archivgesetzes für die Forschung und alle interessierten niederrheinischen Bürger nutzbar gemacht.

H
st

Von Chr
Hadem,
und Chr

Die seit
Deutsc
Corona
parteiü
im Grif
der Pan
auf sein

PASSA
Angriff
teils kla
sagen h
beim p
woch a
in Deu
Neue E
dabei h
aber au
in der I
Redner
Monat
nen. Zu
bei den
gen die
aber de
für die
gut sieb
in aller
mit An
rechne
Sch
musste
erns M
kus Sö
häufig
der Un

Simone, 49 Jahre, freiberufliche Kommunikationstrainerin, Niederrhein

Liebe Hanne,

wie schön, dass Du mich einlädst, an Deinem Corona-Projekt mitzuwirken. Welch eine Frage! Natürlich bin ich dabei, schließlich passiert es nicht so häufig, Teil der Geschichte zu werden.

Als im Januar über das neue Corona-Virus – bis dahin glaubte ich, es hieße der Virus – in China berichtet wurde, war alles noch sooo weit weg. Kurze Zeit später gab es den ersten Corona-Fall in Seattle. Diese Information nahm ich wahr, habe mir aber nicht vorstellen können, was der Begriff Pandemie wirklich bedeutet. Es war für mich nicht denkbar, dass diese Pandemie auch das Leben hier bei uns im Westen Europas in den Winterschlaf versetzen könnte.

Als erste Bilder die menschenleeren Straßen in chinesischen Millionenstädten zeigten, war ich total gefesselt. Ich klebte förmlich am Bildschirm. Für mich waren diese Übertragungen wie Ausschnitte aus einem Science-Fiction-Film: abstrakt, surreal und vor allem auch irritierend. Auf den riesigen Straßen fuhren keine Autos, keine Motorräder, keine Radfahrer und es gab keine Fußgänger. Nichts. Nur totale Stille in den ansonsten smoggeplagten Städten. Lediglich Drohnen waren zu sehen, die die wenigen Menschen, die noch unterwegs waren, aufforderten unverzüglich nach Hause zu gehen und bei Zuwiderhandlungen drakonische Strafen androhten. Meine Empfindungen bewegten sich zwischen zwei Extremen: Zum einen war ich absolut erschrocken und dachte, das könne nicht sein, zum anderen registrierte ich das alles mit einem erstaunt-relativierenden Schmunzeln und dachte, mit den Chinesen kann man es ja machen. Zu dieser Zeit war ich noch davon überzeugt, dass eine Maßnahme, die mit dem fremden Wort ‚Lockdown' beschrieben wird, ein asiatisches Phänomen sei und nie bei uns Alltäglichkeit werden könnte.

Relativ unbeschwert feierten wir dann auch in der „Lachenden Köln-Arena" Karneval, zogen beim Straßenumzug in Straelen laut „Helau" rufend durch die Innenstadt und warfen unsere Kamelle in die Menge. Gänzlich sorgenfrei konnte ich allerdings nicht feiern, weil der Gesundheitszustand meines Vaters nach seinem Schlaganfall im Dezember des vergangenen Jahres wieder sehr kritisch war. Plötzlich nahm dann auch das Corona-Schreckgespenst immer konkretere Formen an und näherte sich in rasantem Tempo. Weil wir es aber noch nicht so ganz wahr haben wollten, planten wir weiter in aller Seelenruhe unseren Osterurlaub. Zwolle sollte es werden. In einem Haus zusammen mit Freunden und Kindern wollten wir es uns gemütlich machen, viel Zeit mit Spielen, Spazierengehen und gemeinsamem Kochen verbringen. Wir wollten Spaß haben und es uns, umgeben von kleinen luxuriösen Nettigkeiten, gutgehen lassen. Wir waren voller Vorfreude.

Dann jedoch erhielt ich von Freunden die WhatsApp-Nachricht: „Sonja kommt heute aus Ischgl zurück. Da war zwar nix, sie hat auch nix, dennoch darf sie die Volksbank die nächsten zwei Wochen nicht betreten. Sie ist prophylaktisch krankgeschrieben." Komisch, dachte ich, prophylaktisch krankgeschrieben, ist das nicht ein Widerspruch in sich? In meiner Antwort machte ich mich dann auch noch über diese prophylaktische Krankschreibung lustig und gratulierte Sonja zu zwei Wochen Urlaub. Wir selbst dachten inzwischen nicht mehr an Urlaub. Unsere Freunde, mit denen wir verreisen wollten, sind beide selbstständig. All ihre Auftraggeber hatten ihre Buchungen storniert. Lakonisch schrieb ich noch: „Bei Hofers geht es jetzt ums finanzielle Überleben."

Das war am 10. März. Noch betraf es die anderen. Das sollte aber nicht so bleiben. Am 11. März fand das erste Geisterspiel in der Geschichte der Fußball-Bundesliga statt. Gladbach gewann das Rheinderby mit 2:1 gegen Köln. Mein Mann Steini wäre allerdings auch dann nicht mehr ins Stadion gefahren, wenn Publikum noch erlaubt gewesen wäre. Das Ansteckungsrisiko wäre ihm zu groß gewesen. Er war zu diesem Zeitpunkt bereits der Überzeugung, dass unsere Frieda (6. Klasse) schon in einer Woche mit Sicherheit nicht mehr zur Schule gehen würde.

Ich selbst fuhr noch weitere zwei Tage lustig und unbeschwert nach Köln ins Seminar. So hieß es damals vor zwei Monaten noch. Heute würde es als „Präsenzseminar" betitelt werden.

Dann aber sollte es auch mich mit Wucht treffen. Am Freitagnachmittag, es war der 13. März, erzählte mir auf dem Flur ein Kollege, bis auf weiteres seien gerade alle Trainings storniert worden. Alle. Ab sofort. Ein Seminarteilnehmer berichtete von Halsschmerzen und Unwohlsein. Sogleich schoss es mir durch den Kopf: Corona. Nicht, dass er mich angesteckt hat. In der darauffolgenden Nacht flogen mich grippeähnliche Symptome an: Simone bekommt Angst und somatisiert. So etwas ist nicht ungewöhnlich. Solche Reaktionen sind wissenschaftlich belegt und trotzdem irritierte es mich, dies am eigenen Körper zu spüren.

Nun ging es Schlag auf Schlag. Über Nacht wurden ALLE! Termine storniert. Damit war der Terminkalender, vorher noch proppenvoll, plötzlich so leer wie ein Babypopo glatt. Aquafitness wurde genauso wie Tennis, Reiten und der Saxophonunterricht abgesagt. Der sechzigste Geburtstag meines Bruders Frank, Konzerte, sämtliche Kulturveranstaltungen: abgesagt. Alle Restaurants haben dichtgemacht, genauso wie all jene Geschäfte, die nicht als systemrelevant eingestuft wurden. Schulen und Unis stellten den Betrieb ein, sogar die Kirchen wurden geschlossen. Präsenzunterricht findet bis zu den Osterferien in drei Wochen nicht mehr statt. Firmen haben ihre Produktionen eingestellt, die Wirtschaft ist auf ein Minimum zurückgefahren. Eine Welle der Kurzarbeit läuft an. Wer soll das alles bezahlen? Freunde treffen geht nicht mehr. Meine Eltern besuchen – auf keinen Fall. Ich könnte sie anstecken, und sie mich.

Alles was jetzt gilt, ist so diffus und so neu, dass sämtliche Alarmglocken in meinem Hirn schrillen. Das Schlimmste ist, der Feind ist nicht sichtbar. Ich höre förmlich meine kleine Amygdala, die Schaltzentrale in meinem Gehirn, die das Angstfeuer anfacht, wild pochen. Nichts ist mehr so, wie es immer war. Nur Unsicherheit. Was wird aus meinem Beruf – Seminare virtuell abhalten? Das passt so gar nicht zu mir. Wird es jemals wieder Seminare geben, wie wir sie bisher kannten? In der Uni, vor Ort? Wird dafür überhaupt noch Geld vorhanden sein? Ich halte mich an der Vorhersage des Angstforschers Borwin Bandelow fest, der sagt: „Es gibt in der Angstforschung eine Vier-Wochen-Regel: Kurz nach einem schweren Ereignis wie einer Naturkatastrophe, einem Terroranschlag oder eben auch einem Virusausbruch herrscht stets eine Art Panikreaktion. Die Angst davor, selbst Opfer dieses schrecklichen Ereignisses zu werden, ist sehr hoch, teilweise ist sie sogar übertrieben hoch. Nach ungefähr vier Wochen legt dieser erste Panikschub sich wieder. Auch dann, wenn die objektive Bedrohung noch weiter gestiegen ist." Dank Bandelow gewinne ich wieder Bodenhaftung. Um mich herum allerdings erlebe ich, wie das Angstsystem das Vernunftsystem dominiert. Am 16. März, Friedas erstem Tag im Homeschooling, sind die Regale in den Supermärkten und Drogerien leer. Ausverkauft sind Konserven, Mehl, Nudeln, Reis, Hefe, Reinigungsmittel, Desinfektionsmittel und – man halte sich fest – Toilettenpapier. Insbesondere Toilettenpapier, Hefe und Mehl werden in den kommenden Wochen nicht oder nur rationiert zu kaufen sein. Das Phänomen der Hamsterkäufe begleitet die Covid-19-Krise und ich stehe vor leeren Regalen und staune. Warum Toilettenpapier? Bis heute weiß ich nicht, was die Menschen mit solchen Mengen Klopapier, Nudeln und Mehl wollen. Herr Bandelow beruhigt mich. Wir hamstern nicht und warten mal ab.

Dann erwischt es mich: Von heute auf morgen bin ich auftragslos. Wir sind zu dritt zu Hause. Nein, zu viert, unseren Kater Raini darf ich nicht vergessen. Und plötzlich haben wir Zeit. Viel Zeit. Gott sei Dank haben wir ein Haus, einen Garten, sind finanziell abgesichert, gesund und – das ist das Wichtigste – wir haben uns gern. Damit das auch so bleibt, machen wir erst einmal einen Plan. Was wollen wir alles während der nächsten Wochen tun? Aufräumen, umräumen, Gartenmöbel abschleifen und neu streichen, wahlweise spazieren oder joggen gehen, Kater Raini betüddeln, gemeinsam kochen und backen; ein Nähprojekt kommt auf den Plan, das Jahresfotobuch 2019 soll gestaltet werden und das eine oder andere mehr würde uns noch einfallen.

Friedas Homeschooling startet um 8.30 Uhr. Tagesstruktur, das wissen wir, ist wichtig. Deshalb erhalten unsere Mahlzeiten einen neuen Stellenwert. Auch wenn wir vorher schon mindestens eine Mahlzeit pro Tag gemeinsam eingenommen haben, läuft das jetzt noch ein bisschen anders ab, nämlich in aller Ruhe. Wir führen während des Essens herrliche Gespräche, erzählen uns Anekdoten aus alten Zeiten und verbannen Handy und andere mögliche Ablenker.

Außerdem beobachten wir ein weiteres Phänomen: den Werkstolz nach vollbrachter Arbeit. Die Gartenmöbel sehen aus wie neu, nur besser, weil wir selbst Hand angelegt haben. Mit der Laubsäge sägen wir aus Sperrholz Häschen, schleifen und bemalen sie, und einige verschenken wir sogar. Wir nähen Kissen und später Gesichtsmasken. Steini kümmert sich um seinen Autogrammshop bei Ebay. Es ist kurios, die Menschen sind zu Hause und steigern auf alles, was es zu ersteigern gibt.

Zwischen all diesen selbstauferlegten Aufgaben gibt es auch eine wirkliche Herausforderung: das Homeschooling. Plötzlich sind wir Lehrer. Unterm Strich, da sind wir drei uns einig, machen wir das gut. Als Eltern allerdings sind wir völlig überrascht, wie schwer sich unsere Lehrer auf die veränderte Situation einlassen können. Nach sechs Wochen Homeschooling sind wir noch immer schockiert von der mangelnden Leidenschaft mancher Lehrer in puncto Schülerbegleitung und Wissensvermittlung. In den zurückliegenden sechs Wochen des Homeschoolings und den zwei Wochen Osterferien hat sich nicht ein einziger Lehrer bei Frieda erkundigt, wie es ihr geht und wie sie mit der Situation zurechtkommt. Bisher gibt es kein virtuelles Lernen. Das Arbeiten ist in den überwiegenden Fächern noch immer eine Einbahnstraße. Der Mathelehrer ist fast komplett von der Bildfläche verschwunden. Einmal in der Woche stellt er Aufgaben ein und wenn wir Glück haben, liefert er irgendwann sogar die Musterlösungen dazu. Nun gut, auch daran gewöhnen wir uns, und meistens macht es riesigen Spaß, gemeinsam zu lernen und zu gestalten. Der Englisch-Rap ist großartig geworden und das Lapbook für Biologie ebenfalls. So mancher Quatsch schweißt uns durchaus zusammen. Wir hegen die Hoffnung, dass die Lehrpläne zukünftig mal überarbeitet werden, sie haben es wirklich nötig. Bisher hatten wir das nur vermutet, jetzt wissen wir es.

Die Wochen der sozialen Isolierung legen jede Menge kreatives Potential frei. Nie hätte ich gedacht, dass ich mich einmal über eine einzelne Tulpe, die an einem Samstag vor unserer Haustüre lag, so freuen würde. Auf der beiliegenden Karte stand: #bleibt gesund – Hilfe nötig? Bitte bei Caroline melden. Welch eine schöne Nachbarschaftsgeste. Ich freue mich, dass wieder Postkarten geschrieben werden. Außerdem bemalen die Menschen Steine, um sie fürs Finden zu verstecken oder direkt zu verschenken.

Im Klassenverband setzen wir uns dafür ein, dass Friedas syrischer Mitschüler einen Laptop erhält, damit auch er die Chance hat, am Homeschooling teilzunehmen. Frieda backt Kuchen für den Hof. Ich koche Erdbeermarmelade, die Frieda in der Nachbarschaft verteilt. Zum Dank, der gar nicht erwartet war, gibt es ganz viele Lächeln zurück. Wir produzieren Tassenkuchen, der an Ostern „versteckt" wird. Wir treffen uns mit Freunden zum Nachmittagskaffee und -kuchen per Zoom, tanzen virtuell gemeinsam in den Mai, nehmen mit größter Freude die Nominierung zu einem Trinkcontest per WhatsApp an. Mit dem einen oder anderen Freund treffen wir uns auf der Terrasse, selbstverständlich unter Einhaltung der vorgeschriebenen Distanz von mindestens eineinhalb Metern. Diese Treffen sind zwar nur selten und meist sehr kurz, aber wichtig. Mir fehlen das Drücken und das Küsschen links und rechts sehr, aber gleichzeitig staune ich darüber, dass die zu Beginn empfundene Unsicherheit bei diesen nun berührungslosen Begegnungen nachlässt und langsam zur Normalität wird.

Friedas Saxophonspiel wird in ein Orchesterstück integriert, indem der Musiklehrer die Tonspuren aller Musikschüler übereinanderlegt. Ein völlig neues Erleben von Gemeinsamkeit. Es ist irgendwie paradox: Die verordnete soziale Isolierung bringt unglaublich viel Kreativität hervor, im Großen und im Kleinen, und ich kann nur darüber staunen. Worüber ich auch staune, sind die Ruhe und die wunderbar klare Luft. Dazu fällt mir eine Situation aus der Zeit vor Ostern ein. Kurz vor dem Einschlafen hörte ich, dass ich nichts hörte. Darüber war ich ganz aufgeregt. Ich stupste Steini an und forderte: „Steini, hör mal!"– „Hm?" – „Hör doch mal!" – Stille. Dann die Antwort. „Ich höre nichts." – „Genau!!! Das ist doch der Hammer." Die Stille empfinde ich immer noch als Wunder in dieser so unsicheren Zeit. Keine Autos, keine Flugzeuge, nur Ruhe, herrliche Luft, tagsüber Vogelgezwitscher. Auch die Natur scheint aufzuatmen und schenkt uns über Wochen herrlichstes Wetter. Selbst an die Situation, nichts zu planen, nicht einmal Urlaub oder Verabredungen, kann ich mich gewöhnen. Ich bin so dankbar für unsere Bundeskanzlerin, die so strikt an die Vernunft der Bundesbürger appelliert. Ich bin den Politikern so dankbar, dafür, dass sie einen wunderbaren Job machen, viel besser als ich es je erwartet hätte. Ich bin so dankbar dafür, dass andere die wesentlichen Entscheidungen für mich treffen und dass ich in einem Land lebe, das für mich sorgen kann und in einer Region, die weniger dicht besiedelt ist. Ich bin dankbar, dass wir ein funktionierendes Krankensystem haben und uns Erfahrungen wie sie zum Beispiel die Bewohner von Bergamo machen mussten, zumindest bisher erspart geblieben sind. Ich habe sie noch vor Augen, die Bilder von den Armeefahrzeugen, die die Corona-Toten zu den Friedhöfen der Umgebung gebracht haben, oder von den Bestattungen in Brasilien im Minutentakt.

Da es irgendwann wieder Lockerungen vom Shutdown geben muss, habe ich in der Vorbereitung ‚Mund-Nase-Schutzmasken' genäht. Weil es aufgrund der Ladenschließungen keine Stoffe zu kaufen gab, mussten die Vorräte herhalten und die ein oder andere Bluse daran glauben. Ich bin immer wieder erstaunt, welche Potenziale in einem schlummern. Während ich nähte, lief der Fernseher und Anne Will sprach in ihrem Sonntagabendtalk vom Phänomen der Retraditionalisierung. Mit einem Schmunzeln schaute ich mir meine Nähmaschine an, dachte ans Kochen und Backen und daran, dass ich zum ersten Mal finanziell von Steini abhängig werden könnte. Wie gut, dass Steini und ich herzlich darüber lachen können. Bei mir denke ich und sage es auch: Gut, dass ich die Gartenmöbel abgeschliffen und gestrichen habe.

Es ist viel in Veränderung oder besser in Bewegung. Inzwischen wurden die verhängten Einschränkungen tatsächlich wieder gelockert und mein erstes Präsenzseminar hat in Köln stattgefunden. Es war so aufregend, nach mehr als zwei Monaten wieder Autobahn zu fahren. Inzwischen war ich auch mit dem Zug unterwegs. Es war viel weniger spektakulär als erwartet, denn die Bevölkerung befindet sich noch im Homeoffice. Die Kölner Innenstadt ohne Touristen zu erleben, fühlt sich großartig an. Und erst das Arbeiten mit meinen Teilnehmern! Es war einzigartig – spannend, überraschend und so entspannt. Die anfängliche Irritation darüber, dass jeder Teilnehmer an einem eigenen Tisch saß, Gruppenarbeiten nicht möglich waren und ich mir ständig die Hände desinfizierte und auf Abstand blieb, verflog schnell.

Zugleich erlebe ich aber auch, dass die Sorge vor Ansteckung in der Bevölkerung sichtbar nachlässt. Herr Bandelow mit seiner Vierwochen-Theorie hat es vorhergesagt. Die Menschen tragen in Geschäften und im öffentlichen Nahverkehr zwar Mund- und Nasenmasken – wer hätte sich das im Januar vorstellen können? –, der Respekt vor einer möglichen Ansteckung mit Covid-19 scheint jedoch erst hinter dem Bedürfnis nach sozialer Nähe zu kommen.

Mir gehen die Lockerungen zu schnell und zu weit. Sie scheinen vielen Menschen zu suggerieren, die Gefahr sei vorbei und die zurückliegenden Maßnahmen waren vielleicht sogar zu drastisch. Diese Entwicklung beobachte ich mit Sorge. Ich hoffe so sehr, dass die so häufig besprochene zweite Krankenwelle der Pandemie ausbleibt. Gleichzeitig bin ich gespannt, welche Ressourcen die Corona-Pandemie zutage fördern wird. Vielleicht richten wir uns neu aus und fokussieren uns auf Werte, die wirklich wichtig sind. Ich hoffe es und genieße erst einmal die Ruhe.

Simone

Pinnow, 09. Mai 2020

Liebe Hannelore,

selbst wenn ich hätte schneller antworten wollen (ich hatte mir vorgenommen, den gestrigen Freitag, also dein erstes Online-Coaching abzuwarten), ich hätte es nicht gekonnt. Ich war wie gelähmt: Seit Tagen sitze ich mehrere Stunden täglich an meinem PC und lese mich durch das Internet. Dort erfolgt teilweise eine völlig andere Berichterstattung als in den Zeitungen und im Fernsehen. Das erschüttert mich und ich weiß nicht mehr, was ich glauben soll. Es klingt alles so einleuchtend.

Hast du schon einmal von Professor Bhakdi gehört? Oder Dr. Wodarg? Oder Bodo Schiffmann? Die sagen, dass Covid 19 mit einer schweren Grippewelle vergleichbar sei und wir nicht alle in Angst und Panik verfallen müssen. Sie sagen auch, dass die Maßnahmen der Regierung viel größere Probleme nach sich ziehen würden, als das Virus verursacht.

Ihre Begründungen und die Zahlen, die sie anführen, klingen genauso überzeugend wie die Ausführungen des führenden virologischen Beraters der Bundesregierung Christian Drosten. Nur dass sie in total verschiedene Richtungen gehen. Das wäre alles vielleicht nicht so schlimm, wenn es nicht um unser Leben ginge. Physisch, aber auch psychisch.

Hast du im März die Kolumne „Wider die Vernunftpanik" von Sasha Lobo im Spiegel[1] gelesen? Ich war ganz erschrocken über das umfassende Bild, das er von den Auswirkungen der Corona-Maßnahmen gezeichnet hat. Beim

[1] https://www.spiegel.de/netzwelt/netzpolitik/corona-gesellschaft-wider-die-vernunftpanik-kolumne-a-772e1651-f393-4bc6-8f79-79dc7a5ed025

Lesen ist mir erst bewusst geworden, wie sehr wir zur Mittelschicht gehören, dass wir das Bildungsbürgertum sind und unser Jammern ein Jammern auf hohem Niveau ist.

Wie geht es in dieser Zeit den Leuten, die zu viert, zu fünft in Wohnungen mit zwei Zimmern hausen? Bei denen das Geld vorne und hinten nicht reicht, die innerfamiliäre Stimmung grundsätzlich nicht optimal ist und bei denen die Nerven jetzt blank liegen? Kurzarbeit oder gar keine Arbeit, Kleinstkinder oder Pubertierende zu Hause und die Anweisung, die Wohnung möglichst nur zum Einkaufen zu verlassen. Allein das Homeschooling – wie soll das gehen? Haben alle Haushalte die technischen Voraussetzungen? Ganz zu schweigen vom Lernumfeld. Was ist mit den Kindern, die Unterstützung brauchen? Es gibt so viele Eltern, die entweder keine Zeitkapazitäten oder aber auch nicht die intellektuellen Fähigkeiten und noch weniger die pädagogischen haben.

Ich merke das ja schon bei meiner Clara. Sie wünscht sich, dass ich mit ihr lerne. Aber nicht, weil sie lernen will, sondern weil ihre Lehrerin ihr Druck macht. Da ist doch Hopfen und Malz verloren. Ich denke, die Kinder müssen eingeladen werden zu lernen; Motivation ist das Zauberwort. Das ist meine tiefste Überzeugung: Ich will meine Kinder nicht zum Lernen zwingen. Ich habe keine Lust, den Job des Lehrers zu übernehmen und dafür unseren Familienfrieden aufs Spiel zu setzen.

Jens hat für vierzehn Tage den Uckermark-Kurier probeabonniert; jeden Tag studiere ich die Leserbriefe. Die sind erschreckend. Immer wieder schreiben vor allem Mütter, wie fix und fertig sie sind, dass sie nicht mehr können, dass sie abends weinend ins Bett fallen und nicht wissen, wie sie den nächsten Tag bewältigen sollen.

Im besagten Spiegelartikel schreibt Sasha Lobo auch, dass all die Entscheidungen, die momentan getroffen werden, von Menschen getroffen werden, die in großen Wohnungen leben, womöglich noch Grundstücke haben, offenbar aber keinerlei Gespür mehr für die unteren Schichten. (Sagt man das so? Untere Schichten? Das klingt irgendwie sehr negativ. Ist einkommensschwach besser?) Oder was ist mit den Verkäuferinnen, die – als systemrelevant eingestuft – natürlich an ihren (wie gefährlichen???) Arbeitsplätzen sitzen sollen, nachmittags aber keine halbe Stunde, ja nicht mal fünf Minuten mit ihren quengelnden Kleinkindern auf den abgesperrten Spielplatz dürfen?

Die Kolumne hat mich sehr berührt. Deshalb habe ich sie auf meiner Facebookseite geteilt. Weißt du, was passiert ist? Ich habe richtig Prügel dafür eingesteckt. Eine knallharte Ohrfeige, nein, eigentlich war es ein Tiefschlag, versetzte mir mein alter Mentor aus Journalistentagen, Tobias König. Er schrieb: Bilden hilft!!!, und verlinkte die Todesanzeigen aus Italien unter meinem Post. Das ging mir durch und durch. Das war wie ein abgeschossener Pfeil.

Kann man nicht mal mehr vernünftig miteinander reden? Dieser raue Umgangston macht mich fertig. Ich fühle mich so wackelig, Hannelore. Es gibt doch immer mehrere Perspektiven. Natürlich sind da die vielen Toten. Ich sehe aber auch die vielen Menschen, die jetzt zu Hause eingesperrt sitzen. In anderen Zuhauses, als du und ich sie haben, und auch, als Tobias König es hat.

Hannelore, ich weiß nicht mehr, was richtig und was falsch ist. Ich weiß nicht, wem ich glauben soll. Ich fühle mich wie ein Fähnchen im Wind. Das ist so furchtbar. Nicht nur für mich, sondern vor allem auch für die Familie. Die Kinder spüren meine Unsicherheit und sind dadurch ebenfalls verunsichert. Sophie, sie wird in zwei Monaten zwanzig, meckert mit mir, wenn ich im Internet nach meiner Meinung suche. Sie sagt, als dreifache Mutter hätte ich andere Aufgaben. Damit trifft sie einen wunden Punkt. Ich will doch eine gute Mutter sein. Gerade und besonders in dieser Zeit.

Als ich bei deiner Simone las, wie verbindend diese Kleinfamilie jetzt ihre gemeinsamen Mahlzeiten zelebriert, versetzte mir das sofort einen Stich. Bei uns isst gerade jeder für sich. Ich koche zwar, aber gemeinsame Tischzeiten kriegen wir nicht hin. Wenn wir es versuchen, geht jedes Mal irgendeine Bombe hoch. Entweder einer schmatzt zu laut oder einer quatscht zu viel oder etwas, was der andere nicht hören mag. Zudem will uns Sophie auch immer noch erklären, wie wir Clara und Hannes erziehen sollten. Sie versteht überhaupt nicht, dass wir die beiden einfach ihr Ding machen lassen und darauf vertrauen, dass sie daran wachsen.

Die beiden sind so glücklich mit ihrer Freiheit und ihren Freunden. Den ganzen Tag stromern sie durchs Dorf. Jetzt haben sie sich bei Thea (das ist eins von unseren Berliner Kindern, die jedes Wochenende und nun Corona-dauerhaft in Pinnow wohnen) in der Scheune ein Detektivbüro eingerichtet und observieren die Dorfbewohner. Am Wochenende haben sie einen Film gedreht. Natürlich einen Krimi. Krimis sind gerade ihr großes Thema. Als Inspiration dienen ihnen die drei Ausrufezeichen. Oder sind es die Fragezeichen? Egal. Jedenfalls bekam ich ganz unverhofft eine Nebenrolle. Ich war die Putzfrau, die in der Kirche die Leiche gefunden hat. Ich sage dir, an mir ist eine Schauspielerin verloren gegangen ☺. Noch ist Thea dabei, den Film zu schneiden. Auf das Ergebnis bin ich riesig gespannt. Für mich ist das, was die Kinder hier machen, Schule, wie ich sie mir erträume. Die Kinder lernen gerade so viel, vor allem sozial. Manchmal wünschte ich, ich wäre auch noch einmal ein Kind. Jetzt, in dieser Welt. Coronafrei natürlich.

Wir haben hier wirklich schöne Momente, aber Corona wabert in der Luft und belastet mich. Ich kann das nicht einfach ausklammern. Das jedoch will Sophie. Darüber geraten wir immer wieder aneinander.

Dabei beschäftigt auch sie sich intensiv mit dem Thema. Ich bin immer wieder überrascht, wie umfassend sie sich ihre Meinung bildet. Manchmal empfiehlt sie mir Interviews anzuhören mit Menschen, von denen ich noch nie gehört habe. Und dann staune ich, weil die Inhalte in die gleichen Richtungen gehen, die mich interessieren – (Lebens-)Geschichte, Gesellschaft, Psychologie. Wenn ich ihr im Gegenzug ebenfalls Texte oder Sendungen empfehlen will, zieht sie allerdings nur spöttisch die Augenbrauen hoch. Damit erinnert sie mich sehr an mich in diesem Alter. Damals dachte ich auch, ich hätte das Weltwissen gepachtet. Und nun? Dreißig Jahre später – was weiß ich? Das ich nichts weiß? Was ist, wenn Sophie richtig liegt und es Clara und Hannes später auf die Füße fällt, dass ich sie jetzt spielen lasse?

Ach Hannelore, nun habe ich ganz schön viel vor dir ausgeschüttet. Ich hoffe, es war nicht zu viel. Grundsätzlich, das weißt du, bin ich nicht so. Auch jetzt bin ich eigentlich … Ja was bin ich? Weiter optimistisch? Jedenfalls glaube ich nicht, dass hier das große Weltsterben kommt. Oder will ich es nur nicht glauben?

Anfänglich war ich ja total in der Angst. Ich hatte wirklich in Erwägung gezogen, in drei Wochen tot zu sein. War das bei dir auch so akut? Ich weiß noch, wie ich mich aufs Fahrrad geschwungen und darüber nachgedacht habe, was jetzt zu tun sei. Sich schützen um jeden Preis? Oder einfach weiterleben und gegebenenfalls mitten aus dem Leben heraus sterben? So eine blöde Situation. Ich habe mich gefühlt wie in Ken Follets „Tore der Welt", als die Pest über die Menschen kam. Man weiß eben nicht, wen es erwischt. Mich selbst? Jens? Die Kinder? Da macht es mir natürlich Mut, Mediziner zu hören, die sagen: „Hört auf mit dieser Panikmache! Corona ist einer schweren Grippe vergleichbar." Wenn es doch nur so ist!!!

Warum wird auf diese Stimmen nicht reagiert? Professor Bhakdi hat schon im März einen offenen Brief an Angela Merkel verfasst. Auf fünf Fragen hat er um Antwort gebeten. Aber es kommt nichts. Keine Reaktion. Niente. Das beschäftigt mich. Warum findet kein Austausch statt, kein Diskurs? Ja schlimmer noch: Dr. Wodarg – lange Jahre war er Leiter eines Gesundheitsamtes und bis 2009 für die SPD im Bundestag – wurde die Homepage abgeschaltet und Professor Bhakdi die E-Mail-Adresse an seiner Heimat-Uni gesperrt. Ich finde, das geht gar nicht. Wo bleibt da die Meinungsfreiheit? Wenn ich so etwas lese, regt sich bei mir ein Zweifel, der mir auch schon ganz zum Anfang kam, als Corona plötzlich nicht mehr nur ein chinesisches, sondern ein weltweites Problem war. Damals regte sich eine kleine Stimme in meinem Bauch, die fragte: Wer verdient daran? Inzwischen ist klar, es verdienen Leute daran. Und zwar richtig gut. Parallel jedoch gehen so viele zu Grunde. Und das weltweit …

Was denkst du dazu? Oder dein Bekanntenkreis? Ich warte schon begierig auf weitere Rückläufer deines Fragebogens. Der Bericht von Simone war eine Wucht. Ich habe ihn verschlungen. Sag ihr das gerne. Ich bin so froh, dass du dieses Projekt angeschoben hast. Zu lesen, was andere

Menschen erlebt und erfahren haben, was sie denken, wie sie Probleme betrachten, das stärkt mich ungemein. Ich hoffe, ich bekomme aus meinem Bekanntenkreis demnächst ebenfalls die ersten Rückmeldungen. Hast du schon weitere „Eingänge"?

Ich selbst habe versucht, meine Notizen für dich in Form zu bringen, aber das zieht mir dermaßen die Füße weg, dass ich denke, es könnte besser sein, meine Gedanken dosiert in unseren Briefwechsel zu packen. Oder ich rückblicke später, wenn der ganze Spuk vorbei ist.

Bevor ich nun aber erneut ins Negativieren rutsche, setze ich lieber einen Punkt und frage dich, was ich eigentlich schon ganz am Anfang fragen wollte: Wie war deine Online-Coaching-Premiere? Ich kann mir das gar nicht vorstellen, ein Coaching per TV. Aber ich finde es toll, dass du so etwas wagst. Im stolzen Alter von vierundsiebzig Jahren. Chapeau.

Ich mit meinen schlappen siebenundvierzig muss jetzt Fußball spielen. Seit der Schulschließung ziehen wir das jeden Abend durch. Eine halbe Stunde Fußball auf unserer Wiese. Das tut so gut. Und wir werden immer besser. Meine Stimmung meist auch ☺

Hannelore, Jens pfeift schon an. Entschuldige das abrupte Ende. Bis ganz gleich, Nora.

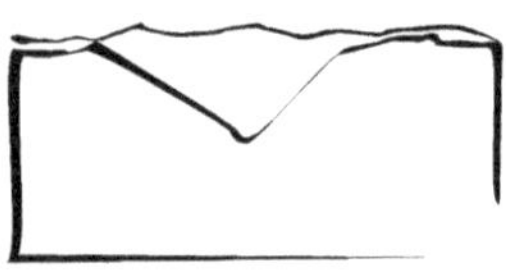

Krefeld, 11. Mai 2020

Liebe Nora,

da hast du mir aber eine geballte Ladung geschickt. Diese Fülle entschädigt mich voll und ganz für die Zeit des Wartens. Ich finde es wirklich rücksichtsvoll, dass du die Vorbereitung für mein erstes Online-Coaching nicht stören wolltest. Das war gut. Ich habe die Zeit gebraucht und genutzt. Alles andere wäre Ablenkung gewesen und ich hätte mich sehr disziplinieren müssen. Nichtsdestotrotz habe ich mein Postfach immer wieder angeklickt und war, das muss ich ehrlich sagen, enttäuscht. Ich habe mich schon sehr an unseren Austausch gewöhnt und genieße ihn. Ich danke dir, dass du mir so tiefe Einblicke in deine Gedankenwelt gestattest. Ich fühle mich keineswegs davon überrollt. Im Gegenteil. Natürlich bin ich nicht immer deiner Meinung, aber das ist vollkommen normal, so ist das Leben.

Bevor ich auf deine vielen Überlegungen zum Thema Corona eingehe, will ich dir kurz von meinem ersten Online-Coaching berichten. Es war ein voller Erfolg, den wir uns aber auch redlich verdient haben. Meine Berater-Kollegin und ich haben eine Menge Herzblut in die Vorbereitung gesteckt. Noch am Freitag hat sich das positiv ausgezahlt. Wir wurden mit einem weiteren Training und zusätzlichen Einzelcoachings beauftragt.

Während des Coachings baten wir die Teilnehmer unter anderem zu erzählen, was sie Positives in der Corona-Zeit beobachtet hatten. Einen großen Raum nahm die veränderte Techniknutzung ein. Ich kann das für mich nur bestätigen. Nie hätte ich gedacht, dass meine Lernkurve in Bezug auf die Anwendung neuer Medien in meiner Arbeit solch einen steilen Verlauf nach oben nehmen würde. Ein Teilnehmer berichtete von seinem Sohn, der vor Corona viel zu viel im Internet unterwegs war oder sich alternativ mit Ballerspielen am Computer beschäftigte. Durch das digitale Homeschooling hat er nun erfahren, wie wunderbar er den Computer zum Lernen nutzen kann. Dank einer Lernsoftware findet er mit einem Mal sogar Mathe, das bisher ein rotes Tuch für ihn war, toll. Ist das nicht großartig?

Wie du vielleicht weißt, haben meine englischen Enkelkinder noch nie eine Schule besucht, sondern werden seit eh und je von meiner Tochter zu Hause unterrichtet. Bislang lief das nahezu non-digital ab. Sagt man das so? Seit Corona jedoch dürfen die vier mehr Bildschirmarbeit machen. Pro Woche bekommen sie mehrere Tickets Bildschirmzeit, die sie eigenverantwortlich nutzen können. Von Brian, dem Ältesten, weiß ich, dass er sogar anfängt, kreativ zu programmieren, von Luise, dass sie sich alles über Pferde aus dem Internet erarbeitet, Tom hat sich in die Geschichte der Olympischen Spiele verbissen und von unserer kleinen Rosa, die beim letzten Zoom-Meeting so aufgetaut ist, hatte ich dir bereits geschrieben. Ich finde es bemerkenswert, wie sich das online-Verhalten unserer englischen Familie in der Corona-Zeit verändert hat.

Gerade jetzt zeigt sich doch sehr deutlich, dass es nicht mehr ohne Computer und neue Medien geht. Das betrifft alle Altersgruppen. In meinem letzten Telefonat mit meiner früheren Berliner Arbeitskollegin, die Anfang des Jahres sechsundachtzig Jahre alt geworden ist, ist mir bewusst geworden, wie wichtig es ist, dass sich auch die älteren Leute nicht von den neuen Medien abkoppeln. Ob es um das Internet-Banking geht oder die Nutzung eines Lieferservice.

Wenn man nicht mehr so gut zu Fuß ist, aber dennoch in der eigenen Wohnung bleiben möchte, sind Smartphone, Computer und Internet inzwischen fast unverzichtbar. Meiner ehemaligen Kollegin habe ich durchs Telefon beigebracht, wie sie ihr Smartphone auch als Diktiergerät benutzen kann. Jetzt überlegt sie, ob sie bei unserem Corona-Projekt mitmacht und mir einspricht, wie es ihr mit Corona geht. Ich fände es prima, wenn das klappen würde.

Nun aber genug von mir, jetzt will ich endlich auf deinen Brief eingehen. Es hat mich sehr betroffen gemacht, wie Corona dich und dein Leben erschüttert. Dabei erschüttert es mich ja ähnlich und doch wieder ganz anders. Es ist schon bemerkenswert, was solch ein kleines Virus, das man nicht mal sehen kann, bewirkt. Auf so vielen unterschiedlichen Ebenen. Und dann auch noch weltweit. Du musst aufpassen, dass es nicht dein ganzes Denken einnimmt. Mir hat wirklich mein Garten geholfen. Du hast doch auch einen großen Garten – versuch es mal! Beim Buddeln sortiert sich viel. Ich bin dabei sehr zu mir gekommen. Nun bilde ich mir ein, relativ gelassen, auf Corona zu schauen.

Vor allem sehe ich auch das Gute. Ich sehe, wie Menschen zur Ruhe kommen, endlich rauskommen aus ihrem zeitbeschleunigten Hamsterrad. Ich habe das Gefühl, Familie bekommt einen neuen Stellenwert, Nachbarschaft, überhaupt das Miteinander. Und das, obwohl wir plötzlich Abstand halten müssen. Trotzdem nehme ich natürlich auch Probleme wahr. Ich habe mir im Computer zwei Dateien angelegt: die eine heißt „Brenngläser“, die andere „Lichtblicke“. Darin notiere ich, was ich an Problemen und was ich an Lichtblicken in dieser Zeit sehe. Genau wie du lese ich sehr viel. Die von dir erwähnte Spiegel-Kolumne allerdings habe ich nicht gelesen. Ich wollte sie nachrecherchieren, habe es dann allerdings doch sein lassen. Auch von den Ärzten, von denen du schreibst, habe ich noch nichts gehört. Aber es ist ja auch so viel im Umlauf, das kann man gar nicht alles überblicken. Dein Vater hat ganz recht, wenn er in seinem Bericht die Medien kritisiert, die dermaßen inflationär mit dem Thema Corona umgehen. Momentan fällt wirklich alles andere hinten runter.

Die Problematik Homeschooling sehe ich ähnlich, wie du sie in deinem Brief beschreibst. Das ist ein sehr ambivalentes Thema. Corona kann hier eine Chance sein. Durch meine englischen Enkelkinder habe ich mich sehr intensiv mit dem Homeschooling auseinandergesetzt. Anfänglich war ich skeptisch. Inzwischen finde ich es eine wundervolle Möglichkeit des Lernens. In meinem Familien- und Bekanntenkreis stehe ich mit meiner Meinung allerdings alleine da. Um mich herum versteht niemand, dass meine Tochter die Lehrerin ihrer Kinder ist. Diese Form des Lernens will nicht in ihre Köpfe. So macht man das einfach nicht! Und nun plötzlich praktizieren alle „Homeschooling". Staatlich verordnet. In einem Staat, in dem Homeschooling eigentlich verboten ist.

Wobei an dieser Stelle zu differenzieren ist, denn das, was wir gerade als Homeschooling betreiben, hat mit dem ursprünglichen Homeschooling nichts zu tun. Weder mit der Variante, in der die Kinder tatsächlich nach einem vereinbarten Lehrplan zu Hause unterrichtet werden, noch mit der Form des Freilernens, die meine Enkelkinder leben. Meine Tochter lässt ihren Kindern allen Freiraum, den sie brauchen, um erst einmal ihre Interessen zu entdecken und sich dann aus diesen heraus sehr kreativ und fächerübergreifend die unterschiedlichsten Themengebiete zu erschließen. Unser Tom hat uns angekündigt, dass er uns demnächst eine selbst recherchierte und gestaltete Olympiabroschüre zuschicken will, also eine richtige eigene kleine Zeitung. Ich bin schon sehr gespannt. Es ist ein so anderes Lernen als das Lernen zu meiner Zeit.

Manchmal beneide ich die Kinder darum. Wenngleich ich mich in der Schule nie habe anstrengen müssen. Mir fiel das, was ich brauchte, um auf meine meist ganz guten Noten zu kommen, einfach zu. Nein, Lernen war damals nicht mein Ding. Deswegen habe ich deinen Vater auch nicht verstanden. Er galt bei uns als Streber. Er hatte immer seine Hausaufgaben, er wusste immer alles, er hat sich lieber hingesetzt und gepaukt, als mit uns anderen die Welt aus den Angeln zu heben – das ging mir nicht in den Kopf.

Inzwischen sehe ich das anders. Ich muss schmunzeln, wenn ich auf mich selbst schaue und sehe, welch eine Lernlust ich heute in meinem fortgeschrittenen Alter noch habe. Wenn ich ehrlich bin, muss ich auch zugeben, dass Corona diese Lernlust beflügelt. Genau wie du will ich verstehen, was gerade passiert, und bilde mich zu meinen Brennpunkten und Lichtblicken. Aber davon vielleicht ein andermal mehr. Du hattest noch Fragen. Ich habe mir zu deinem Brief kleine Anmerkungen gemacht. Ich gehe sie einfach der Reihe nach durch.

Du schreibst, dass du im Homeschooling eine Gefahr für die Kinder aus sozial schwachen Familien siehst. Die sehe ich gleichfalls. Ich komme ja selbst aus einem bildungsfernen Haushalt. Stell dir mal vor, wir hatten kein einziges Buch zu Hause. Meine Eltern haben sich nie mit mir und meinen Geschwistern hingesetzt und Hausaufgaben gemacht. Da wurde nicht mal nach Hausaufgaben gefragt. Das war kein

Thema. Lediglich wenn es schlechte Zensuren gab, und die gab es bei meinem Bruder und meiner Schwester immerzu, ging zu Hause ein Donnerwetter nieder. Da wurde richtig gebrüllt. Aber sonst lief Schule wirklich nur nebenbei.

Ich denke, das ist heute in vielen sozial schwachen Familien nicht anders. Wo es früher keine Bücher gab, wird es heute auch keine geben. Was heutzutage aber noch viel schlimmer ist: Es wird auch keinen Laptop geben; und wo es den nicht gibt, sind die Kinder während der Schulschließung vom Bildungssystem abgeschnitten. Das ist dramatisch. Zum Glück beginnt die Schule inzwischen vielerorts wieder. Max hat heute seinen ersten Schultag, drei Stunden am Nachmittag. Ich bin neugierig, was er erzählen wird. Wie sieht es bei deinen Kindern aus? Und arbeitest du nicht auch hin und wieder ein paar Stunden in der Schule?

Liebe Nora, ich kann mich nicht erinnern, wann ich das letzte Mal solch einen langen Brief geschrieben habe. Ich weiß nicht, ob du es bemerkst, aber mittendrin lege ich immer mal Pausen ein. Es gibt drum herum so viel zu tun. Wenn ich mich dann wieder an den Schreibtisch setze, muss ich immer erst alles noch einmal lesen und schauen, was du geschrieben hattest. Zwischenein ergänze ich auch noch die eine oder andere Eintragung in meinem Corona-Tagebuch. Ich will es dir unbedingt mitschicken. Als Entschädigung dafür, dass ich noch keine weitere Rückmeldung auf meinen Fragebogen erhalten habe. Jedenfalls keine brauchbare. Zwei Bekannte haben zwar geantwortet, allerdings so kurz und oberflächlich, dass sie sich das auch hätten sparen können. Ich habe mich richtig geärgert und finde es nach wie vor doof, mir derart knappe Antworten zu schicken, wie bei einer Pflichtübung. Beim Lesen fühlte ich mich richtig schlecht. Zum Glück werden auch wieder andere Beiträge kommen. Wie sieht es bei dir aus?

Sehr erstaunt war ich, um wieder auf deinen Brief zurückzukommen, dass dich die Reaktion deines ehemaligen Journalistenkollegen auf Facebook so getroffen hat. Es ist doch bekannt, wie auf diesen Plattformen agiert wird. Da kannst du doch keine wertschätzende Kommunikation erwarten. Hast du keine andere Möglichkeit, mit ihm ins Gespräch zu kommen? Willst du das überhaupt? Mir stellt sich die Frage, warum du überhaupt auf Facebook aktiv bist.

Begeistert hat mich, wie du das Leben deiner Kinder beschreibst. Das klingt absolut nach Bullerbü. Schön, dass du es schaffst, bei allen Zweifeln, die du hast, Clara und Hannes einfach sein zu lassen. Auch was du von Sophie schreibst, klingt nach gelungener Erziehung. Ich denke, es ist normal, dass sie jetzt öfter mit dir hart ins Gericht geht. Das gehört zum Abnabelungsprozess dazu. Frag nicht, was ich durchgemacht habe. Und deine Eltern sicher auch.

Wenn ich es richtig lese, verstehen es deine Kinder sogar, dich allabendlich aus deiner Corona-Gedankenblase herauszuholen. Genieße das! Vielleicht kannst du diese Corona-Auszeit sogar noch ausdehnen. Wir haben es eh nicht in der Hand. Was passiert schon, wenn du mal nicht ins Internet schaust? Nichts!!! Probiere es aus!!! Außerdem rate ich dir zu vertrauen. Ich betrachte es als wirklich großes Glück, hier in diesem Land zu leben. Unsere Regierung re(a)giert meiner Meinung nach, und das schrieben ja auch Simone und mit Abstrichen dein Vater, ganz wunderbar.

Apropos Simone. Mit Erstaunen einerseits, aber auch Verständnis anderseits habe ich von deinem kleinen neidischen Anflug gelesen. Wer kennt ihn nicht, diesen Blick nach rechts und nach links, wo alles ein bisschen perfekter zu sein scheint? Dazu gibt es ein Sprichwort, das mir schon oft geholfen hat, milder mit mir zu sein. Es lautet: „Wenn du dich schlecht fühlen willst, vergleiche dich mit anderen." Was will ich damit sagen? Wenn Simone und Familie in dieser Zeit die Mahlzeiten zelebrieren, kann ich zwar verstehen, dass du ein wenig neidvoll dort hinschaust, aber so, wie du von euch schreibst, scheint es für euch momentan viel stimmiger zu sein, jeder für sich oder in Kleingruppen zu essen. Ihr seid doch auch viel mehr. Bei euch ist den Tag über eine ganz andere Stimmung, da kann es doch gerade gut sein, sich zum Essen zu vereinzeln. Simones Familie spielt dafür kein Fußball. Ich versuche gerade, mir vorzustellen, wie das bei den dreien aussehen sollte, aber nein, das kann ich gar nicht. Ich weiß nicht mal, ob die überhaupt einen Ball haben. Also macht mal einfach weiter so!

Oh, jetzt höre ich Michael schon in der Küche klappern. Von unserem zweisamen Hochzeitstag wollte ich dir eigentlich auch noch erzählen. Vielleicht im nächsten Brief. Heute ist es mir wichtiger als Letztes noch deine Frage nach der Angst zu beantworten.

Michael ist bei uns eindeutig derjenige, der die größere Angst hat. Darüber sind wir immer wieder im Gespräch und diskutieren den Umgang damit durchaus kontrovers. Zum Beispiel, wenn es darum geht, ob wir, wenn wir unseren Sohn und unsere Schwiegertochter mit unserem Enkel Max besuchen, unsere Masken aufsetzen oder nicht. Wir achten, das schrieb ich wohl schon, sehr auf die Einhaltung der Abstände. Auf der Toilette und im Flur steht Handdesinfektion und wenn der **Post**bote da war, reiben wir uns

postwendend ☺ die Hände ein.

Ich bin jetzt vierundsiebzig, Michael wird Ende Mai fünfundsiebzig. Früher war man damit alt. Heute ist das nicht mehr so und wir fühlen uns eindeutig zu jung zum Sterben. Um mich selbst habe ich, um diese Frage zu beantworten, zu keiner Zeit Angst gehabt, habe es bis heute nicht. Sehr besorgt bin ich jedoch um Michael, der zwischenzeitlich wirklich sehr panisch war, sowie um Torsten, der mit seinem Asthma zur Risikogruppe gehört. Torsten selbst nimmt es sehr realistisch und sagt, dass er sich ja nicht einschließen könne, bis ein Impfstoff gefunden sei. Ich bin froh, dass er so optimistisch ist.

Angst beziehungsweise einen riesigen Schreck bekam ich, als wir erfuhren, dass sich unser Schwiegersohn in England vermutlich mit Covid-19 angesteckt hatte. Das war ganz zu Beginn der Pandemie. Normalerweise wird in unserer englischen Familie nicht über Krankheiten gesprochen, umso größer war die Sorge, als Anke uns am Telefon sagte, dass Samuel sich vermutlich infiziert habe. Das waren für mich Tage voller Unruhe. Zum Glück war es nur eine leichte Form, er erhielt nicht einmal einen Test. Die englische Gesundheitsbehörde empfahl ihm lediglich, sich mit Hausmitteln selbst zu behandeln. Unsere Tochter hat ihm daraufhin frischen Knoblauch mit Honig verordnet. Zur Vorbeugung haben wir es damit auch versucht, aber das ging für uns gar nicht.

Um unser Immunsystem zu stärken, haben Michael und ich während unseres Aufenthalts in Grieth unter Online-Anleitung einer Fastentherapeutin eine Woche nach Buchinger gefastet. Das wollen wir unbedingt wiederholen. Gar nicht verstehen konnten wir, dass unsere Tochter noch während Samuels Erkrankung mit den Kindern Samuels Eltern besuchen war. Samuels Vater ist achtundachtzig. Wir haben jedoch nichts gesagt. Wir wollten keine Panik verbreiten.

In diesem Zusammenhang fällt mir mein heutiger Traum wieder ein. Es war ein richtiger Albtraum. In diesem Traum hatte ich nämlich Angst. Panische Angst.

Auslöser war unser gestriges Treffen mit Torsten, Viviane und Max. Um unseren Hochzeitstag wenigstens ein wenig nachzufeiern, hatten wir uns in Grieth zu einem Fahrradausflug verabredet. Es waren traumhafte 27 Grad, also richtiges Sommerwetter. Wir gingen sogar baden – mit Neoprenanzug. Nach dem Schwimmen hatte Max den Wunsch, mit mir durch das kleine Wäldchen – in Max′ Augen ist es ein Urwald – am Ufer des Sees auf Entdeckungsreise zu gehen. Wir kämpften uns durch Sträucher, Gestrüpp, Dornenranken und umgefallene Bäume. Max versuchte mir den Weg frei zu machen und ich musste über Baumstämme klettern oder unter ihnen hindurchkriechen. Einmal bat ich Max, mir seine Hand zu geben, weil ich ins Straucheln gekommen war.

Heute Nacht träumte ich davon und hatte dabei das Gefühl, etwas falsch gemacht zu haben. Ich hatte die geltenden Abstandsregeln ignoriert. Ich hätte Max nicht anfassen dürfen. Ich war so sehr in Panik, dass ich darüber wach wurde. Ich konnte auch gar nicht gleich wieder einschlafen, weil mir die ganze Zeit durch den Kopf ging, was wäre, wenn ich mich bei Max angesteckt hätte und vielleicht sogar sterben würde. Das war ein eigenartiges Gefühl, das ich so bisher noch nicht kannte. Tief in mir drin bin ich nämlich fest davon überzeugt, dass ich einhundert Jahre alt werde. Das erzähle ich auch gerne. Dennoch hat die Pandemie mein Unterbewusstsein offensichtlich so erwischt, das sich im Traum diese irrationale Angst gezeigt hat. Zwar sagt mir mein Verstand deutlich, wie vollkommen überzogen diese Vorstellung ist, doch meine Seele zeigt mir, wie sich in unserer Psyche Angst breit machen und tief ins Herz hineinfressen kann.

An dieser Stelle interessiert mich – diese Frage hattest du mir noch nicht beantwortet –, wie geht ihr mit euren Großelternfamilien um?

Für heute will ich es dabei belassen. Aus der Küche duftet es herrlich.

Coronapause!
Grüß deinen Vater!

Hannelore.

Unmittelbar bevor Michael und ich am 4. März 2020 in unseren Tanzurlaub nach Waldbronn fahren wollten, war das Corona-Virus nicht mehr nur irgendwo in Deutschland unterwegs, sondern direkt bei uns um die Ecke in Heinsberg gelandet. Ich erinnere mich so genau, weil der WDR am 27. Februar ein Interview mit meiner Ernährungsberaterin und mir zum Thema Intervallfasten ausstrahlen wollte. Wegen einer Dauerschaltung nach Heinsberg jedoch wurde der Beitrag nicht gesendet.

Angesichts der Brisanz der Lage haben Michael und ich über mehrere Tage sehr intensiv und kontrovers diskutiert, ob der Urlaub nicht zu riskant sei. Nach langem Hin und Her entschieden wir uns für die Reise. Allerdings wollten wir mit unseren Tanzlehrern vorab ein paar Spielregeln abklären. Natürlich fiel mir der unangenehme Part zu, unseren Tanzlehrer anzurufen. Ich erklärte ihm, dass wir große Sorgen hätten, aber dennoch kommen würden, wenn er uns zusichern könne, dass Vorsichtsmaßnahmen eingehalten würden. Auf keinen Fall, sagte ich ihm, wollten wir Umarmungen; wir würden niemandem die Hand geben und es dürfe auch keinen Partnertausch oder Gruppentanz geben. Unser Tanzlehrer beteuerte mir, dass das sehr in seinem Sinne sei. Leider entsprach die Umsetzung dann keineswegs dieser Abmachung.

Damit bestätigte sich das mulmige Gefühl, dass uns bei der Anreise plötzlich wieder überkam. Mit der Ankunft und der Freude, etliche Bekannte wiederzusehen, konnten wir diese Regung jedoch ausblenden und hatten schließlich eine sehr schöne Zeit. Als Michael, der im Vorfeld die größten Bedenken gegen diesen Urlaub hatte, beim Abschied alle drei Tanzlehrer umarmte, wurde mir erstmals bewusst, wie schwierig es künftig sein würde, eine Brücke zwischen Theorie und Praxis zu schlagen.

Anfänglich fiel es uns wirklich schwer, uns an die Vorsichtsmaßnahmen zu gewöhnen. Mittlerweile ist das leichter geworden und wir halten uns ganz selbstverständlich an die Abstandsregeln.

Während des Urlaubs erzählten uns unsere Tischnachbarn, dass sie in Kürze in die USA reisen wollten, um von dort aus eine Kreuzfahrt zu starten. Am Tag unserer Rückkehr aus Waldbronn, am 12. März 2020 erfuhren wir, dass die USA ihre Grenze hochgezogen hatten und niemanden mehr ins Land ließen. Damals schimpfte Donald Trump auf das Europa-Virus. Inzwischen ist es das „böse China-Virus".

Im Nachgang haben wir sehr daran gezweifelt, ob es richtig war, noch in den Urlaub gefahren zu sein. Ich war so unsicher, wir wollten doch alles richtig machen. Wir wussten einfach nicht, ob wir uns bei den vielen älteren Tanzpaaren vielleicht angesteckt hatten.

Hätten wir vielleicht doch besser auf unsere Nachbarin hören sollen, die im Gesundheitsamt arbeitet und uns im Vorfeld von der Reise abgeraten hatte?

Für unsere Urlaubsbekanntschaft war die Schließung der US-Grenze ein großes Glück. Wären sie noch losgeflogen, hätten sie, wie so viele andere „gestrandete" Urlauber, mit Sondermaschinen durch das Auswärtige Amt zurückgeholt werden müssen.

Mein Präsenzseminar, das ich am 7. April 2020 hätte abhalten sollen, wurde vom Kunden abgesagt. Ich finde das sehr bedauerlich, kann die Absage aber nachvollziehen. Wir haben uns geeinigt, das Seminar im August nachzuholen. Weitere Aufträge habe ich vor-

erst nicht. Was soll ich tun? Ich habe beschlossen, mich zu fügen und die „verordnete" Ruhe zu genießen.
Langsam stellt sich eine angenehme Gelassenheit ein.

Es ist der 5. April 2020. Ich habe meinen vierundsiebzigsten Geburtstag. Es ist ein sehr schöner und sonniger Tag. Dennoch liegt eine merkwürdige Atmosphäre über ihm. Draußen ist es still. Nur ein paar Vögel zwitschern. Es ist der Sonntag vor Ostern und Corona hält Deutschland und die ganze Welt in Atem.

Brian ist nicht nach Deutschland gekommen. Ursprünglich war geplant, dass Samuel ihn auf seiner Dienstreise von Cornwall über Paris und Brüssel bei uns vorbeibringen würde. Gemeinsam mit Max wollten wir Brian bei der Stiftung Jugend und Medien in Köln an einem Workshop „Abenteuer Hörspiel" teilnehmen lassen. Die Zeit drumherum wollten wir Brian in Grieth verwöhnen. Mit der Schließung der Schulen wurde natürlich auch der Workshop abgesagt. Der Kurs war unser Weihnachtsgeschenk für Brian. Nun bekommt er das Geld, das der Kurs gekostet hätte, zu Ostern. Wenn es nicht so traurig wäre, könnte man lachen – ein Weihnachtsgeschenk zu Ostern.

Mit dem Ausfall des Kurses entschieden Michael und ich nach reiflicher Überlegung, auch Brians Besuch bei uns zu verschieben. Zum Glück hatten Anke und Samuel, als ich ihnen unseren Entschluss mitteilte, vollstes Verständnis. Tatsächlich passte es ihnen ganz gut, denn inzwischen war auch Samuels Forschungsreise abgesagt worden.

Heute nun, da Brian hätte kommen sollen, spüre ich eine ganz große Enttäuschung in mir. Ich bin so gerne Oma. Es tut weh, die Enkelkinder nicht sehen zu können, vor allem wenn man sich schon so lange darauf gefreut hat.

Immer häufiger höre ich, dass die derzeitige Situation mit der Zeit nach dem Zweiten Weltkrieg vergleichbar sei. Irgendwie ist zwar alles ganz anders, doch die Verhältnisse in den Krankenhäusern in Italien, Spanien und Frankreich erinnern schon sehr an die damaligen Zustände. Besonders aufmerksam verfolge ich natürlich die Lage in Großbritannien. Der neue Premierminister Johnson hat sich mit Corona infiziert und kam heute sogar ins Krankenhaus. Das ist besonders schlimm, da das englische Gesundheitssystem für eine Pandemie nicht so gut gerüstet ist wie das deutsche. Weltweit gibt es gerade einen erbitterten Kampf um medizinische Schutzmasken und vor allem Beatmungsgeräte.

Ich hätte mir vor ein paar Wochen nicht vorstellen können, dass ich so sorgenvoll in die Zukunft für unsere Kinder und Enkelkinder schauen müsste. Wie oft haben wir gedacht und auch darüber gesprochen, was für ein großes Glück es ist, dass wir im Frieden leben dürfen. Dann jedoch kam der Terrorismus und verunsicherte die Menschheit. Auf den Terrorismus folgte die Flüchtlingskrise, die durch Krieg und Elend in anderen Teilen der Erde ausgelöst worden war. In den letzten Jahren hielt uns die Klimakrise, die sich durch die Fridays-for-Future-Bewegung endlich mehr ins Bewusstsein der Menschen gedrängt hat, auf Trab und nun erschüttert uns Corona. Was wird werden?

Unsere lange geplante Familienfeier zu Pfingsten am Wisseler See haben wir in Abstimmung mit allen Familienmitgliedern storniert, beziehungsweise umgebucht auf Pfingsten des nächsten Jahres. Wir sind äußerst gespannt, was das Jahr 2021 bringen wird.

Von Onkel August und Cousine Margot haben wir lange nichts gehört. Kein Lebenszeichen. Wie froh waren wir, als sich Margot gestern nun endlich telefonisch gemeldet hat. Mit Beginn der Corona-Pandemie musste sie die schwere Entscheidung treffen, Onkel August, der schon seit Jahren an Demenz erkrankt ist, entweder in ein Pflegeheim zu geben oder einen mobilen Pflegedienst für zu Hause zu organisieren. Die Tagespflege, in der er bisher sehr gut betreut worden war, wurde wegen Corona auf unbestimmte Zeit geschlossen. Margot hat sich für das Pflegeheim entschieden, mit der Konsequenz, dass sie ihren Vater wochenlang nicht besuchen konnte und es immer noch nicht kann. Margot geht es sehr schlecht damit. Ich habe versucht sie zu bestärken, das Richtige getan zu haben. Sie selbst war ja schon lange am Ende ihrer Kräfte. Wie hätte ich entschieden? Durch meine Beratertätigkeit weiß ich, wie es in unseren Pflegeheimen aussieht. Ich darf gar nicht daran denken. Hoffentlich geht es Onkel August gut. Hoffentlich kann Margot ihn bald wieder in die Arme schließen.

Im Vergleich zu früher führe ich sehr viele Telefonate und schreibe auch Briefe. Beides war in den letzten Jahren sehr zu kurz gekommen. In den Telefonaten wird mir deutlich, wie unterschiedlich prekär die Situation in den einzelnen Familien sein kann. Nie hätte ich gedacht, dass sich eine Krankheit in solch kurzer Zeit derartig stark und weltweit ausbreiten könnte. So viele Tote sind zu beklagen, so viele persönliche Schicksale hängen daran und Existenzen gehen von heute auf morgen kaputt.

Absolut positiv überrascht hat mich, dass die Regierung in Deutschland parteiübergreifend, ohne viel Hickhack einen Weg gefunden hat, mit dieser schweren Krankheit umzugehen. Die Gesundheitsvorsorge, das Bettenfreihalten in den Krankenhäusern und die intensivmedizinische Ausstattung sind wohl einmalig auf der Welt. Und so ist die Sterblichkeitsrate in Deutschland zwar ebenfalls sehr hoch, im Vergleich zu etlichen anderen Ländern jedoch relativ niedrig.

In den letzten Jahren hat es sich bereits angekündigt und nun ist es unübersehbar: Wir bekommen es mit immer komplexeren und nicht fassbaren Risiken beziehungsweise „Feinden" zu tun. Daraus schlussfolgere ich, dass das Leben für unsere Enkelkinder, entgegen meinen Hoffnungen und Wünschen, nicht einfacher werden wird. Allerdings vertraue ich darauf, dass unsere Enkel diesen Unsicherheiten, mit denen sie aufwachsen, begegnen und ihren Weg finden werden, und dabei auch glücklich sind. Ich denke, die Kinder werden sich flexibel auf die neuen Bedingungen einstellen.

Während die derzeitigen Ereignisse für uns rasante Umbrüche darstellen, erleben die Kinder und Enkelkinder diese Zeit womöglich ganz anders. Ich bin neugierig, was sie in einigen Jahren retrospektiv berichten werden.

Die Grundschule in unserer Siedlung ist seit heute wieder mit Leben gefüllt. Ich empfand es als sehr gruselig, wochenlang auf einen Spielplatz zu schauen, der mit einem Bauzaun abgegrenzt war und wie tot da lag. In den letzten Tagen trauten sich immer mal wieder vier, fünf Kinder auf den Spielplatz. Vermutlich waren es Kinder, die in der Schule „notbetreut" wurden.

Nun ist die Grundschule wieder für alle Kinder geöffnet. Dennoch ist das Schulleben nicht, wie wir es bisher kannten. Vorhin habe ich zwölf Kinder beobachtet, die ihre Pause auf dem Schulhof verbracht haben. Ich nehme an, die zwölf gehörten zu einer jetzt verkleinerten Klasse. Vermutlich werden die Klassen hier genauso wie bei Max geteilt und die eine Hälfte wird am Vormittag, die andere am Nachmittag unterrichtet.

Als die Pause zu Ende war, mussten sich alle Kinder im Abstand von eineinhalb Metern in einer Reihe aufstellen. Dann ging die Lehrerin von einem zum anderen Kind und gab jedem etwas in die Hand, wahrscheinlich Desinfektionsmittel. Jedenfalls rieben sich die Schüler plötzlich alle die Hände. Erst danach durften sie einzeln ins Gebäude treten. Kurz nachdem diese Kinder in der Schule verschwunden waren, erschien die nächste kleine Klasse auf dem Hof. Zwei Mädchen erzählten mir, dass sie Zweitklässler seien. Die Jungs tobten schon wild auf dem Klettergerüst herum, als plötzlich ein Mädchen rief: „Denkt an den Mundschutz!" Die Kinder hatten alle eine Maske um, aber einige hatten vergessen, sie über das Gesicht zu ziehen. Nach dieser Mahnung trugen alle ihre Maske im Gesicht. Etliche lüfteten die Maske zwischendurch, um richtig atmen zu können. Die beiden Mädchen erzählten mir, dass sie überaus glücklich seien, endlich wieder zur Schule gehen zu dürfen. Zu Hause, als ihre Eltern Lehrer spielen mussten, sagten sie, hätte ihnen Schule nicht so viel Spaß gemacht.

Es macht mich glücklich zu sehen, dass wieder Leben in der Schule ist.

Ich habe mit Cousin Kurt telefoniert. Er erzählte mir, dass er am Wochenende über den Zaun gehört habe, wie die Enkeltochter seines Nachbarn erzählte, sie hätte heute eine Eins bekommen. Es war Sonntag. Corona macht es möglich. Da flattern den Kindern via Internet auch am Wochenende die Noten ins Haus. Wir erleben außergewöhnliche Zeiten.

Pinnow, 14. Mai 2020

Liebe Hannelore,

heute wäre meine allerliebste Omi Resi neunundneunzig Jahre alt geworden. Ich habe eine kleine Kerze für sie angezündet. Meinen Kindern erzähle ich immer, Omi Resi säße auf einer Wolke und baumle mit den Beinen. Wenn ich es erzähle, glaube ich selbst so sehr daran, dass ich sie manchmal tatsächlich sitzen sehe – in meiner Phantasie. Fünfzehn Jahre ist Oma Resi jetzt schon tot. Hin und wieder vergesse ich das und denke, ich müsste sie mal anrufen oder ihr einen Brief schreiben. Obwohl sie die Oma war, die weit weg gewohnt hat und die ich nicht ständig gesehen habe, hat sie mich sehr geprägt. Clara und Hannes haben Oma Resi gar nicht mehr kennengelernt. Dennoch ist sie ihnen sehr vertraut. Erinnerst du dich noch an sie? Sie war Papas Mama.

Wenn du von deinem Onkel August schreibst, kommen mir unweigerlich Omas letzte Jahre in den Sinn. Sie hatte Alzheimer. Nach der Diagnose zog sie zuerst ins betreute Wohnen, später brachten ihre Söhne sie in einem Pflegeheim unter. Papas Brüder, die alle in der Heimat, rund um Wismar geblieben sind, haben sie regelmäßig besucht und auch versorgt. Oma hatte ein paar Marotten, die sie selbst während ihrer Erkrankung beibehalten hat. Ich denke, das waren auch Rettungsanker. Unsere Familie kannte diese Eigenheiten, wusste um deren Bedeutung und entsprechend damit umzugehen. Ich mag mir nicht ausmalen, wie es Oma Resi ergangen wäre, wenn meine Onkel und natürlich auch deren Frauen und Kinder, also meine Tanten und Cousinen und Cousins, Oma plötzlich nicht mehr hätten besuchen dürfen. Die wöchentliche Fotoschau mit Onkel Hilmar oder auch das Gedichteraten mit meiner Cousine Claudia waren mit Sicherheit Marksteine, die Omis Leben wirklich noch bereichert haben. Ich habe, wenn ich sie besucht habe, immer mit ihr gesungen. Unser gemeinsames Lieblingslied war: „Jetzt fahr´n wir übern See". Dabei haben wir beide wie die Weltmeister gerudert. Ich sehe Omilis glänzende Augen immer noch vor mir. Ich darf gar nicht daran denken, wie viele alte Leute jetzt einsam vor sich hinvegetieren. Mir rollen sofort die Tränen.

Ach Hannelore, wie es manchmal so kommt. Eigentlich hatte ich meinen Brief ganz anders beginnen wollen. Doch dann rutschte mir Omi Resi dazwischen. Mittlerweile ist es Abend. Ich habe hin- und herüberlegt, ob ich einfach noch einmal von vorne und so anfange, wie ich es ursprünglich gewollt hatte. Aber nein, ich will das Thema nicht umschiffen. Ich denke gerade sehr viel an all unsere Alten. Vor allem an „meine" fast Hundertjährigen, die ich im vergangenen Jahr interviewt habe.

Rosemarie aus Schwerin hatte sich so auf ihren 100. Geburtstag gefreut. Mit silberlackierten Fingernägeln und mit einem langsamen Walzer wollte sie sich und das Leben noch einmal richtig feiern lassen. Nun konnte sie nicht einmal in ihren Club – die Tagesbetreuung vom Arbeiter-Samariter-Bund – und auch von der Familie kam niemand. Das macht mich unglaublich traurig. Als wir kürzlich telefonierten, was immer ziemlich schwierig ist, weil sie mit ihren Hörgeräten am Telefon nicht klarkommt, sagte sie mir, dass Einsamkeit die schwerwiegendste Krankheit des Alters sei. Und nun wird diese Einsamkeit noch potenziert. Irgendwie muss es doch eine andere Lösung geben.

Im Netz entdeckte ich vor ein paar Tagen eine Petition, in der Senioren, also Menschen der Risikogruppe, forderten, für sich selbst die Verantwortung übernehmen zu dürfen. Den Preis, den sie und wir alle zu ihrem Schutz zahlen sollen, lehnen diese Senioren komplett ab und verlangen, weiterhin selbstbestimmt leben und dann auch sterben zu dürfen. Das fand ich richtig gut und habe die Petition unterschrieben. Ich verstehe, dass die Risikogruppe, zu der du und meine Eltern ja auch zählen, geschützt werden muss – das ist klar und ganz unbedingt richtig, aber doch nicht, indem man sie einsperrt. Gerade die Alten in den Seniorenheimen haben oftmals viel zu wenig Bewegung und vor allem zu wenig frische Luft und menschliche Nähe.

Meine andere Oma, Oma Anna, war ein absolutes Landkind. Mit dem Krieg hat es sie in die Stadt verschlagen.

Das städtische Leben hat sie nur ausgehalten, weil sie einen Garten hatte. Jedes Wochenende war sie dort, sommers wie winters. Und dann im Heim? Ihr Zimmerchen hatte zwar einen Balkon, aber wer sollte sie da raufschieben? Die Pflegerinnen hatten keine Kapazitäten dafür. Das wird jetzt nicht besser. Wenn die Angehörigen nicht mehr zu ihren Alten dürfen, fürchte ich, bleibt den Pflegern wirklich nur noch Zeit für das Allernotwendigste.

In unserem viel gepriesenen Gesundheitssystem sieht es nicht besser aus. Ich weiß, wovon ich spreche. Wenn du fragst, wie wir in der Familie mit Corona umgehen, landen wir nämlich direkt im Krankenhaus. Das heißt: Jetzt nicht mehr. Ob das gut oder schlecht ist, kann ich dabei gar nicht sagen.

Ich weiß nicht, wie regelmäßig dein Kontakt zu Papa ist und ob er dir von meinem Schwiegeronkel erzählt hat.

Onkel Herbert ist der Bruder meiner Schwiegermutter. Er wohnt im selben Haus, eine Etage tiefer. Seit zwei Jahren ist er Witwer. Im vergangenen Jahr wurde bei ihm ein Tumor festgestellt. Leider erst als Lähmungen vom Brustbereich abwärts auftraten. Ein halbes Jahr war schon klar, dass irgendetwas in ihm rumorte. Allerdings dachten wir eher an einen Bandscheibenvorfall. Drei MRTs wurden veranlasst. Alle drei mussten wegen zu starker Schmerzen beim Liegen nach wenigen Minuten abgebrochen werden. Ein Anästhesist, der meinen Schwiegeronkel hätte betäuben sollen, war für die zweite angefordert, dann allerdings wegen eines Notfalls nicht verfügbar. Bei der dritten MRT lief es genauso. Als dann nichts mehr ging und Onkel Herbert gelähmt im Krankenhaus landete, gelang endlich eine MRT.

Nach der Diagnose folgten Bestrahlung und Chemo. Onkel Herbert war so geschwächt, teilweise sogar weggetreten, dass wir mehrfach dachten: Jetzt geht er. Aber er hat sich durchgebissen. Unmittelbar vor Corona war der Tumor nicht mehr feststellbar.

Das mag jetzt gut klingen, aber frage nicht, was meine Schwiegereltern und vor allem meine Schwiegermutter durchhaben. Ganze Tage saß sie am Bett ihres Bruders, um Ärzte abzufangen und Auskünfte zu bekommen. Wenn sie erzählt hat, wie mit ihr und mit ihrem Bruder umgegangen wurde, habe ich immer nur fassungslos den Kopf geschüttelt. Das geht auf keine Kuhhaut. Das glaubt einem gar keiner. Es ist wirklich unfassbar, wie Hedwig wegen des ganzen bürokratischen Kladderadatsches von Pontius zu Pilatus geschickt und teilweise unglaublich verarscht wurde. Sie hat so kämpfen müssen, um Audienzen bei Ärzten zu bekommen und um zu erfahren, wie der Stand der Dinge ist. Die Verabreichung der Medikamente hat sie überwachen müssen und auch die Essenversorgung von Onkel Herbert hat sie übernommen. Sonst wäre er womöglich verhungert. Eine Zeit lang konnte er nichts Festes mehr zu sich nehmen. Das hat im Krankenhaus niemanden interessiert. Jeden Tag hat man ihm Stulle mit Brot, und was es sonst noch an Kaubarem gibt, vorgesetzt.

Einmal ist er sogar im Krankenhaus verloren gegangen. Zu der Zeit war er, vermutlich durch die vielen Medikamente, geistig verwirrt. Hedwig hat ihn nach einer Viertelstunde des Suchens einige Gänge weiter, eingeschlossen auf einem Klo, gefunden. Irgendwie hatte sich Onkel Herbert aus dem Rollstuhl auf den Toilettensitz gehievt und vorher dummerweise die Toilettentür zugeschlossen. Zum Glück hatte er ein Handy dabei. Als Hedwig uns davon erzählt hat, hat sie geheult wie ein Schlosshund. Sie war richtig am Ende.

Nun ist Onkel Herbert zu Hause. Im Rollstuhl. Ohne die

Kraft, diesen selbst bewegen zu können. Meinst du, das interessiert irgendwen? Nein!!! Es gibt auch noch keine entsprechende Pflegestufe, also auch noch nicht die benötigten Pfleger und und und. Bei seiner Entlassung hatte das Krankenhaus vergessen, ihm seine notwendigen Medikamente mitzugeben. An einem Freitag! Wo sollte Hedwig jetzt die Opiate herbekommen. Und sie rennt und tut und macht, und Erwin (mein Schwiegervater) chauffiert sie. Zum Glück ist das Pflegebett rechtzeitig geliefert worden. Es steht bei Herbert in der Wohnung. Hedwig schläft bei ihm. Aber eine Dauerlösung ist das nicht.

Oh Mann, jetzt schreibe ich dir das alles, dabei wolltest du doch nur wissen, wie wir in der Familie mit Corona umgehen. Es ist ein bisschen mehr geworden. Aber alles was ich damit sagen will, ist: Wir haben einen absoluten Risikopatienten in der Familie. Wir wissen, unser Gesundheitssystem ist sehr viel besser als viele andere. Vielleicht ist es sogar das Beste weltweit. ABER und das ist nicht neu: Gut ist es nicht!

Neulich haben Clara und ich Hedwig, Erwin und Herbert besucht. Das war komisch. Auf den Mund- und Nasenschutz haben wir verzichtet, aber versucht Abstand zu halten und uns nicht zu berühren. Das heißt, Clara hat es voll vergessen. Nach Wochen des Nichtsehens wollte sie ihre Oma drücken, Hedwig wollte auch, aber dann fiel es ihr ein … Puuhhh. Ich selbst habe mich total blöde gefühlt. Immer wenn wir uns versehentlich näher kamen und es merkten, schossen wir schnell wieder auseinander. Das war so unwirklich, so befremdlich. Da wurde mir noch einmal ganz deutlich, wie sehr wir Menschen Berührungen brauchen.

Die letzten zwei Montagabende hat Jens nach der Arbeit bei seinen Eltern und Onkel Herbert vorbeigeschaut – ohne

Maske, mit Händewaschen, aber zur Begrüßung drücken. Wann die Kinder ihre Großeltern wiedersehen? Wir wissen es noch nicht. Meine Eltern haben wir seit Ausrufung des Lockdowns nicht mehr gesehen. Nur noch via Skype. Das war die ersten Male ganz witzig, zumal die beiden „Alten" technisch ziemlich unversiert sind. Auf Dauer ist das jedoch keine Lösung. Hannes hatte Mitte April Geburtstag, er hat seine Großeltern sehr vermisst.

Katharinas Sohn Friedo, der nur ein paar Tage älter ist als Hannes, hat seine Geschenke von Oma und Opa über einen Flaschenzug auf den Balkon in die Wohnung bekommen. Katharina hat mir ein Video geschickt. Es ist so traurig! Mama und Papa stehen unten, Friedo auf dem Balkon in der zweiten Etage … Mann, Mann, Mann. Ich selbst hatte zwei, drei Mal bei Mama und Papa um die Ecke zu tun und habe sehr überlegt, ob ich sie besuche. Allerdings sind die beiden so in der Angst, dass ich mich nur mit Maske hochgewagt hätte – also mit Visier, diese Lappen vor dem Mund finde ich furchtbar. Mit Visier kann ich leben, ich bekomme Luft, ich sehe uneingeschränkt und man sieht mich. Aber doch nicht im Wohnzimmer meiner Eltern, wenn ich Abstand halte. Nein, für mich ist es bisher besser gewesen, sie dann lieber nicht zu sehen. Wir telefonieren viel und das ist gut.

Mir geht noch etliches mehr zu diesem Thema durch den Kopf, aber für heute lasse ich es. Die anderen Fragen beantworte ich später. Das alles noch einmal aufleben zu lassen, hat mich ganz schön aufgewühlt.

Bis demnächst,
sei lieb gegrüßt,
Nora.

Pinnow, 15. Mai 2020

Liebe Hannelore,

was für ein schöner Frühlingstag. Ich sitze im Garten unter den Birken, die Sonne strahlt und das Leben rund um mich herum explodiert. Alles grünt und knospet, unsere Wiese ist ein einziges gelbes Löwenzahnmeer. Im Wald blühen Maiglöckchen und Buschwindröschen, auf den Feldern schießt der Raps, unsere Störche klappern, der Weißdorn steht im schönsten Weiß, die ersten Frösche quaken, die Erdbienen fliegen in ihren Sandlöchern ein und aus und die Hummeln brummeln.

Matti und Willi, unsere Jungkatzen, entdecken unser und ihr Land neu. Dabei erleben sie manche Überraschung. Heute Morgen ist Matti beim Versuch, einen Frosch zu fangen, in den Teich gefallen. Pudelnass kam sie ins Haus getropft, um auf den Schreck erst einmal einen Haps zu essen. Natürlich war Willi sogleich zur Stelle. Der Kater weiß nicht, wohin mit seinen Frühlingsgefühlen – also muss seine Schwester ran; nicht mal in Ruhe futtern lässt er sie. Nachbars Fritzi gefällt das gar nicht. Schließlich hat er all seine Augen auf Matti geworfen. Sobald Fritzi auftaucht, trollt Willi sich. Meist sucht er Zuflucht beim Kaninchenstall.

Dort sitzt Pucki und hat es ähnlich schwer mit seinen Frühlingsgefühlen. Aus rein mathematischen Erwägungen (Fibonacci-Folge) haben wir unser größtes Kaninchen von den anderen trennen müssen. Acht Wochen ist es inzwischen her, dass unsere Kinder beim wöchentlichen Ausmisten sieben Babykaninchen entdeckt haben. Da alle unsere Nachbarn behaupten, uns keinen Bock in den Stall gesetzt zu haben, haben wir unsere Weibchen noch mal genauer angeschaut …

Hanne, wie du merkst, habe ich meinen Ärger und meine Trübsal von gestern hinter mir gelassen. Ich sage dir, es ist ein Auf und Ab der Gefühle. Was macht Corona nur mit uns?

Abends habe ich noch lange wach gelegen, weil ich gezweifelt habe, ob es richtig war, den Brief an dich abzuschicken. Eigentlich hatte ich schon während des Schreibens gegrübelt, vermutlich habe ich deswegen schnell auf SENDEN gedrückt, um keinen Rückzieher mehr machen zu können. Mir war es wichtig, dir alle meine Gedanken mitzuteilen. Sie sind ja nun einmal da und ich bin begierig, mich darüber auszutauschen. Manchmal geht das federleicht und manchmal kommt eben, wie gestern, noch ganz viel düsteres „Nebenbei" mit hoch. Ich fühle mich so verletzlich, bin so verwundbar und wütend und hilflos und ohnmächtig.

Jetzt sitze ich hier und sinniere. Ist das Leben nicht verrückt? Wir Menschen machen es uns so schwer. Und die Tiere? Die leben einfach weiter wie bisher. Was interessiert sie Corona? Oder was Trump im Weißen Haus anstellt oder ob meine Küche aufgeräumt ist oder ob das Unkraut sprießt? Manchmal wünschte ich, unsere Altkatze zu sein, einfach auf der Gartenbank zu liegen, zu dösen und ab und an ein Augenlid zu heben, um zu schauen, was um mich herum so los ist. Herrlich.

Warum fällt mir das in meiner Menschengestalt so schwer? Ich könnte es doch, gerade jetzt in dieser terminlosen Zeit: einfach mal nichts tun; alle fünfe gerade sein lassen und genießen. Kannst du das? Ich denke, bei mir kommt diese Unrast aus dem Elternhaus. Obwohl, Papa kann sich hinlegen und wegdösen. Mama ist die Rastlose, beziehungsweise war die Rastlose. Inzwischen, jetzt im Alter, kann sie für ihre Bücher schon mal alles stehen und liegen lassen. Dafür hat sie aber auch lange an sich arbeiten müssen. Ich hoffe, ich komme auch noch dahin. Im Moment jedoch muss ich immer noch schaffen und tun.

Dir zu schreiben ist allerdings kein MUSS. Das WILL ich. Und dir außerdem ganz herzlich für deinen langen, langen Brief und deine eindrücklichen Zeitnotizen danken. Ich betrachte es wirklich als einen großen Schatz, dass du all diese Gedanken mit mir teilst. Ich finde, gerade in dieser Zeit ist das sehr viel wert. Erst gestern erzählte mir eine meiner ehemaligen Hockey-Mitspielerinnen, wie isoliert sie sich derzeit fühle, weil sie in Sachen Corona anders denke als ihr Umfeld. Um weiter Kontakte pflegen zu können, hat sie sich entschieden, nicht mehr über Corona zu reden. Da Corona aber das Thema ist, das sie die ganze Zeit beschäftigt, fällt ihr das Schweigen enorm schwer. Sie sagte, nicht darüber reden zu können, sei wie etwas von sich abzuschneiden.

Im Austausch mit dir erlebe ich das Gegenteil. Eine immense Bereicherung! Danke, danke, danke!

Riesig erschrocken habe ich mich, als ich gelesen habe, dass dein Schwiegersohn an Corona erkrankt war. Zu so einem frühen Zeitpunkt. Damals dachte ich ja noch, wir würden ALLE sterben wie die Fliegen. Und dann lebt die Familie so weit weg, in England. Ich stelle mir das horrormäßig vor. Man kann nicht hin, hat keinen permanenten Kontakt, weiß morgens nicht, ob es über Nacht schlimmer geworden ist. Man hört ja immer wieder, dass es bei vielen der Patienten, die es böse erwischt hat, ganz plötzlich von „es geht mir mittelmäßig“ auf lebensbedrohlich gekippt sein soll. Aber scheinbar ist bei ihm alles glimpflich abgegangen.

Laut der Zahlen, die ich täglich studiere, sind die allerallermeisten Infizierten zum Glück eher leichter betroffen. Hoffentlich ist das tatsächlich so und es gibt keine Nachwirkungen. Wisst ihr inzwischen, ob es bei Samuel wirklich Corona war?

Hier im Dorf hatten wir übrigens auch einen sehr zeitigen Fall, gleich zu Beginn des Lockdowns. Eine unserer Berlinerinnen, die ein Wochenendhaus ein paar Ecken weiter bewohnt, hatte es erwischt. Doch was heißt erwischt? Sie wurde positiv getestet, die Symptome waren wohl harmlos. Nachbarn erzählten mir davon. Ich wusste gar nicht, wen sie meinen, und weiß es immer noch nicht genau. Obwohl Pinnow ein winziger Ort ist, kenne ich von diesen Wochenendbewohnern noch immer nicht alle. Aber die Nachricht, dass Corona im Dorf angekommen ist, war erst einmal erschütterlich. Ich habe mich ganz interessiert selbst beobachtet. Es ist schon faszinierend zu sehen, wie man so funktioniert. Zunächst nämlich war ich total empört, wie die jetzt aus Berlin hier einreisen und dieses saugefährliche Virus in die Uckermark, ja schlimmer noch, in unser Dorf schleppen kann. Noch dazu, wo hier so viele Alte wohnen. Der nächste Schritt war dann zu überlegen, was ich an ihrer Stelle getan hätte. Da musste ich lachen.

Na klar zieht man raus, wenn man kann. Bleibt in seinem Haus, genießt die frische Luft in seinem Garten und wartet, bis das „Gewitter" vorüber ist. Null Gefahr für keinen anderen. Aus der Erfahrung dieses kleinen Gedankenexperimentes heraus hat es mich sehr befremdet, als in der Uckermark und in anderen ländlichen Gegenden die Hexenjagd auf fremde Kennzeichen begann. Es ist doch logisch, dass die Städter raus in die Natur fahren, um Luft und Bäume zu tanken, und Frühling und Sonne. Was machen die Leute hier, zumindest einige? Die rufen die Polizei. Die wollen ihre Uckermark für sich. Ist das nicht schockierend? Wo bleibt da die Empathie?

Das hatte ich mich übrigens auch schon gefragt, als 2015 die vielen Flüchtlinge ins Land kamen. Man muss doch nur einmal die Perspektive wechseln und schon ist man im Mitgefühl, im Verständnis. Wenn immer von der vielbeschworenen Solidarität, die Corona hervorbringt, die Rede ist, sehe ich leider aber auch diese Kehrseite. Zunehmend gehäuft. Das beunruhigt mich.

Den Umgang deines Sohnes mit der Corona-Gefahr finde ich sehr bemerkenswert und richtig. Ohne selbst in dieser Situation zu sein, zu den Risikopatienten zu zählen, denke ich, man sollte sein Leben weiter leben. Je nachdem, wie gefährdet man ist, mit den entsprechenden Sicherheitsvorkehrungen. An dieser Stelle fehlt mir von Seiten der Regierung das Vertrauen in uns Bürger.

Stattdessen gibt es permanent diese erschreckenden Bilder von Intensivpatienten, Helfern in Schutzausrüstungen, die aussehen wie Raumfahrer-Anzüge, und diese unleidlichen Statistiken. Inzwischen, glaube ich, weiß auch der letzte Mathenichtversteher, was es mit exponentiellem Wachstum auf sich hat. Ich kann nicht nachvollziehen, was diese Angst- und Panikmache soll? Wo bleiben die Relationen? Um diese in den Blick zu bekommen, bin ich übrigens auf Facebook unterwegs. Dort teile ich dann vieles von dem, was ich wissenswert finde, um wiederum anderen die Möglichkeit zu geben, sich ihr Bild zu machen.

Zwei Frauen, die ich gar nicht kenne, haben mich angeschrieben, weil sie gut finden, was ich poste. Sie stolpern über dieselben Widersprüche wie ich, haben aber niemanden, mit dem sie darüber reden können. Nicht einmal mit ihren Männern. Ich finde das so gruselig. Eine der beiden, sie hat vier Kinder, sagt, dass jedes gemeinsame Essen in einer unversöhnlichen Diskussion über Für und Wider der Maskenpflicht eskaliere. Mit mir kann sie nur aus ihrem Büro telefonieren, zu Hause würde sonst sofort die nächste Bombe gezündet. Ist das nicht schlimm?

Ich merke, wie ich schon wieder ganz aufgeregt werde. Zum Glück sieht Jens vieles ähnlich wie ich. Anders als ich spürt er allerdings keinen Handlungsbedarf. Er sagt, der Revoluzzer sei ich. Er selbst ist eher dafür, das Ganze auszusitzen.

Ich halte diese Einstellung für gefährlich. Irgendwie habe ich das Gefühl, dass es um noch ganz andere Dinge als nur Corona geht. Oh jetzt muss ich vorsichtig sein. Man wird so schnell eingetütet. Aber es passieren Dinge, die mich echt stutzig machen. Damit du verstehst, was ich meine und wie ich zu meinen Ansichten komme oder zu meiner noch immer wackeligen Haltung, werde ich nun doch wieder von deinem Brief abweichen und meine Corona-Notizen, die ich nicht nur aufgeschrieben habe, sondern die auch alle permanent durch meinen Kopf wirbeln, hier einbauen. Vielleicht hast du einen Rat für mich. Womöglich übersehe ich etwas oder sehe Dinge, die gar nicht da sind. Manchmal verrennt man sich ja.

Wie fange ich an? Erst einmal sage ich ganz klar: Ich bin sicher, dass es Covid-19 gibt. Ich bin nicht sicher, ob es von einem Tiermarkt stammt oder nicht vielleicht doch aus einem biochemischen Labor. Bei dieser Erwägung stellen sich mir gleich die Nackenhaare hoch. Ich kann dieses biochemische Labor nicht ausschließen, weil ich weiß – weil wir alle wissen –, dass an biochemischen Waffen gearbeitet wird. Ich finde das furchtbar. WARUM???

Wir brauchen das Zeug nicht!!! Aber egal, wo Covid herkommt, inzwischen gibt es Ärzte, die sagen, Covid-19 sei kein Killervirus, wie ursprünglich angenommen. Ich habe dir von diesen Ärzten geschrieben. Du sagst, du hast noch nie von ihnen gehört. Da steckt für mich der Fehler. Diese Ärzte werden mundtot gemacht. Du, die haben Dr. Wodarg die Homepage gesperrt. Das geht doch nicht! Auf Facebook werden binnen kurzer Zeit ihre Beiträge gelöscht. Außerdem werden sie als „Verschwörungstheoretiker" diffamiert. Das ist inzwischen übrigens jeder, der irgendeinen Zweifel anmeldet. Ich wurde selber schon so tituliert. Ich finde das krass. Deshalb war ich anfänglich auch so skeptisch, als du deinen Fragebogen geschickt hast. Ich war wirklich auf der Hut, weil ich nicht wusste, was du damit vorhast.

Konkret gab es für mich drei Punkte, die mich haben aufmerken lassen und mich veranlasst haben, zu recherchieren und Angaben und Maßnahmen zu hinterfragen.

Als erstes waren da die erwähnten Ärzte. Das sind wirklich renommierte Mediziner. Nicht nur deutsche. Sie äußern sich weltweit. Warum werden sie nicht gehört? Oder sollen sie nicht gehört werden? Weißt du, wie sehr ich gehofft habe, dass Frau Merkel auf den offenen Brief von Professor Bhakdi[2] antwortet? Fünf Fragen hat er ihr gestellt. Das waren alles auch meine Fragen. Angela Merkel hätte für so viel Klarheit sorgen können. Da kam nichts. Keine Reaktion. Was ist denn das für ein Umgang? Da fragt doch nicht irgendein Hanswurst!

In mir kocht es schon wieder. Der zweite Punkt, der mich stutzig gemacht hat, war ein Aufmacher im Uckermarkku-

[2] https://swprs.org/offener-brief-von-professor-sucharit-bhakdi-an-bundeskanzlerin-dr-angela-merkel/

rier. Mitten im Lockdown titelte unsere Regionalzeitung, dass Verteidigungsministerin Kramp-Karrenbauer erwäge, achtundvierzig US-Kampfjets zu ordern. Mitten im Lockdown!!! Haben wir da nicht andere Sorgen? Brauchen wir das Geld nicht gerade ganz dringend für viel wichtigere Dinge? Überhaupt, wen bitteschön interessiert noch die Rüstung, wenn unser aller Leben bedroht ist?

Punkt drei betraf und betrifft unsere Gesundheit. Wenn es unserer Regierung wirklich vordergründig um unser Leib und Wohl geht, warum werden uns dann nicht frische Luft, Bewegung und vor allem gesunde Ernährung (zwangs-)verordnet? Warum wird nicht dieses genmanipulierte, pestizidverseuchte, zuckergetränkte Zeugs, das uns in Folie verpackt als Lebensmittel verkauft wird, aus den Supermarktregalen genommen? DAS wäre für mich eine Ansage gewesen. Tatsächlich aber hat uns niemand gesagt, was wir tun können, um unser Immunsystem zu stärken.

Kennst du den Ausspruch – bestimmt kennst du ihn: „Die Mikrobe ist nichts, das Milieu ist alles!" Zum Glück hat mich mein Freund und Mentor Frans daran erinnert. Als ich anfänglich so sehr in meiner Angst gefangen war, habe ich ihn angerufen. Ich wollte wissen, wie er aus seiner anthroposophischen Sicht die Situation einschätzt. Frans hatte gerade etwas Passendes von Rudolf Steiner gelesen und fragte mich: „Weißt du, warum die Wiese grün ist?" Frans kommt immer mit solchen Fragen durch die Hintertür. Ich hatte naturlich keine Ahnung, worauf er hinaus wollte. Er sagte dann: „Die Wiese ist nicht grün, weil die Kühe darauf grasen, sondern die Kühe grasen darauf, weil die Wiese grün ist." Jetzt wusste ich sofort, was er meinte: Ohne Nährboden können Viren nicht leben. Das hat mir sehr geholfen.

Kaum, dass ich aufgelegt hatte, bin ich in einen wilden Aktionismus ausgebrochen und habe alles zusammengesucht, was wir an Immunstärkern zu Hause hatten. Bei uns sollten die Viren keinen Nährboden finden. Die Kinder haben Obst- und Gemüse zwangsverordnet bekommen. Außerdem haben wir eine unserer Birken angebohrt. Schon seit Jahren wollte ich im Frühjahr Birkensaft zapfen. Immer kam etwas dazwischen. Corona nun hat es uns endlich ausprobieren lassen. Frisches Birkenwasser soll ein wahres Lebenselixier sein. Die Kinder fanden es leider eklig. Es war ihnen zu süß. Dabei kann ihnen sonst nichts süß genug sein. Aber ich habe sie ausgetrickst. Bis heute wissen meine Mäkelbäckchen nicht, dass ich ihnen ihr Wasser täglich mit einem kleinen Schluck Birkenelixier „versüßt" habe. Auch unsere Nachbarin Vera habe ich mitversorgt. Krügers, unsere anderen Nachbarn, haben das Zapfen selber ausprobieren wollen. Das war lustig. Über den Gartenzaun haben wir uns täglich die Pegelstände unserer Kanister zugerufen. Unsere Birke war eindeutig spendabler. Inzwischen hat Jens sie wieder verschlossen.

Auweia Hanne, ich bekomme gerade Ärger. Clara hat sich angeschlichen und über die Schulter mitgelesen. Jetzt regt sie sich fürchterlich auf, wegen des heimlich verabreichten Birkensafts. Hiiilfffeee!! Zur Strafe will sie mir den Brief nicht aushändigen, den der Postbote eben für mich abgegeben hat. Ich hatte gar nicht mitbekommen, dass er hier war. Dieses Kind ist so frech!!! Provokativ wedelt sie mit dem Brief vor meiner Nase rum. Na warte! Jetzt rennt sie weg. Mit dem Brief. Moment Hanne, mein kleines dreizehnjähriges Mädchen will offenbar Fange spielen. Ich bin gleich wieder da.

So, „gleich“ hat etwas länger gedauert. Die Nachbarschaft ist ins Fangespiel eingestiegen. Wenn Erwachsene mitmachen, ist das immer ein ganz besonderer Anreiz. Zum Glück bin ich ziemlich fit. Aber auch außer Puste. Und … megaglücklich. Der Brief, mit dem Clara gewedelt hat, ist nämlich mein erster Rückläufer auf deinen Fragebogen. Er ist von meiner Kosmetikerin Iris. Sie hat mir ganz Old School von Hand ihre Sicht auf Corona aufgeschrieben. Ich bin beseelt. Jetzt ist es wirklich UNSER Projekt. Ich hatte keine Ahnung, wie Iris auf die momentane Situation schaut. Im September haben wir uns zum letzten Mal gesehen und seitdem auch nicht telefoniert oder gemailt. Der Fragebogen ist unser erster Kontakt seit langem. Ich bin gespannt, was du zu ihren Antworten sagst.

Außerdem würde ich gerade gerne durch den Computer schmulen können, um zu schauen, was du genau jetzt machst, ob du Iris´ Rapport vorziehst oder erst ganz brav meinen Brief zu Ende liest?

Mir rumoren natürlich Iris´ Gedanken durch den Kopf. Aber ich sage nichts, ich will wissen, was du darüber denkst.

Es ist wirklich zum Mäusemelken. Viren. Winzig klein. Kann man die überhaupt sehen? Und die halten die gesamte Welt auf Trab. Gibt es überhaupt noch Länder, die nicht betroffen sind? Hast du von Madagaskar gehört? Die sollen eine Pflanze haben, die Corona heilt. Bisher wurde diese Heilpflanze wohl gegen Malaria eingesetzt, jetzt hat man entdeckt, dass sie auch gegen SARS-Cov-2 hilft. In der FAZ haben sie sich darüber lustig gemacht. Ich finde das unverschämt. Ich würde die Pflanze sofort ausprobieren.

Dank Papa, der Katharina und mich in unserer Kindheit ständig mit seinem Fachwissen zu Pflanzen genervt hat, kenne ich mich mit Kräutern ziemlich gut aus. Jens und ich trinken jeden Abend ein kleines Gläschen Schwedenbitter. Kennst du Schwedenbitter? Das ist nach einem Rezept von Maria Treben. Als ich junge zwanzig war, habe ich ihr Buch „Heilkräuter aus der Apotheke Gottes" verschlungen. Etliche ihrer Kräuterempfehlungen habe ich schon mehrfach angewendet und war jedes Mal begeistert. Als Jens vor Jahren schlimm mit einer Hämorrhoide zu kämpfen hatte, hat er ihren Schwedenbitter ausprobiert, innerlich und äußerlich. Nach drei Tagen war das lästige Übel beseitigt. Seitdem schwören wir auf Schwedenbitter. Mama und Papa trinken ihn Corona vorbeugend inzwischen auch gern.

Vera von nebenan habe ich ebenfalls eine kleine Flasche geschenkt. Gestern Abend schrieb mir Vera per WhatsApp: „Liebe Nora, bringe mir beim nächsten Mal bitte eine große Flasche mit – es dunt so schön ☺ hick." Das Geld für die Flasche hat sie mir heute in einer Plastetüte an die Wäschespinne gehängt. Ich finde das alles so verrückt. Wenn ich Vera ihren Einkauf bringe, öffnet sie mir zwar die Tür, verschwindet dann aber gleich ins Wohnzimmer. Während ich die Tüten in den Flur stelle, quatscht sie mit mir durch die Tür.

Für meine „alte" Freundin Christel vom anderen Ende des Dorfes kaufe ich auch regelmäßig ein. Jeden Mittwoch kommt sie vorbei und bringt mir ihren Einkaufszettel und Geld. Neuerdings legt sie immer noch einer Zehner extra bei, damit ich mir zum Dank etwas Schönes kaufe. Das war mir gar nicht recht. Damit habe ich sehr gehadert. Ich fahre doch sowieso zum Einkaufen nach Prenzlau. Einmal habe ich mir gutes Sesamöl von ihrem Geld gegönnt und diese Woche Arnika-Massageöl. Als ich Christel erzählt habe, wie ich ihr Geld angelegt habe, hat sie so gestrahlt, dass ich diese „Aufwandsentschädigung" nun doch gut annehmen kann.

Wenn Christel ihren Einkaufszettel bringt, bleibt sie meist ein wenig zum Schnattern. Allerdings kommt sie nie ins Haus, sondern verharrt jedes Mal unten an unserer Eingangstreppe. Sechs Stufen trennen uns voneinander. Aber wehe, ich mache mal einen Schritt auf meinem Podest in ihre Richtung, dann rückt sie gleich ab. Das trifft mich. Ich finde das nicht schön. Obwohl ich natürlich weiß, dass sie es gar nicht böse meint, sondern nur vorsichtig sein will.

Zum Anfang war das bei Christel nicht so. Im Gegenteil, Christel hat erst gar nicht einsehen wollen, dass sie überhaupt zu dieser Risikogruppe gehören sollte. Nur weil sie schon siebenundsiebzig ist. Sie fühlt sich pudelwohl und kerngesund und hat zunächst gewettert, sie wolle eigenverantwortlich handeln. Inzwischen ist sie genauso vorsichtig wie all die anderen Alten im Dorf. Aber was heißt vorsichtig, gegenseitig besuchen tun sie sich immer noch, sitzen dann eben bloß nicht drinnen, sondern im Garten, in der Sonne. Etwas Besseres können sie gar nicht tun.

Vorhin habe ich im Zettelwahnsinn auf meinem Schreibtisch einen Bericht wiederentdeckt, den ich schon am 7. April ausgedruckt hatte. Er liefert Fakten zu Covis-19[3]. Die dort aufgelisteten Daten waren für mich ebenfalls ein Ausgangspunkt, um abseits von Fernsehen und Zeitung nach weiteren Informationen zu Corona zu suchen. Es hat mich unglaublich beruhigt, zu lesen, dass das Durchschnittsalter der in Italien Verstorbenen bei einundachtzig Jahren lag, dass zehn Prozent älter als neunzig Jahre und neunzig Prozent der Verstorbenen älter als siebzig Jahre waren. Der für mich wichtigste Sachverhalt war die Feststellung, dass es sich lediglich bei einem Prozent der Verstorbenen

3 https://swprs.org/fakten-zu-covid-19/?fbclid=IwAR1qlbbGc5ILo

um Gesunde handelte, also um Menschen ohne chronische Vorerkrankungen. Das hat diesen Panikirrsinn für mich relativiert.

Im Moment glaube ich überhaupt, wir sollten viel genauer auf die Relationen schauen. Oder besser noch, die Zahlen sollen uns im richtigen Verhältnis präsentiert werden. Ich bin überzeugt, damit ließe sich die Angst entscheidend abmildern und die Menschen würden wieder freundlicher aufeinander blicken. So jedoch sehe ich gerade zwei verfeindete Lager.

Das macht mich kirre. Vor allem die Tatsache, dass sich – da bin ich wieder bei Facebook – so viele Menschen hinstellen und ihre Wahrheit als alleinige Wahrheit postulieren. Damit habe ich echt ein Problem. Kürzlich habe ich unter einen Post geschrieben: „Woher weißt du, was richtig und was falsch ist?“ Als Antwort kam die Gegenfrage, woher ich denn wüsste, was richtig sei. Doch genau das weiß ich ja nicht. Das macht mich so flatterig. Aber ich denke, auch offener. Ich finde es echt bedenklich, wenn jemand für sich beansprucht zu wissen, was richtig ist. Dann ist doch gar kein Dialog mehr möglich.

Dein Max hat schon recht; es wird interessant sein, zu lesen, was in zwanzig, dreißig Jahren über Corona 2020 geschrieben wird.

So liebe Hanne, jetzt habe ich das Gros deines Briefes doch wieder links liegenlassen. Ich komme drauf zurück. Versprochen! Aber jetzt ist mein Hannes dran – er will mir seine Löwenzahnstengelpumpstation zeigen. Wenn er sich genügend langweilt, wird er zum größten Erfinder aller Zeiten.

Bis ganz gleich, liebe Grüße, Nora.

PS: Ich fliege gerade noch einmal über diese Faktensammlung zu Covid: Offenbar spielen noch ganz andere Parameter eine Rolle: Norditalien, steht hier, hat eine der ältesten Bevölkerungen sowie die schlechteste Luftqualität Europas. Schon in der Vergangenheit soll das zu einer erhöhten Zahl an Atemwegserkrankungen und dadurch bedingte Todesfälle geführt haben.

⊙

Iris, 48 Jahre, Kosmetikerin

Angermünde, im Mai 2020

Liebe Nora,

du hast Nerven, jetzt in dieser Zeit solch einen Fragebogen zu verschicken. Zuerst hat mich deine Anfrage wirklich befremdet. Aber je länger ich darüber nachgedacht habe, desto besser fand ich die Idee. Irgendwie großartig. Das kannst du deiner Hannelore sagen. Wie ist denn der Rücklauf? Machen die Leute mit? Ich finde es jedenfalls cool und schreibe dir gerne, wie es mir mit Corona geht und was mich bewegt. Bei Gelegenheit interessieren mich auch die Antworten der anderen Teilnehmer. Darf man die einsehen? Schreibst du über dein eigenes Erleben ebenfalls etwas? Am besten, du kommst mal wieder vorbei – auf einen Plausch, einen Tee und eine kleine Gesichtsmassage. Das wirst du hoffentlich nicht abschlagen, oder? Also bis ganz bald. Liebe Grüße, Iris.

Als uns die Nachrichten über Covid-19 erreichten, und darüber, wie gefährlich und wie schnell das Virus auf dem Vormarsch sei, war ich total im Vertrauen und hatte überhaupt keine Angst. Mit den ersten Schließungsbeschlüssen breitete sich bei mir Unmut aus. Ich fühlte eine große Panikmache von außen und mich selbst sehr hilflos, weil ich dachte: Jetzt werde ich in diesen Strudel hineingezogen, obwohl ich überhaupt nichts damit zu tun habe. Ich bin im Vertrauen, aber alle um mich herum spielen verrückt. Ich hätte nur heulen können. Ich fand das alles so krank und war mir von Anfang an sicher, dass das ganze Ding so lange aufrechterhalten wird, bis es einen Impfstoff gibt.

Natürlich musste ich mein Kosmetikstudio dichtmachen. Zuerst fand ich das absolut bescheuert. Ich hatte riesige Existenzängste und dachte: Oh Gott, wie soll ich das schaffen? Wir haben einfach kein solch dickes Polster, dass ich sagen kann: Ich mache jetzt vier Wochen zu. In Folge meiner Sorgen bekam ich tierische Rückenprobleme. Ich habe versucht, sie alternativmedizinisch in den Griff zu bekommen. Wirklich verzogen haben sie sich aber erst in dem Moment, in dem ich die Information erhielt, dass es Soforthilfe geben würde. Damit hat sich mein ganzes System von jetzt auf gleich entspannt.

Rückblickend kann ich sagen, die finanziellen Ängste waren eindeutig die stärksten.

Richtig geärgert hat mich die zusätzliche Angst- und Panikmache rings um mich herum. Ich konnte überhaupt nicht verstehen, wie wenig Vertrauen die Leute in sich hatten. Ich habe alles wie ein großes Theaterspiel angeschaut. Für mich sah es so aus, als kaspere vorne auf einer Bühne jemand etwas vor, was wir - alle anderen - nachmachen sollten. Das Ziel bestand darin, nur nicht aus dem Rahmen zu fallen.

Heute betrachte ich die zurückliegenden acht Wochen als sehr wertvoll für mich. Wann hatte ich schon einmal so viel Zeit, um mich um mich zu kümmern? Endlich konnte ich mich erholen und raus aus der Tretmühle. Allein, dass ich ausschlafen konnte, war enorm heilsam. Von Woche zu Woche sank mein Schlafbedarf, weil ich mein jahrelanges Schlafdefizit endlich aufgeholt hatte. Jeden Tag hatte ich Zeit, rauszugehen, mich draußen an der frischen Luft zu bewegen. Das habe ich unheimlich genossen.

Ganz nebenbei beendete ich binnen vier Wochen meine Ausbildung zum Emotion-Code-Coach. Nun habe ich das lang ersehnte Zertifikat. Inzwischen gebe ich jeden Tag Coachings. Ich habe viele tolle Feedbacks bekommen. Als ich mein Kosmetikstudio schließlich wieder öffnen durfte, hatte ich erst gar keine Lust darauf. Von mir aus hätte das Leben so weitergehen können: Coachings geben, Zeit für mich haben, Zeit für die Familie haben. Das war einfach nur schön. Ich war wirklich sehr positiv überrascht, wie viel sich in diesen Wochen des Stillstands für mich und mein Leben geklärt hat.

Ich habe gelernt alte Glaubensmuster anzunehmen und aufzulösen. Diese Möglichkeit habe ich als echtes Geschenk empfunden. Das heißt nicht, dass ich jeden Tag strahlend durch die Welt gegangen bin, nein, es waren auch traurige Tage dabei, denn es ist klar, wenn man in solch einer Prozessarbeit steckt, wenn sich Themen zeigen, wird auch geheult und fliegen schon mal die Fetzen.

Abgesehen von dieser persönlichen Weiterentwicklung schaue ich jedoch sehr kritisch auf die Krise. Ich hinterfrage, was uns erzählt wird und was davon stimmen könnte? Ich kann mich des Eindrucks nicht erwehren, dass wir von vorn bis hinten verarscht werden. In meiner Familie können wir gut darüber reden. Das einzige, was bei uns für Panik gesorgt hat, war dieser Immunitätsnachweis[4]. Meine große Tochter hat die Ankündigung total aus der Bahn geworfen. Diese Idee war für sie ganz, ganz schlimm und es fiel mir schwer, sie zu stützen, ihr zu versichern, dass alles gut werden wird. Dabei hatte ich selbst Momente, in denen ich verzweifelt war, weil ich nicht wusste, wo wir hinflüchten sollten, wenn uns dieser Immunitätsnachweis tatsächlich übergestülpt werden würde.

Bis auf diese Spannungssituationen waren wir als Eltern jedoch ziemlich relaxed, weil wir den Kindern, ohne ihnen etwas vorspielen zu müssen, das Gefühl geben konnten, dass sie vor Corona keine Angst zu haben brauchten.

Den Weg, den die Regierung eingeschlagen hat, erachte ich als völlig sinnlos und vollkommen überzogen. Für mich ist es die größte Lüge, die wir hier je irgendwie erfahren haben. Ich frage mich jeden Tag, wann die da oben endlich aufwachen und sich dazu bekennen, dass sie riesengroßen Bockmist angestellt haben.

Sollte das irgendwann, hoffentlich bald, der Fall sein, erwarte ich eine neue Normalität. Ich fände es schön, wenn diese Entschleunigung, die viele von uns erfahren haben, in unseren Leben bleibt. Ich hoffe, dass diese ganze Konsumkacke – hier eine Kreuzfahrt und da noch ein Rundflug und dieser ganze Schmarrn – abgeschafft wird. Am meisten aber wünsche ich mir, dass sich der liebevolle Austausch zwischen den Menschen wieder entwickelt und wir alle dichter zueinander finden. Außerdem wünsche ich mir, dass noch mehr Menschen aufwachen und wir alle gestärkt aus dieser ganzen Geschichte rausgehen.

[4] Ein Immunitätsnachweis, so die Idee, sollte belegen, dass Menschen nach einer Coronavirus-Infektion und überstandener Covid-19-Erkrankung immun gegen das Virus Sars-CoV-2 sind. Dieser Nachweis sollte dabei ähnlich wie ein Impfpass funktionieren. Das Bundesgesundheitsministerium hat dazu im Mai 2020 einen Gesetzentwurf vorgelegt.

Grieth, 18. Mai 2020

Liebe Nora,

womit soll ich anfangen? Es sind so viele Themen, die du angeschnitten hast. Zu Recht natürlich. Dermaßen vielfältige Probleme drängen durch Corona sichtbar gemacht an die Oberfläche. Ich finde das hochspannend und habe begonnen, diese Themen in einem Ordner zusammenzutragen. Ich meine, ich hätte dir bereits davon geschrieben. Ich habe den Ordner „Brenngläser und Lichtblicke" genannt. Darin sammle ich Gedanken zu all jenen Themen, die sich im Zuge von Corona für mich als Baustellen oder als Wegweiser zeigen.

Etliche davon bewegen dich, wie ich deinem Brief entnehme, ebenfalls. Ob das nun unser Gesundheitswesen betrifft oder unsere Altenpflege, das Bildungssystem oder die digitalen Medien. Ich habe für mich noch die Globalisierung, den Klimawandel (Energieressourcen), die Politik, unsere Ernährung, diverse Ängste sowie den Umgang mit dem Sterben notiert. Bislang hatte ich nicht die Zeit, mich tiefergehend mit diesen Themenbereichen zu beschäftigen. Es sei denn, sie betrafen meine Arbeit. Ich berate häufig Krankenhäuser und Sozialpflegeeinrichtungen, dadurch kenne ich mich in diesen Bereichen schon ganz gut aus. Nun nutze ich die Gelegenheit, mein Wissen zu den anderen Themenspektren zu vertiefen und breiter zu recherchieren.

Große Freude bereitet es mir aber auch, mich in ganz neue Bereiche einzuarbeiten. Den Klimawandel beispielsweise habe ich durch die „Fridays for Future"-Bewegung und die immense mediale Aufmerksamkeit, die darauf gerichtet wurde, natürlich zur Kenntnis genommen. Aber eben nur zur Kenntnis genommen. Inzwischen versuche ich hinter die Kulissen zu schauen und beschäftige mich intensiver mit den Möglichkeiten erneuerbarer Energien, jedoch auch damit, was ich als Einzelne eventuell beitragen kann.

Dabei bin ich auf Hannes Jaenicke gestoßen. Vielleicht kennst du ihn, er ist Schauspieler. Er gibt viele Tipps, was man als kleiner Bürger tun kann, um einen Beitrag für die Umwelt zu leisten. Michael und ich kaufen unser Wasser zum Beispiel seit einem Monat nur noch in Glasflaschen. Außerdem wollen wir zu Naturstrom wechseln. Der Antrag liegt bereits auf Michaels Schreibtisch. Beim Einkaufen habe ich immer meinen eigenen Einkaufsbeutel dabei. So wie früher. Damals hatten wir alle unsere Beutel, Körbe oder Netze. Die Netze, habe ich gesehen, kommen wieder in Mode. Für mich sind sie allerdings nichts, mich stören die Löcher ☺.

Hat dein Vater dir eigentlich mal erzählt, wie die Tasche aussah, mit der er früher zur Schule gekommen ist? (Ich hoffe, ich plaudere jetzt kein Geheimnis aus.) Dein Vater trug sein Schulzeugs nämlich immer in einem Hebammenkoffer. Ich fand das urkomisch. Andererseits passte es zu ihm. Er war so anders, so ein Braver, Strebsamer, nicht so ein Schlitzohr wie die Jungs, die mir imponierten. An den Tagen, an denen er direkt von der Schule zum Hockeyverein musste, kam meist seine Mutter zur Schule und brachte ihm seine Trainingsausrüstung und den Hockeyschläger. Das fand ich befremdlich. Meine Eltern sind nie in der Schule aufgetaucht. Die haben sich überhaupt nicht für meine Schule interessiert.

Deine Oma, das fragtest du ja, kenne ich also auch. Zumindest vom Sehen. Aber nach all den Jahren habe ich von ihr kein Bild mehr vor Augen. Ich erinnere mich wirklich nur noch an den Hockeyschläger in ihrer Hand, der so gar nicht zu ihr passte. Zu einer Mutter … von wie viel Kindern? Wie alt ist sie eigentlich geworden? Und wie lange war sie im Pflegeheim? Dauerte es lange von der Diagnose bis zum Tod?

Bei meinem Onkel August zieht sich seine Pflegebedürftigkeit nunmehr über dreizehn Jahre hin. Mittlerweile ist er zweiundneunzig und wirklich extrem eingeschränkt. Deshalb hat ihn meine Cousine auch ins Heim gegeben. Wie es ihm geht, weiß ich nicht. Ich wage nicht bei meiner Cousine anzurufen. Was soll ich ihr sagen? Ich weiß doch, wie es in diesen Heimen zugeht. Die Alten werden dort einfach nicht so betreut wie zu Hause oder in der Tagespflege. Eine Freundin von mir musste ihre Mutter vor einiger Zeit ebenfalls in einer Pflegeeinrichtung unterbringen. Zusätzlich hat sie damals privat eine Pflegerin engagiert, die sich mehrmals täglich um die Mutter gekümmert hat. Für die meisten Heime bräuchte man eine präsente Kontrollinstanz. Wenn die Angehörigen diese Rolle nicht einnehmen, geht es schnell den Bach runter.

Wie wird das erst unter den aktuellen Umständen sein? In den Heimen sind keine Besucher mehr erlaubt, und etliche Mitarbeiter des Pflegepersonals in Quarantäne. Ich darf gar nicht daran denken. Unser Umgang mit alten Menschen, unsere Altersversorgung ist auf alle Fälle eine riesengroße Baustelle. Nicht erst seit Corona. Corona ist lediglich das Brennglas.

Mit den Krankenhäusern ist es nicht anders. Das sehe ich genauso wie du. Dich braucht kein schlechtes Gewissen plagen, nur weil du mir deine Gedanken dazu geschrieben hast. Ich weiß, wie es in den Krankenhäusern (hinter den

Kulissen) aussieht. Ich wünsche niemandem, ins Krankenhaus zu kommen, wenn es nicht unbedingt sein muss.

In einem der ersten Briefe hattest du mir doch auch geschrieben, dass die Mutter von der Kollegin deines Vaters gar nicht an Corona gestorben sei, sondern an Keimen, die sie sich im Zuge ihrer Corona-Behandlung im Krankenhaus eingefangen hatte. Das ist natürlich dramatisch. Ich habe gerade noch einmal nachgelesen, in Deutschland sterben jährlich bis zu 20000 Menschen durch Infektionen mit Krankenhauskeimen!

Aus Holland weiß ich, dass die Patienten, die dort ins Krankenhaus kommen, sogleich auf Krankheitserreger untersucht werden. Einfach, um zu verhindern, dass unwissentlich Keime eingeschleust werden. So funktioniert das ja, die Keime werden eingeschleust, stoßen auf geschwächte Immunsysteme und dann brennt es. Hinzu kommt der Personalmangel in Krankenhäusern und Pflegeeinrichtungen. Dabei meine ich nicht nur den an Ärzten, Schwestern und Pflegern, sondern denke auch an das Putz- und Servicepersonal. Ich habe die Zahl zwar nicht parat, weiß aber, dass eine Putzkraft unglaublich wenig Zeit hat, um ein Krankenzimmer zu reinigen. Diese Menschen stehen enorm unter Druck. Da bleibt schon mal die eine oder andere Ecke ungeputzt. Das ist ein großes Thema. Aber darüber spricht man nicht. Genauso wenig wie über Grippe und Grippetote.

Durch Corona werden viele Probleme überdeutlich. Eigentlich müssten diese herausgefiltert und Task-Force-Gruppen gebildet werden, die sich mit diesen Themen auseinandersetzen. Doch dafür ist gerade keine Zeit. Erst einmal müssen wir Corona in den Griff bekommen.

Vor diesem Hintergrund finde ich es nach wie vor richtig, wie unsere Regierung reagiert. Und ganz ehrlich, wenn ich den Bericht deiner Kosmetikerin lese, die den Weg, den die Regierung eingeschlagen hat, als völlig sinnlos erachtet, so schreibt sie doch auch, wie wertvoll die Zeit des Lockdowns für sie gewesen ist. Sie konnte ausschlafen, sich an der frischen Luft bewegen, konnte sogar ihre Ausbildung beenden, sie hatte Zeit für ihre Familie und fand es schlussendlich „einfach nur schön". Das sehe und höre ich all überall. Die Menschen hatten einen immensen Erholungsbedarf und haben die Zeit des Lockdowns dafür genutzt. Das ist doch etwas Gutes.

Nichtsdestotrotz kann ich Kritik in Ansätzen verstehen. Ich habe versucht, das für mich aufzudröseln. Ich denke, die Menschen sind durch Corona ziemlich verunsichert, weil sie einem unsichtbaren Feind gegenüberstehen. Deshalb kämpfen sie häufig auf anderen Gebieten. Ob das das Impfen betrifft, unseren Staat oder, was augenblicklich in Mode ist, Bill Gates.

Ich finde es problematisch, wenn bestimmte Maßnahmen unverhältnismäßig sind, wenn zum Beispiel Kinder nicht mehr auf Spielplätze dürfen. Dennoch denke ich, dass wir uns an diese Regeln halten müssen, ob wir die nun für richtig oder falsch erachten. In „Spiegel-Online" habe ich dazu einen sehr interessanten Artikel gelesen. Jan Kalbitzer, ein Psychiater, den ich bis dahin nicht kannte, erklärt, warum Meinungsfreiheit nicht Handlungsfreiheit bedeutet. Er schreibt unter anderem: „Was diese Menschen nicht richtig verstehen, ist, dass sie das volle Recht auf eine freie Meinung haben. Auch auf die Meinung, dass die Regeln, die für alle gelten, falsch sind. Aber das bedeutet nicht, dass sie sich deshalb nicht an diese Regeln halten müssen. Weil das demokratische System eben nicht funktioniert, wenn alle immer nur das tun, was ihrer Privatmeinung entspricht."[5] Herr Kalbitzer trifft den Nagel auf den Kopf. Ich kann ihm nur zustimmen. Einfach mal akzeptieren!

Du bemängelst das fehlende Vertrauen der Regierung in den Einzelnen. Wie soll die Regierung deiner Meinung nach ihr Vertrauen ausdrücken? Lediglich Empfehlungen aussprechen? Ich sage dir, das funktioniert nicht. Du würdest dich vielleicht an Empfehlungen halten und ich mich auch, aber schau dir diese Partyleute an. Hast du die Bilder aus Mallorca gesehen? Am Ballermann wird einfach weiter Party gemacht. In Italien haben auch erst die Verbote gewirkt, ebenso in Frankreich – überall ist es dasselbe. Wir können von Glück sagen, dass wir diesen zeitlichen Verzug hatten und uns einstellen konnten.

Ich denke, die nächsten zwei, drei Jahre werden wir uns noch herantasten und experimentieren müssen, um die Verbreitung des Virus in den Griff zu bekommen. Wir werden weiterhin in einer schwierigen Phase bleiben und bestimmt noch den einen oder anderen Lockdown über uns ergehen lassen müssen. Es wird viel zwischen den unterschiedlichen Interessengruppen zu vermitteln sein. In diesem Zuge werden sich auch unsere demokratischen Regeln weiter entwickeln müssen.

Aus derzeitiger Sicht kann ich jedenfalls all jenen Menschen nachfühlen, die sich streng an alle Abstandsregeln und die Maskenpflicht halten und die dann verärgert sind, wenn sie an Stränden oder bei sonstigen Massenansammlungen das Gegenteil erleben.

Gleichzeitig kann ich aber auch die Senioren verstehen,

[5] https://www.spiegel.de/psychologie/corona-warum-muss-ich-mich-an-regeln-halten-die-ich-fuer-falsch-halte-a-23353879-bdfe-46a6-a744-d23b2e0add11

die diese Petition, von der du mir geschrieben hast, gestartet haben. Es ist ein zweischneidiges Schwert. Ich möchte jetzt nicht in den Schaltzentralen sitzen. Man sollte sich auch immer wieder vor Augen halten, welch eine Verantwortung die Regierenden tragen. Ich denke, jeder sollte sich öfter mal fragen: Wie würde ich entscheiden? Das würde einiges relativieren. Dafür müsste man natürlich ganz ehrlich vor sich selbst sein.

Um auf die Senioren und ihre Petition zurückzukommen: Ich kann sehr gut nachvollziehen, dass sie sagen, sie wollen ihren Lebensabend eigenverantwortlich bestreiten und auch ihre Sterbesituation selbst bestimmen. Das deckt sich absolut mit meiner Haltung. Nicht erst jetzt. Ich fand es schon immer schrecklich, wenn in Sterbephasen keine Angehörigenbegleitung möglich war. Derzeit vervielfacht sich die Zahl der Betroffenen. Das ist wirklich schlimm.

Der Vater meines Hausarztes ist wenige Tage vor seinem einhundertsten Geburtstag gestürzt. Zum Glück hat er sich nur das Bein gebrochen. Aber: Die Familie durfte ihn an seinem Ehrentag nicht besuchen. Allerdings haben sich mein Arzt und seine Kinder alternativ etwas Schönes einfallen lassen. Sie haben im Foyer des Krankenhauses alle zusammen gesungen und dazu Luftballons steigen lassen. Via Skype haben sie diese Aktion direkt nach oben ins Krankenzimmer gesendet, so dass sich der Vater live anschauen konnte, wie seine Familie zwei Etagen tiefer für ihn sang.

Wenn du mich nun fragst, ob ich die Petition unterschrieben hätte, ich gehöre ja zu dieser Altersgruppe, bin ich ambivalent. Einerseits würde ich vielleicht unterschreiben wollen, andererseits und diese Einstellung überwiegt deutlich, würde ich auf keinen Fall unterschreiben. Das hat mit meiner Vergangenheit zu tun. Aus dieser meiner eigenen Geschichte heraus kann ich ganz klar sagen: Ich will mit politischen Bewegungen und Parteien und auch mit Petitionen nichts mehr am Hut haben. Das habe ich alles schon einmal hinter mir. In dieser Hinsicht bin ich ein gebranntes Kind. Zu DDR-Zeiten bin ich wie unzählige andere ebenso von der SED instrumentalisiert worden. Das hat mir gereicht.

Mit der Wende habe ich mir geschworen, mich nie wieder parteipolitisch missbrauchen zu lassen.

Aber damals … Wie hätte ich mich winden sollen? Ich wollte Karriere machen. Während meines Studiums habe ich es noch geschafft, mich erfolgreich vor dem Eintritt in die SED zu drücken. Doch dann … fand ich mich im Führungstrupp des Rektors der Hochschule wieder. Der Rektor als mein unmittelbarer Chef war es schließlich auch, der mich geworben hat. Zum damaligen Zeitpunkt gehörte ich schon eineinhalb Jahre zu seinem Trupp. Eines Tages bestellte er mich zu einem persönlichen Gespräch ein und fragte mich unmissverständlich: „Willst du hier promovieren?" Natürlich wollte ich das. Daraufhin fragte er, ob ich nicht der Partei beitreten wolle. Was sollte ich sagen? Ich wurde sozusagen „handverlesen". Vom Chef der Hochschule. Sonst wäre ich nicht in die Partei eingetreten. Schön fand ich das nicht. In gewisser Weise habe ich damit aber auch nur eine angelernte und ungesunde „Familientradition" weitergeführt.

Jetzt steigen wir aber tief ein. Willst du das? Bestimmt, so wie ich dich kenne. Ich habe mit großem Interesse dein Buch über die fast Hundertjährigen gelesen. Ich war sehr beeindruckt davon, was dir diese alten Menschen alles erzählt haben. Ohne dass ihr euch kanntet. Und nun bemerke ich in unserem Briefwechsel meine große Lust, dir von mir zu erzählen, und bin erstaunt über deine Fähigkeit, mich über diese Entfernung dazu zu bringen, mich dir zu öffnen.

Da Michael und ich seit Samstag wieder in Grieth sind, habe ich die Zeit, dir etwas ausführlicher zu schreiben. Meine letzte Woche war sehr ausgefüllt. Ich bin aktiv dabei, meine Unternehmensberatung auf Online-Füße zu stellen. Es bereitet mir ein unglaubliches Vergnügen, mich in diese für mich neue Materie einzuarbeiten. Natürlich strengt es mich aber auch an. Für diese Woche habe ich mir Erholung verschrieben. Nun sitze ich, wie du bei deinem letzten Brief, auf meiner Terrasse, die Vögel zwitschern, ich schreibe und denke und lasse meine Blicke schweifen. Und meine Gedanken.

Also: Wie war das damals?

Du musst wissen, ich bin in einer Familie groß geworden, die die Russen aus tiefstem Herzen verabscheut hat. Nach außen war davon nichts zu merken. Meine Eltern haben sich immer wie die größten Russenfreunde dargestellt. Das war das reinste Schauspiel. Ich fand das furchtbar. Du konntest einfach nie sagen, was du dachtest. Dadurch lebte ich in einem permanenten Spannungsfeld. Mein Vater war im Krieg von den Russen angeschossen, meine Mutter von einem Russen vergewaltigt worden. Die beiden haben die Russen wirklich abgrundtief gehasst. Aus diesem Hass heraus wollte meine Mutter eine Zeit lang sogar in den Westen. Letztendlich sind wir geblieben.

Mein Vater arbeitete als Pförtner in einem Betrieb, der in unmittelbaren wirtschaftlichen Beziehungen zur Sowjetunion stand. Aus diesem Grund hatten die dortigen Arbeiter die Deutsch-Sowjetische Freundschaft besonders hochzuhalten. Für meinen Vater bedeutete das, er musste nach außen etwas verkörpern, wogegen er sich innerlich wehrte. Einmal sollte er ein Parteilehrjahr vorbereiten. Das war ihm völlig unmöglich. Schließlich musste ich ihm helfen, damit auch tatsächlich alles auf Linie war.

So war das. Dieses Doppelgesichtige war nicht schön. Deshalb habe ich beschlossen, mich niemals wieder politisch zu positionieren. Man weiß doch nie, wer was, aus welchem Interesse heraus, sagt. Ich kann das nicht durchschauen und deshalb will ich mich nirgendwo mit hineinziehen lassen. Leider geht es in der Politik immer auch darum, dass irgendwer irgendwen instrumentalisiert. Das ist heute nicht anders als damals. Wer etwas anderes glaubt, ist ziemlich blauäugig.
Ich will mit diesem Interessengerangel nichts zu tun haben. Ich will mich mit meiner Familie beschäftigen, mit meiner Gesundheit und mit meiner Arbeit. Ich will andere Menschen an meinem Wissen teilhaben lassen. Ich versuche ihnen zu helfen. Alles andere klammere ich aus. Angenommen, ich würde wie du nichts von diesen Masken halten, so würde ich sie dennoch tragen, um wieder von Mensch zu Mensch arbeiten zu können. Und erst recht würde ich sie aufsetzen, um meine Eltern sehen zu können. Was soll dieser Kampf? Das würde mich viel zu viel Energie kosten. Und dich kostet es offenbar auch viel Kraft, sehr viel sogar. Nora, warum investierst du die? Du hast drei Kinder, deinen Beruf. Diese Pandemie wird vorüber gehen. Spätestens wenn der Impfstoff da ist. Ich finde es nicht zu viel verlangt, sich bis dahin an die Regeln zu halten. Uns geht es doch trotzdem gut.

Aus allen Antworten auf unseren Fragebogen habe ich das bisher herausgelesen. Wenn ich nur an Simone oder deine Iris denke, die beide sagen, sie haben jetzt endlich Dinge tun können, für die sie sonst keine Zeit hatten oder womöglich nie gemacht hätten. Auch der Rückläufer meiner Freundin Hanka bestätigt diese Sicht. Ich leite dir den Brief weiter. Ebenso wie den von Hankas Tochter Helene, die mir heute Morgen ihre Gedanken zur Corona-Zeit hat zukommen lassen.

Liebe Nora, ich kann dir nur raten, es wie die Miezekatze zu machen: Leg dich in den Garten und döse oder schau, wie die Wolken ziehen. Das ist überhaupt ein schönes Bild. Auf jede Wolke folgt irgendwann ein Sonnenloch. Du siehst es doch. Genieße es!

Unmittelbar nach der Wende, als ich versucht habe, hier im Westen Fuß zu fassen, habe ich einmal eine Beraterin aufgesucht, die von mir wissen wollte, wer der wichtigste Mensch in meinem Leben sei. Ich habe natürlich geantwortet: „Mein Mann und meine Kinder!“ Das hat sie nicht gelten lassen. Ich habe ziemlich lange herumgeeiert, bis mir einfiel, dass ICH dieser Mensch sein könnte. Das war eine Erfahrung. Mir sind die Tränen gelaufen. Bis die Erkenntnis wirklich bei mir angekommen war, hat es zwar noch einige Zeit gedauert, aber heute weiß ich, es ist wirklich so. Nur wenn ich mich bestmöglich um mich selbst kümmere und es mir gut geht, kann ich dafür sorgen, dass es auch meinen Liebsten gut geht. Nora, pass auf dich auf!

Damit aber genug der Lebensweisheiten. Du hattest noch Fragen. Ich gehe sie ganz systematisch durch, sonst komme ich heute nicht zum Ende. So viel Spaß es mir macht, dir zu schreiben, merke ich doch, dass das Getippe ganz schön an meinem Handgelenk zerrt. Jetzt also kurz und knapp:

Ob Ankes Mann wirklich Corona hatte, wissen wir nicht. Er wurde nicht getestet. Drei Wochen ging es ihm nicht so gut und in diesen drei Wochen ist er in Selbstquarantäne gewesen. Wir haben Ankes und Samuels Vermutung übernommen und gehen davon aus, dass er eine leichte Form von Corona hatte. Für ihre ältere Tochter war die Quarantänezeit im Übrigen sehr problematisch. Drei Wochen lang durfte sie nicht zu ihrer Freundin und ihre Freundin nicht zu ihr. Alle anderen Kontakte waren für sie, wie für die restlichen Familienmitglieder natürlich ebenso, erledigt. Für Luise war das ein Drama. Damit umzugehen war eine Herausforderung für die gesamte Familie.

Momentan geht ein Riss durch unsere Bevölkerung. Leider auch durch Familien. Was du von deinen beiden Freundinnen schreibst, die anderer Ansicht als ihre Männer sind, habe ich auch schon gehört. In meinem Umfeld ticken die Familien aber eher gleich. Mit Michael habe ich immer wieder mal Diskussionen, in denen ich merke, wie groß seine Angst ist. Viel größer als meine. Ich schrieb dir von der Kontroverse um unseren Tanzurlaub. Solche Debatten sind anstrengend. Meist bin ich geneigt nachzugeben. Aber für den Tanzurlaub habe ich gekämpft.

Dass es Biowaffen gibt ist klar, aber Covid-19 kommt definitiv nicht aus dem Labor. Schau dir auf YouTube das Video von Harald Lesch „Corona. Was weiß die Wissenschaft? – Leschs Kosmos“[6] an. Harald Lesch, den ich schon lange schätze, erklärt wunderbar die wissenschaftlichen Zusammenhänge. Alles andere halte ich wirklich für abstruses Zeugs.

Die Ärzte, von denen du schreibst, kenne ich nicht. Grundsätzlich finde ich es problematisch, wenn Beiträge beschnitten werden. Es sei denn, es geht um Hetze oder ähnliches.

[6] https://www.youtube.com/watch?v=2jEJNUu73ms

Woher weißt du, dass diesem Dr. Wodarg die Homepage gesperrt worden ist? Und wer soll das getan haben? Was den Brief von Prof. Bhakdi an Angela Merkel angeht, denke ich: Auf Angela Merkel stürmt zurzeit so viel ein, sie muss so vielem gerecht werden, da kann sie einfach nicht jedem antworten.

Deine Meinung zur Rüstung teile ich.

Auch deine Argumentation zum Thema Gesundheit kann ich gut nachvollziehen. Michael und ich haben die Zeit des ersten Lockdowns genutzt, um eine Woche zu fasten. Danach haben wir uns so quicklebendig gefühlt, dass wir das Fasten im Herbst unbedingt wiederholen wollen. Also man kann schon einiges für sich und seine Gesundheit tun. Aber da brauchen wir keine Ansage von oben zu erwarten. Was soll die Politik machen? An dem ungesunden Zeugs, das uns verkauft wird, verdienen einflussreiche Leute ihr Geld.

Iris´ Brief habe ich erst im Anschluss an deinen gelesen. Eine meiner Lebensmaximen lautet: Eins nach dem anderen. Oft genug halte ich mich nicht daran. Aber dann werde ich auch wuschig im Kopf.

Heilpflanzen gegenüber bin ich skeptisch. Gegen kleinere Übel mögen sie helfen, im Anfangsstadium einer Erkältung beispielsweise. Bei so einer schlimmen Krankheit wie Covid-19 jedoch lehne ich Experimente aller Art ab.

Zettelwahnsinn – welch treffender Begriff. Für mich ist es erneut ein Ausdruck dafür, dass du dir zu viel zumutest. Lass doch diese Zahlen. Früher an der Hochschule haben wir immer gesagt: Die Statistik ist eine Hure. Das heißt: Man kann jede Statistik so drehen, dass sie passt. Belaste dich nicht damit! Kümmere dich um deine Familie, deine Freundschaften und deine Nachbarn. Geld an der Wäscheleine, das ist doch mal was. Was werden die Menschen in zwanzig, dreißig Jahren darüber denken? Ob die überhaupt noch wissen, was Wäscheleinen sind? Ich bin so gespannt auf die Zukunft! Wenn ich so alt werde, wie deine fast Hundertjährigen kann ich auf alle Fälle von Wäscheleinen erzählen … ☺

Liebe Nora, es war mir wieder ein Vergnügen mit dir zu „plaudern". Ich freue mich schon auf die Fortsetzung.

Beste Grüße,
Hannelore.

◉

Hanka, 50 Jahre, Beraterin in Krankenhäusern

Liebe Hannelore,

was für eine schöne Projektidee!

Ich wundere mich allerdings, wie Du nach deiner Gartenaktion schon wieder das nächste Projekt anschieben kannst und gleichzeitig bewundere ich dich dafür. Ich fühle mich geehrt, daran mitwirken zu dürfen.

Zunächst beginne ich mit einer kurzen Zustandsbeschreibung, aus der du ersehen kannst, wie sich das Leben der Familie Bäumler seit dem Shutdown durch die Corona-Pandemie geändert hat.

Am 20. März kam Linus mit der Information aus der Schule, dass der Unterricht nach zwei Corona-Verdachtsfällen vorerst ausfalle. Bereits wenig später, um 15.30 Uhr erreichte uns die Botschaft, dass die Schulen in ganz Nordrhein-Westfalen ab dem 24. März schließen würden.

Am selben Abend telefonierten wir mit unserer Tochter Helene in den Niederlanden. Sie erzählte uns, dass die Universität Maastricht den Präsenzunterricht eingestellt hätte und sie Schwierigkeiten habe, am Fernunterricht teilzunehmen, weil ihr Computer Probleme bereite. Darauf schlug ich ihr vor, mit dem Notebook nach Hause zu kommen, damit wir es für das Online-Studium fit machen könnten. Wenig später hörten wir die ersten Gerüchte, dass in EU-Ländern die Grenzen geschlossen würden. Daraufhin rieten wir Helene, sich bereits am nächsten Tag, mit großem Koffer und viel Wäsche, in den Zug zu setzen.

Am Montag dann schloss Volkers Firma die Verwaltung und mein Arbeitgeber entschied, ab Dienstag, den 24. März, also mit den Schul- und Kitaschließungen, alle Mitarbeiter ins Home Office zu schicken.

Nun sind wir nach ewig vielen Jahren mal wieder alle gleichzeitig sieben Tage die Woche, vierundzwanzig Stunden am Tag in der Wohnung – zwei Home-Office-Manager, ein Home-Schooling-Abiturient in spe 2021 und eine Erasmus-Studentin. Helenes Zimmer, das in ihren eineinhalb Jahren Abwesenheit zu meinem Home Office geworden war, funktionierten wir wieder zum Studentenzimmer um. Für Linus bestellten wir ein neues Notebook, damit er den Unterschied zwischen Arbeiten und ‚Gaming' spürt und raumlich flexibel lernen kann. Volker richtete sich im Keller ein und „lebt" inzwischen überwiegend dort.

Unser für die Vorosterwoche geplanter Osterurlaub auf Borkum platzte natürlich auch; zum Glück ohne relevante Stornokosten.

So sieht unser Ist-Zustand aus. Nun versuche ich ein bisschen zurückzuschauen und zu beschreiben, wie und mit welchen Gefühlen wir es bis hierher geschafft haben.

Zunächst einmal war ich erleichtert, dass wir als Familie gesund und zuhause versammelt waren. Da ich mich durch meinen Beruf äußerst detailliert mit der Corona-Pandemie auseinandersetzen muss, war ich sehr intensiv mit allen täglich eintreffenden neuen

Nachrichten beschäftigt. Wer mehr weiß, kann Dinge besser einschätzen. Allerdings ist zu viel Wissen oft auch belastend. So habe ich die tägliche Konfrontation mit der Vielfalt an Informationen auch als bedrückend empfunden. In mir entwickelte sich eine latente Unruhe. Gleichzeitig spürte ich den dringenden Wunsch, bei der Krisenbewältigung aktiv helfen zu können.

Jetzt bedauerte ich meinen letzten Jobwechsel. Ich konnte die Krise nur am PC simulieren und berechnen lassen, aber keinen echten Beitrag für die Patientenversorgung in den Krankenhäusern leisten. Dies hat mir am Anfang sehr zu schaffen gemacht. Ich wäre lieber „an der Front" im Krankenhaus gewesen. Allerdings erkannte ich recht schnell, dass meine veränderte berufliche Rolle mehr Schutz für die Familie, insbesondere für meine bei uns im Haus wohnende kranke und pflegebedürftige Mutter bedeutete. Aus dieser Einsicht heraus habe ich mir etwas mehr Gleichmut und Zufriedenheit „verordnet".

Mit dem Blick auf unsere Umgebung ist mir klar, wie gut wir es haben: Volker und ich können von zuhause arbeiten und unsere Kinder sind alt genug, sich allein zu organisieren. Damit entfallen bei uns Stress und Sorge um ein betreuendes Home-Schooling.

Unseren ersten wirklichen Kontakt mit dem ‚Krisenmodus' hatten wir beim Einkauf in der Metro am 20. März. Das war der Freitag, an dem am frühen Nachmittag die Info publik wurde, dass die Schulen schließen würden. Als ich im Kopf die Planung für die nächste Zeit durchging, wurde mir schlagartig bewusst, dass es bei drei Mahlzeiten am Tag für nunmehr vier Personen eine höhere „Lagerreichweite" an Nahrungsmitteln geben musste. Diese kluge Erkenntnis hatten wohl auch alle anderen Familienvorstände in Duisburg. Der Einkauf in der Metro war der blanke Horror: Nudeln, Reis, Pommes und Tomatensauce ähnlich wie Klo- und Haushaltspapier waren nicht zu bekommen. Das Anstehen an der Kasse dauerte dreißig Minuten.

Als wir am Wochenende dann tatsächlich wieder so richtig in Familie versammelt waren, verabredeten wir einige Regeln für den gemeinsamen Alltag. Die quasi erwachsenen Kinder wurden gebeten, sowohl die Haushaltsführung der Oma im ersten Stock als auch unsere aktiv zu unterstützen. Außerdem beschlossen wir, mittags eine gemeinsame Mahlzeit einzunehmen. Nicht nur weil es schön ist, zusammen zu essen, sondern einfach auch, damit mein Arbeitsplatz am Esstisch nicht in ein Chaos ausarten konnte. Anfänglich legten wir eine gemeinsame bewegte Mittagspause ein. Inzwischen jedoch gestalten die Kinder ihre Bewegungseinheit nach ihrem eigenen Gusto. Es wurde uns allen zu viel der „Gemeinschaft".
Da wir nicht gänzlich auf unsere gemeinsam geplante Osterreise – zwei Wochen nach Beginn des Shutdowns – verzichten wollten, haben wir uns überlegt, wie wir Erholurlaub im heimischen Garten simulieren könnten. Wie auch sonst im Urlaub haben wir regelmäßig Karten gespielt, Cocktails genossen und Volker und ich haben mit viel Freude längere Touren mit unseren neuen E-Bikes unternommen.

Relativ schnell war uns klar, dass wir auch unseren Sommerurlaub in Schottland, den wir für Ende Juli gebucht hatten, stornieren müssen. Ich kann einen Aufenthalt meiner Mutter in der Kurzzeitpflege in diesem Sommer einfach nicht verantworten. Momentan hoffen wir, eine Lösung im Wechselspiel mit meinen Brüdern und der ambulanten Pflege zu finden, um unseren Ersatzurlaub in Brandenburg wahrnehmen zu können.

Meine pflegebedürftige Mutter ist Teil unserer häuslichen Gemeinschaft. Ihren eigenen Haushalt kann sie nicht mehr alleine betreuen. Die Kinder und ich helfen ihr weiterhin bei zu erledigenden Tätigkeiten in der Wohnung. An den Wochenenden nimmt sie wie gehabt die Mahlzeiten mit uns zusammen ein. Die persönlichen Umarmungen allerdings haben wir gestrichen. Für meine

Mutter ist das emotional durchaus belastend.

Ob Linus´ geplantes Schnupperstudium in Cambridge im Juli stattfinden wird, steht noch in den Sternen. Helene weiß noch nicht, ob sie, wie beabsichtigt, im September ihr Auslandssemester in Dublin absolvieren kann.

An sich bin ich kein Mensch, der sich schnell Sorgen macht, aber diese latente Unruhe stresst mich. An einigen Tagen mehr, an anderen weniger. Das spürt auch mein Umfeld. Immer wieder frage ich mich, welche langfristigen Auswirkungen diese Pandemie für uns alle haben wird. Ich hoffe, dass die fehlenden sechs Schulmonate Linus´ Abitur nicht gefährden werden und Helene ihre Träume von einem europaweiten Studium umsetzen kann. Sehr betroffen macht mich, dass sie aufgrund der Quarantäneregel nicht in ihr Studentenzimmer kommt und auch ihren Freund in Maastricht nicht mehr regelmäßig besuchen kann.

Grundsätzlich denke ich, dass uns die Pandemie noch eine ganze Weile beschäftigen wird. Es besorgt mich, wie massiv die Einschränkungen im gesamten öffentlichen Raum sind und welche erheblichen volkswirtschaftlichen Schäden wir mit dem kompletten Shutdown produziert haben. Derzeit befasse ich mich damit, wie die von mir betreuten Krankenhäuser wieder zu einer normalen Routineversorgung zurückkehren können. Je tiefer man in das Thema einsteigt, umso klarer wird allerdings, wie sehr wir auf die Verfügbarkeit von Impfmitteln und einem Therapeutikum angewiesen sind.

Wenn ich auf die Zeit des Shutdowns zurückblicke, kann ich sagen, dass ich eine etwas größere Gelassenheit entwickelt habe. Ich weiß das Glück unseres großen Gartens sehr zu schätzen. Ebenso wie das wochenlang herrliche Wetter und die damit möglichen schönen Ausflüge und gemeinsamen Bewegungseinheiten. Unser Familienleben ist nach acht Wochen Shutdown immer noch harmonisch. Ich freue mich darüber, dass Linus inzwischen sehr verlässlich und strukturiert seine Aufgaben organisiert und abarbeitet. Eigentlich gibt es nichts, worüber ich mich ärgern könnte – abgesehen von der latenten Aggressivität, die einige Menschen im Supermarkt an den Tag legen. Irritierend finde ich das unkoordinierte Handeln und Kommunizieren des NRW-Schulministeriums sowie die immer wieder etwas verstörenden Inputs in Form von Twitternachrichten einiger Politiker.

Wenn du mich nach einem Ausblick, nach meinen Erwartungen für die Zeit nach Corona fragst, bin ich sehr vorsichtig. Ganz ehrlich: Ich sehe noch kein „Danach". Für das Gesundheitswesen wird das Thema mindestens zwölf weitere Monate absolut vordergründig sein. Für unser privates Umfeld hoffe ich jedoch sehr, dass das länderüberschreitende Reisen schnell wieder möglich sein wird. Mein Bruder, der in Tschechien wohnt, darf eventuell das gesamte Jahr nicht nach Deutschland kommen. Das ist sehr schade, zumal niemand weiß, wie lange meine Mutter noch leben wird.

Ich wünsche mir sehr, unsere Freunde und die größere Familie bald wiedersehen zu können. Darüber hinaus freue ich mich auf den nächsten Besuch in der Sauna und im Schwimmbad und hoffentlich auf bald wieder regelmäßigen Theatergenuss. Außerdem sehne ich den Moment herbei, da ich wieder direkt in Krankenhäusern beraten darf.

Hannelore, das wär's von meiner Seite. Ich hoffe, es ist nicht zu lang geworden. Helene ist auch gerade am Schreiben. Sobald sie fertig ist, schickt sie dir ihre Sicht auf die Dinge. Meine Mutter kann leider nicht mehr gut schreiben. Vielleicht findest du jemand anderen in ihrem Alter.

Wie geht es Dir und Euch selbst im Shutdown?

Viele liebe Grüße, ich muss jetzt mal weg vom Rechner,
Hanka.

Helene, 22 Jahre, Erasmus-Studentin

Liebe Tante Hanne,

Mama hat mich gebeten, mich an deinem Corona-Projekt zu beteiligen. Das mache ich gerne. Ich habe mich bemüht, deine Fragen nach bestem Wissen und Gewissen zu beantworten. Ich hoffe, du kannst etwas damit anfangen.

Liebe Grüße, Helene.

Zunächst hielt ich Covid-19 für ein Phänomen, das nur China betraf. Dann aber wurde mir sehr bald bewusst, dass dieses Virus wahrscheinlich auch den Rest der Welt beschäftigen würde. Zu diesem Zeitpunkt hatte ich allerdings noch keine Vorstellung davon, welche Ausmaße die schnelle Verbreitung des Virus annehmen sollte. Als die Zahlen immer eindeutiger wurden, war ich einerseits erleichtert, weil ich nicht zur Risikogruppe gehörte und selbst bei einer Infektion vermutlich überleben würde, gleichzeitig jedoch begann ich mir große Sorgen um meine Großmutter zu machen. Vor allem fürchtete ich mich davor, sie unwissentlich anzustecken.

Als die Lage in Europa zunehmend ernster wurde und die Länder beschlossen, Grenzen und Universitäten zu schließen, kehrte ich schnellstmöglich aus den Niederlanden in mein Elternhaus in Duisburg zurück. Sowohl mir als auch meinen Eltern war es wohler zumute, wenn ich bei ihnen zu Hause wäre. Meinen Freund musste ich in Maastricht zurücklassen und konnte ihn längere Zeit nicht sehen. Das haben wir ganz gut ausgehalten, obwohl es natürlich schöner gewesen wäre, wenn wir uns direkt hätten Halt geben können.

Die Sorge um meine Großmutter hat mich sehr beschäftigt.

Auch um meinen Vater machte ich mir viele Gedanken, er gehört ebenfalls zur Risikogruppe. Darüber hinaus dachte ich vor allem an jene Familien, die bereits direkt betroffen waren und Menschen durch das Virus verloren hatten. Das muss so furchtbar sein.

Es hat mich sehr geärgert, dass viele Menschen keinerlei Mahnungen ernst genommen haben, sich weiterhin in großen Gruppen trafen und sich offenbar keine Gedanken darüber machten, was für Auswirkungen ihr Verhalten haben könnte. Ich selbst igelte mich in meinem familiären Umfeld ein, weil ich möglichst niemanden gefährden wollte.

Ich denke, als Gesellschaft haben wir bei einer Epidemie die Aufgabe, die Schwächeren und besonders Gefährdeten zu schützen!

Inzwischen liegt der Shutdown hinter uns. Ich finde es nach wie vor wichtig, sich an die Regeln zu halten, um andere nicht unnötig zu gefährden. Allerdings nehme ich parallel wahr, dass viele Menschen vereinsamen. Vor allem die Menschen, die allein und nicht inmitten ihrer Familie wohnen. Vielen jüngeren Kindern fällt es ebenfalls schwer zu verstehen, was momentan geschieht und warum sie ihre Freunde nicht treffen können.

Durch den Shutdown wurde die Bedrohung für mich noch einmal viel realer als in den Wochen zuvor. Die Bilder aus den Krankenhäusern, die dem Ansturm der Kranken nicht gewachsen waren, schockierten mich. Mittlerweile scheint es glücklicherweise bergauf zu gehen. Dennoch glaube ich, werden wir wohl sehr lange mit Corona zu tun haben.

Momentan denke ich viel über die Zukunft nach. Wird diese Krise unsere zwischenmenschlichen Interaktionen beeinflussen? Welche Auswirkungen hat Corona auf die Wirtschaft? Wahrscheinlich wird es mehrere Jahre dauern, bis sich die Märkte erholt haben und die Lieferketten wieder funktionieren. Allerdings wage ich zu bezweifeln, ob sie dann noch so global vernetzt sind.
Zudem denke ich, wird ein großer Teil der Menschheit unter den

Folgen von Corona zu leiden haben. Viele leiden ja jetzt schon.

Bei all dem bin ich aber auch immer wieder überrascht, mit welcher Kreativität die Menschen dem Ganzen begegnen und sich gegenseitig durch diese schwere Zeit helfen. Selbst dann, wenn sie keinen persönlichen Kontakt haben dürfen.

Ich selbst habe mich so gut wie nie mit meinen Freunden verabredet. Wenn, dann nur mit einer Person. Ersatzweise habe ich sehr viel telefoniert. Meinen Freund habe ich während der Krise lediglich zweimal gesehen. Die Pandemie hat mir vor Augen geführt, dass offene Grenzen gar nicht so selbstverständlich sind, wie bisher angenommen. Meine vielen Freunde und auch meine Gesundheit weiß ich heute deutlich mehr zu schätzen. Die Krise hat mir vor Augen geführt, wie dankbar ich für all das sein kann.

Vornehmlich auch dafür, hier in Deutschland zu leben. Obwohl die einzelnen Bundesländer viele verschiedene Ansätze haben, scheint das Krisenmanagement im Vergleich zu Ländern wie Italien und Spanien wesentlich besser zu funktionieren. Das Gesundheitssystem ist nicht überlastet und die Todesrate niedrig. Wenn man sich hingegen die USA anschaut, mit ihrem nur wenig oder gar nicht funktionierenden Gesundheits- und Versicherungssystem, kann man nur froh sein in Deutschland zu leben.

Als Erasmus-Studentin mache ich mir natürlich Gedanken über mein Auslandssemester. Ab September wollte ich eigentlich in Dublin studieren. Ob das möglich sein wird? Bisher habe ich keinerlei Nachricht von der Austauschuniversität. Ich sorge mich um meine zukünftigen Karrierechancen und darum, wie der Arbeitsmarkt in ein paar Jahren, wenn ich in den Beruf starten möchte, aussehen wird. Immer wieder lese ich, dass Krisen dieses Ausmaßes langfristig betrachtet den größten und nachhaltigsten Einfluss auf die Altersgruppe der Achtzehn- bis Fünfundzwanzigjährigen haben. Leider gehöre ich zu dieser Gruppe. Dennoch hoffe ich, dass meine Zukunftsperspektiven nicht vollständig aussichtslos sind.

Für die Zukunft rechne ich generell damit, dass bestimmte Maßnahmen noch eine Zeit lang aufrechterhalten werden müssen, bevor wir zu irgendeinem Zustand zurückkehren können, der sich auch nur ansatzweise „Normalität" nennen lässt. Ich erwarte ebenfalls, dass die Wirtschaft sich nicht so bald erholen wird und wir noch lange brauchen werden, um wieder ein Niveau zu erreichen, das dem vor der Krise halbwegs ähnelt.

Derzeit hoffen viele Menschen, dass die Corona-Krise eine Chance für Veränderungen sein kann, beispielsweise für einen digitalen Wandel oder den gerade noch rechtzeitigen Stopp, um die Klimaerwärmung zu verlangsamen oder sogar aufzuhalten. Ich bin da nicht sehr optimistisch. Die Menschheit hat es nicht geschafft, diese Dinge nachhaltig zu ändern, als die Zeit dafür war. Nun, da sich jeder um sich selbst sorgt, wird für die Umwelt kein Platz bleiben.

Wenn ich mir etwas wünschen dürfte, wünschte ich allerdings, dass ich mit diesen Überlegungen falsch liege.

Außerdem wünsche ich mir, dass meine Familie gesund bleibt und meine Eltern weiter in ihren Berufen arbeiten können. Für meinen Bruder hoffe ich, dass er durch den vielen Schulausfall im Abitur nächstes Jahr keine Nachteile haben wird.

⊙

Pinnow, 20. Mai 2020

Mir geht es genau wie dir, liebe Hannelore. Ich weiß auch nicht, wo ich anfangen soll, nicht nur in Bezug auf deinen so ausführlichen Brief, sondern grundsätzlich mit allem, was um uns herum und mit uns geschieht. Manchmal komme ich mir vor wie auf einem Karussell, das sich dreht und dreht und dreht. Da ist nichts mit Entschleunigung. So sehr du diese auch anmahnst. Ich finde nicht den Absprung.

Jetzt engagiere ich mich tatsächlich noch politisch. Ich, die ich mich sonst nie mit Politik beschäftigt habe. Keine Nachrichten gab es bei mir, weder im Fernsehen, noch im Radio. Zum Zeitunglesen hatte ich nie Zeit. Nicht mal für die Kultur- oder Sport-Seiten. Und nun? Dabei weiß ich doch ganz genau, was passiert, wenn man sich die Horrornachrichten dieser Welt reinzieht und sich den ganzen Mist ins Wohnzimmer holt. Eine Zeit lang hatte ich ein kleines schlechtes Gewissen. Meinen Eltern gegenüber, meinen Großeltern. Die haben sich politisch eingebracht. Die haben aktiv gekämpft. Ich dagegen? War ich ignorant? Zu selbstbezogen?

Das habe ich wirklich überlegt. Dann jedoch stieß ich auf einen Vergleich, der mich sehr erleichtert und auch bestätigt hat. Ich weiß nicht mehr, wo ich den Satz gelesen habe, aber ich habe ihn mir gemerkt. Sinngemäß lautet er: Vor zweihundert Jahren wussten die Menschen, was in ihrem Dorf passierte, vor hundert Jahren wussten sie, was in Deutschland geschah und heute schauen sie bis in den letzten Winkel dieser Welt. Genauso ist es. Ich halte das für eine totale Überfrachtung. Wer soll denn das verarbeiten? Zudem wird selten erzählt, was sich an Positivem ereignet. Der Schweizer Historiker und Friedensforscher Daniele Ganser schlug kürzlich in einem seiner Vorträge vor, einfach mal zu berichten, wo auf der Welt heute schon wieder kein Krieg ausgebrochen ist. Stell dir mal vor, wie das wäre, wenn weltweit Journalisten vor die Rathäuser der Orte zögen, in denen kein Krieg stattfindet und das von dort verkünden würden. Wie positiv wären unsere Nachrichten! Ich glaube, ich würde begeisterte Nachrichtenguckerin werden.

Welch zerstörende Kraft Nachrichten haben können, führte mir außerdem Stefan Zweig mit seiner Erzählung (oder war es ein fragmentarischer Roman?) „Clarissa“ vor Augen. Ich denke, ich war so um die zwanzig, als ich das Buch zum ersten Mal gelesen habe. Damals verschlang ich alles von Zweig. Hast du ihn schon einmal gelesen? In „Clarissa“ verliebt sich die junge Österreicherin Clarissa in den französischen Lehrer Leonard. Die beiden verbringen, so habe ich es in Erinnerung, eine wundervolle Woche voller glücklicher Zweisamkeit in der Schweiz. Abgeschieden von aller Welt haben sie nur sich beide. Bis eine Zeitungsnachricht ihr Glück zerreißt. Der erste Weltkrieg ist ausgebrochen. Dem Papier nach sind sie jetzt Feinde. Beide kehren in ihre jeweilige Heimat zurück. Leonard schreibt Clarissa Brief um Brief. Doch Clarissas Vater unterschlägt ihr diese Briefe. Leonard und Clarissa sehen sich nie wieder. Dieses Buch hat mich sehr beeindruckt und mir aufgezeigt, wie Politik, die wir nicht machen, unser wackliges kleines Glück zerstören kann.

Und nun? Ich schrieb es dir schon einmal, ich könnte hier mein Bullerbü-Leben leben, ABER um welchen Preis?
Vor ein, zwei Jahren hat Papa übrigens „Die Welt von gestern“ von Stefan Zweig gelesen. Der Roman ist ein Abbild der Zeit vor Ausbruch des ersten Weltkrieges. Papa kannte

Stefan Zweig bis dahin nicht und wusste somit auch nicht, wann Zweig gelebt hatte. Er las ganz unvoreingenommen und dachte doch tatsächlich, da schriebe ein Schriftsteller über die heutige Zeit. Papa fand die Parallelen unglaublich. Mir wurde ziemlich bange, als er davon erzählte. Zumal mein Hannes damals große Ängste hatte, dass demnächst ein Krieg ausbrechen könnte.

Nein, das muss schon ein wenig länger her sein … Ich glaube, es war, als Trump Präsident wurde. Genau, da hatte ich nämlich selbst Sorge, dass es in unmittelbarer Zukunft ordentlich krachen könnte. Ich weiß noch, wie traurig mich das für Hannes gemacht hat. Ich wollte nicht, dass meine Kinder die gleichen Sorgen haben müssen, wie ich sie als Kind hatte. Plötzlich war es wieder da, das Bild, wie ich als Kind auf meinem Bett sitze und Angst habe, dass Ronald Reagan gleich auf den roten Knopf drücken könnte, um uns alle mit einer einzigen Atombombe auszulöschen.

Es klingt verrückt, aber in meiner Kindheit war ich schon einmal sehr politisch. Anders als du waren meine Eltern, das wirst du vielleicht wissen, überzeugte Parteigenossen. Wenn die Wende nicht gekommen wäre, wäre auch ich mit achtzehn sofort in die Partei eingetreten. Heute überlege ich mir immer mal wieder, wie es dann wohl weitergegangen wäre. Auf unserem Lebensweg treffen wir auf so viele Weggabelungen; was wäre gewesen, wenn wir einen anderen Abzweig genommen hätten (oder hätten nehmen müssen)?

In meinen jungen Jahren jedenfalls war ich absolut ein Kind der DDR. Bereits in der ersten Klasse engagierte ich mich in der AG „Junge Antifaschisten". Wir haben das Leben vom Namensgeber unserer Schule Fiete Schulze (der 1935 trotz zahlreicher Proteste mit dem Fallbeil hingerichtet worden war) und seinen Kampf gegen das Naziregime sowie die Biografien vieler anderer Widerstandskämpfer erforscht. Damals bewunderte ich Käthe, genannt Katja, Niederkirchner und Lilo Hermann, die als kommunistische Widerstandskämpferinnen ebenfalls von den Nationalsozialisten umgebracht wurden. Ich entsinne mich, dass ich unbedingt Trompete spielen lernen wollte – wegen des „Kleinen Trompeters“. Du kennst das Lied bestimmt, oder? Allerdings hatten meine Eltern mit Musik nichts am Hut. Mich irgendwo zum Trompete lernen anzumelden, kam für sie überhaupt nicht in Frage.

Heute als Mutter habe ich das Leid, das die Menschheit sich über die Jahrtausende angetan hat, lange versucht von meinen Kindern fernzuhalten. Ich wollte ihre zarten Kinderseelen nicht zu früh belasten. Ich glaube, Clara war zehn, als sie zum ersten Mal von Anne Frank gehört hat. Sie stellte mir viele Fragen. Daraufhin schenkte ich ihr zu Weihnachten das „Tagebuch der Anne Frank“ als Graphic Novel. Die Buchhändlerin hatte mir hoch und heilig versichert, dass dieses Buch auch schon etwas für Achtjährige sei. Pustekuchen. Clara blieb beim Durchblättern natürlich genau an der Seite hängen, auf der zu sehen ist, wie die Gestapo das Geheimversteck entdeckt und Anne und ihre Familie mit Pistolen im Anschlag vor sich hertreibt. Damit war das Buch für Clara erledigt. Erst Anfang dieses Jahres hat sie es wieder hervorgekramt, weil sie in der Schule einen Vortrag über Anne Frank halten WOLLTE.

Aktuell sind die Kinder natürlich politisiert. Wir besprechen ganz offen, wie wir denken, was uns durch die Köpfe geht und diskutieren darüber. Diese Diskussion, ich schrieb es schon mehrmals, wünsche ich mir auch in der Öffentlichkeit. In meiner kleinen Öffentlichkeit hier in der Uckermark habe ich gemeinsam mit drei anderen Frauen solch einen offenen Diskurs möglich gemacht. Am Samstag trafen wir uns zu einem friedlichen Austausch unter der Fragestellung: „Wie geht es uns mit Corona?“ Achtundvierzig Menschen kamen. Es war toll!!! Ich bin noch immer ganz erfüllt. Es tat so gut, einander zuzuhören. Jeder, der wollte – und es wollten viele –, hat erzählt, wie Corona sein Leben beeinflusst. Wir haben über Sorgen und Ängste gesprochen und darüber, wie die Menschen ihren veränderten Alltag erleben. Ein großes Thema war erwartungsgemäß der Umgang mit unterschiedlichen Meinungen, vor allem im Familien- und Freundeskreis. Da rumst es bei einigen gewaltig. Ich finde es sehr erschreckend, welche Risse durch Corona in Beziehungen entstehen. Ob die jemals wieder gekittet werden können?

Ein großer Stress- und Trennungspunkt scheint für viele die Maske zu sein. Die einen sehen in ihr das Sinnbild für den Schutz vor Corona, die anderen einen Maulkorb. Offensichtlich scheiden sich die Geister genau an diesem Stückchen Stoff. Die einen tragen es ganz brav, die anderen verteufeln es.

Direkt im Anschluss an unsere Gesprächsrunde habe ich zum ersten Mal selbst erlebt, wie kriegerisch solch eine Konfrontation zwischen den beiden Lagern geführt werden kann. Ich wartete im Supermarkt an der Kasse, als ich mitbekam, wie ein Mann, der ohne Maske in der Schlange stand, wirklich übelst beschimpft wurde. Erst war es nur die Kassiererin, die ihn unfreundlich anmotzte, dann jedoch sprang ihr ein Kunde bei, der offenbar die Gunst der Stunde nutzen wollte, seinem Frust freien Lauf zu lassen. Der Mann ohne Maske kam gar nicht zu Wort. Der hatte gar keine Chance. Seine Frau sprach dann für ihn, sie sagte, ihr

Mann habe ein Attest. Mit zittrigen Händen zog der Mann es aus seiner Tasche heraus und zeigte es vor. Dem anderen Kunden war das egal, der pöbelte einfach weiter und blaffte unter anderem, dieses Attest könne sich der Mann sonst wohin klemmen, da stünde zwar drauf, dass er Asthma habe, aber nicht, dass er keine Maske tragen müsse.

Diese paar Minuten im Supermarkt haben mich hammerhart aus meinem beseelten Zustand in die Realität fallen lassen. Ich stand da, sah mir das Spektakel an und war wie gelähmt. Keifend versuchte die Kassiererin noch mehr Mitmeckerer zu finden, aber der eine reichte. Wenn ich jetzt darüber nachdenke, erinnert mich die Szene sehr an meine Zeit als Hockeyspielerin, wenn die Platz- oder Hallenwarte zu großer Form aufliefen, um uns Sportler wegen irgendwelcher Kleinigkeiten anzudrohen, dass wir in dieser Halle oder auf diesem Platz künftig keine Trainingszeiten mehr bekommen würden. Damals dachte ich schon immer: „Gib dem kleinen Manne Macht und … er tritt nach unten." Genauso erlebte ich es im Supermarkt. Furchtbar.

Hanne, hast du die „Kommunikation" schon in deine Brenngläser aufgenommen? Ich finde, momentan tritt überdeutlich zu Tage, wie verletzend und abwertend wir vielfach unterwegs sind. Das fängt im Kindergarten an. Und der Bundestag macht es vor. Unlängst habe ich in eine Bundestagsdebatte reingeschaltet. Es war erschreckend. Das hatte nichts, reineweg gar nichts mit Gesprächskultur zu tun. Keiner hört dem anderen zu. Es wird gebuht und gepfiffen und geschlafen und am Handy gespielt und vom Rednerpult aus ausgeteilt. Wenn das die Vorbilder unserer Kinder sind, dann halleluja.

Wie erlebst du das Thema in deiner Unternehmensberatung? Spielt dieses Miteinander, die Kommunikation in deiner Arbeit eine Rolle?

Oh Gott Hanne, mir fliegt wieder die Zeit davon. Ich muss los. Um 15.30 Uhr bin ich mit den Kindern in der Bibliothek verabredet. Vorher will ich noch meinen Einkauf erledigen. In eben jenem Supermarkt …

Da ich nicht weiß, wann ich zur Fortsetzung komme, schicke ich dir meinen Aufgalopp hier schon mal zu. Und einen neuen Fragebogenrückläufer.

Habt einen schönen Herrentag morgen,
liebe Grüße, Nora.

⊙

Caro, 44 Jahre, Biologin ohne Job

Hey Nora,

coole Idee, der Fragebogen von deiner Hannelore. Dafür bin ich natürlich zu haben. Du weißt doch, ich schreibe gerne. Und da beim Hockey gerade tote Hose ist – ohne Spiele kann ich keine Spielberichte verfassen – und ich auch sonst nichts zu tun habe, freue ich mich über ein wenig geistige Ablenkung. Aber bitte erwarte keinen großen literarischen Erguss. Ich schreibe, wie es mir in den Sinn kommt. Ich bin gespannt, was du daraus machst. Du hast doch bestimmt etwas damit vor!?

Ick wünsch′ dir wie immer Schlägerbruch und Schuhsohlenabriss!
Mach′s jut, hau rin! Caro.

Zu Beginn der Corona-Krise habe ich mir sofort Sorgen gemacht. Einfach weil uns die Geschichte gelehrt hat, dass sich der Mensch in bedrohlichen Situationen selten durch umsichtige und bedachte Aktionen auszeichnet.

Zudem hatte ich das diffuse Gefühl, das Ding namens Corona könnte unterschätzt werden. Warum? Keine Ahnung. Bauchgefühl.

Aber noch war es leicht, diese, nennen wir es – Vorahnung – wegzudrücken. Das Virus war weit weg und schien hauptsächlich vorgeschädigte Menschen zu treffen. Offenbar gab es zudem Schutzmaßnahmen, die man ergreifen konnte. Augenscheinlich gab es keinen Grund, sich hier in Europa groß sorgen zu müssen. So tickt doch das menschliche Hirn, oder?!

Als das Virus schließlich auch Deutschland erreichte, war ich allerdings (mal wieder) heilfroh, in einem westeuropäischen Sozialstaat zu leben und nicht an einem dieser verfluchen Orte, wo Kriege (an denen Europa zugegebenermaßen nicht ganz unschuldig ist), politisches Kalkül und finanzielle Interessen über dem Wohl der Menschen stehen und der dortigen Bevölkerung das Leben schon vor Corona schwer bis unmöglich gemacht haben.

Abgesehen von der oben erwähnten diffusen Vorahnung habe ich mich allerdings, solange die Pandemie noch keine Pandemie und weit weg war, nicht weiter um das Virus geschert. Ich zeige mit dem Finger also nicht nur auf andere. Ich war viel zu sehr mit dem Verlust meines kleinen und eigentlich unabdingbaren Blech-Rosses Namens Smarti sowie den Nachwehen einer Knie OP beschäftigt. Darüber hinaus befand ich mich – das war die Kirsche oben drauf – in einer Phase der generellen Neuorientierung. Ich war mal wieder erwerbslos. Um mich betüddeln zu lassen, suchte ich „Unterschlupf" bei meinen Eltern und war so bereits seit Mitte Februar im freiwilligen „Social Distancing".

Von dort aus habe ich, je näher das Virus kam, mit wachsendem Interesse beobachtet, was um mich herum geschah. Plötzlich war die ursprüngliche Befürchtung unmittelbar wieder da. Ehrlich gesagt hatte ich die Reaktionen der Leute etwas unterschätzt: die anfängliche Naivität, die wenig später folgende Hysterie und die Dummheit der Menschen. Wie kann man denn mitten in der Pandemie Party in überbordender Größenordnung machen? Wie kann man in diese unsozialen Hamsterkäufe verfallen und jetzt gerade diese hasserfüllten Demonstrationen mit dieser Fülle von Fehlinformationen abhalten?

Im Angesicht von unterbezahlten und überarbeiteten Pflegekräften, überfüllten Flüchtlingscamps und existentiell bedrohten Selbständigen ärgere ich mich maßlos, wenn Großverdiener wie die Autoindustrie oder die Lufthansa vom Staat finanzielle Hilfe einfordern (und sie auch noch bekommen). Die Diskussion um so „wichtige" Dinge wie das Fortführen des Profifußballs ist für mich komplett unverständlich. Sollten die großen Vereine die kleinen nicht eher unter ihre Fittiche nehmen?

Heute, zwei Monate nach Beginn des Shutdowns kann ich ganz klar sagen: Alle Sorge war begründet. Die Menschen werden weiterhin an der Seuche sterben. Der Preiskampf um einen Impfstoff, der den Menschen als Heilsbringer in der Pandemie vorgegaukelt wird, ist unerbittlich und wird doch nie zu absoluter Sicherheit führen. So leicht lassen sich Viren einfach nicht in Schach halten, sonst wäre die Grippe nicht ein alljährlich wiederkehrendes Thema.

Nichtsdestotrotz versuche ich mich von all dem Corona-Nebel nicht zu sehr einfangen zu lassen, sondern konzentriere mich auf meine diversen Reha-Übungen und die Suche nach der alten Beweglichkeit im Knie. Da im Moment alle Hockeyspieler, ja alle Sportler zur Untätigkeit gezwungen sind, lässt sich meine körperlich verordnete Sportpause besser ertragen. Zudem habe ich dadurch endlich Freiräume für meine Werkelleidenschaft, die wegen meiner vielen Hockeyaktivitäten sonst immer zu kurz gekommen ist. Aktuell kümmere ich mich besonders intensiv um ein Schiffsmodell, für das ich im letzten Jahr viel zu wenig Zeit hatte. Das Vorbild dafür ist ein kleines Nordisches Folkeboot, eine geklinkerte Yacht von etwa acht Metern Länge. Mein Modell bringt es allerdings nur auf etwas weniger als zwanzig Zentimeter.

Die Nachrichten nehme ich weiterhin wahr. Da kommt man ja quasi nicht drum herum. Neben all den Paniknachrichten gibt es dort für mich tatsächlich auch etwas Positives zu sehen. Nie im Leben hätte ich gedacht, dass Mutter Erde so schnell auf den zwischenzeitlich verordneten Stopp der menschlichen Maschinerie antworten würde. Wären wir nicht nur vernunftbegabte, sondern auch lernfähige und vorausschauende Tiere, würden wir aus klarer Luft über China, singenden Vögeln auf ruhenden Großflughäfen und Delphinen in Venedigs Kanälen die entsprechenden Schlüsse ziehen. „Wären" und „würden" sagen es jedoch schon, ich bin nicht übermäßig optimistisch. Zwar traue ich dem Menschen zu, dass er Schlüsse in diese Richtung zieht, denke aber nicht, dass er bereit ist, die Konsequenzen, die eindeutig weniger Profit bedeuten würden, zu tragen.

Wenn ich auf Deutschland schaue, denke ich, haben wir es gut getroffen. Hier ist es glimpflich gelaufen. Nur das ununterbrochene Gerede in den Medien darüber, was schlecht funktioniert oder zukünftig problematisch werden könnte, finde ich übertrieben und kontraproduktiv. Kein Wunder, dass man so viele miserabel gelaunte Zeitgenossen trifft. Ich denke, die Regierung und die Medien hätten sich mehr darauf konzentrieren sollen, positive Nachrichten zu verkünden und Vorschläge zu unterbreiten, wie jeder Einzelne helfen kann. Eine Entlastung der pflegenden und dienstleistenden Bevölkerung anstelle von Beifall wäre auch ein starkes Statement gewesen.

Die momentanen Lockerungen betrachte ich eher skeptisch. Es bleibt abzuwarten, ob dieser Schnellschuss nicht nach hinten losgeht.

Global betrachtet hat es andere Staaten echt ärger getroffen. Ich denke, die Politik, nationale Selbstüberschätzung, Geldgier und soziale Ungerechtigkeit sind da einen fatalen Pakt eingegangen. Dass gewisse hohe Tiere (wie in Brasilien oder auch in Ungarn) nicht persönlich die Konsequenz für ihr Missmanagement dieser Pandemie tragen müssen, beweist mir nur eines: Der Satz „Vor dem Virus sind alle gleich" stimmt so nicht. An der medizinischen Versorgung scheiden sich die Staatsoberhäupter unheimlich schnell von syrischen Flüchtlingen, amerikanischen Familien ohne Krankenversicherung und Arbeitern in einer deutschen Großfleischerei.

Grundsätzlich denke ich, solange Geld das Maß der Dinge ist, werden es viele Menschen verdammt schwer haben. Man kann sich darauf verlassen, dass für fast alle Probleme der nahen Zukunft Corona verantwortlich gemacht werden wird. Dennoch befürchte ich, wird es nicht zum Aufstand der Vernünftigen kommen. Im schlimmsten Fall werden sogar noch einige soziale und politische Errungenschaften, wie zum Beispiel das Recht auf Arbeit, die Gleichberechtigung und soziale Sicherheit über Bord gehen.

Tagesaktuell bereitet mir die Stimmung in Deutschland Sorgen. Die Tatsache, dass es trotz vier- und fünfstelliger Todeszahlen in sämtlichen Industrienationen immer noch Leute gibt, die alles für einen „Fake" halten, erschreckt mich. Dass auf sogenannten Hygiene- und Menschenrechtsdemos Polizisten und Journalisten verprügelt werden, schreit zum Himmel. Wenn man dann noch sieht, wie leicht es beispielsweise rechtsnationalen Populisten fällt, diesen Stimmungs-Mix aus Angst, Borniertheit und Hass in die rechte Ecke zu lenken, sollte jedem geschichtsbewussten Deutschen

Angst und Bange werden.

Da ich von Natur aus ein eher positiv gestimmter Mensch bin, hege ich trotz aller Misshelligkeiten die Hoffnung, dass einige Menschen etwas aus der Krise lernen (optimalerweise sind Politiker und Wirtschaftler darunter!) und ihre alten Lebensweisen überdenken sowie dem schönen Gefühl von solidarischem Miteinander zu neuer Blüte verhelfen. Außerdem hoffe ich, dass die Venezianer Gefallen an ihren Delphinen finden und große Fähren endgültig aus den Kanälen verbannen. Davon könnte dann die ganze Welt lernen.

Für mich selbst wünsche ich mir, noch dieses Jahr wieder Hockey spielen zu können. Schließlich habe ich meinen Titel als Torschützenkönigin zu verteidigen. Auch ein neuer Job wäre nicht zu verachten. Solltest du hören, dass irgendwo eine Biologin gesucht wird, gib Bescheid!!!

⊙

Grieth, 21. Mai 2020

Liebe Nora,

wie heißt es so schön: Der frühe Vogel fängt den Wurm. Heute bin ich dieser frühe Vogel. Um 4:45 Uhr schon bin ich aufgewacht und konnte nicht wieder einschlafen. Die ganze Zeit gingen mir dein Brief und mögliche Antworten im Kopf herum. Um 5.15 Uhr entschied ich mich kurz aufzustehen, um mir das Wichtigste zu notieren und dann mit freiem Kopf noch ein wenig zu schlafen. Später wollte ich mich hinsetzen und dir in aller Ruhe schreiben. Nachdem ich nun aber erst einmal aus den Federn bin, denke ich mir: Warum nicht gleich an dich schreiben? Die Ruhe ist jetzt! Im Haus ist es mucksmäuschenstill. Draußen zieht rotorange die Sonne auf. Ich bin wahrlich kein Frühaufsteher, aber wenn ich dieses Naturschauspiel sehe, wünschte ich einer zu sein. Das wirkt wie ein Jungbrunnen. Ich verspüre keinen Hauch von Müdigkeit mehr. Außerdem sortieren sich die Gedanken.

Deinen Brief habe ich gestern unmittelbar vor dem Zubettgehen gelesen. Das hätte ich wohl nicht tun sollen. Offenbar hat er ziemlich viel aufgewirbelt. Ich habe richtig verrückt geträumt. Allerdings weiß ich nicht mehr was.

Genug des Vorgeplänkels, ich will die Zeit nutzen. Wir haben heute nämlich noch viel vor. Nach dem Frühstück wollen Michael und ich eine ausgiebige Fahrradtour mit unseren neuen E-Bikes unternehmen. Um 15 Uhr sind wir zum Zoom-Meeting mit unseren Kindern und Enkelkindern verabredet und anschließend hat mir Michael eine Tanzstunde in unserem hiesigen Partykeller versprochen. Es liegt also ein ereignisreicher Herrentag vor uns. Ich bin voller Vorfreude.

Dir möchte ich für deinen Brief (-Aufgalopp ☺) danken. Ich finde es immer wieder ungemein interessant, von deiner Sicht auf die Dinge und deinem Erleben zu erfahren. Sehr gefreut habe ich mich zudem über die Corona-Notizen deiner Sportfreundin Caro. Ist das nicht schön, wie unser Projekt Blüten treibt! Ich habe inzwischen ebenfalls wieder eine Antwort auf meinen Fragebogen erhalten. Willem, einer unserer Skatfreunde, ein gebürtiger Holländer, hat seine Gedanken verschriftlicht. Besonders toll finde ich, dass mein Enkel Max, der das Projekt überhaupt erst ins Rollen gebracht hat, einen kleinen Text verfasst hat. Es ist doch auch wichtig, zu wissen und festzuhalten, wie die Kinder diese ungewöhnliche Zeit erleben. Ich schicke dir beide Texte mit.

Seit ich gestern Abend die Aufzeichnungen deiner Hockeyfreundin Caro gelesen habe, geht mir ihre Skepsis gegenüber einem Impfstoff nicht mehr aus dem Kopf. Denkt sie wirklich, uns wird etwas vorgegaukelt? Unzählige Menschen sehnen diesen Impfstoff herbei. Angela Merkel sagt doch nicht einfach so: „Die Pandemie wird vorbei sein, sobald wir einen Impfstoff haben." Gerade wegen Torsten und seines Asthmas warten auch wir sehr darauf. Kannst du deine Freundin Caro dazu befragen? Als Biologin ist sie ja vom Fach. Ihre Zweifel haben mich dermaßen verunsichert, dass ich gestern gleich noch eine SMS an meine Heilpraktikerin geschrieben habe. Obwohl es schon 22 Uhr war, hat sie noch geantwortet. Sie glaubt, dass wir zuversichtlich sein können. Allein schon deshalb, weil im Moment so viele verschiedene Institute in so vielen verschiedenen Ländern fieberhaft an der Entwicklung eines Impfstoffes arbeiten. Sie schreibt: Da muss einfach bald ein Volltreffer dabei sein! Das hat mich vorübergehend beruhigt. Wenn deine Caro diese Ansicht bestätigen könnte, wäre das Wasser auf meine Mühlen. Und noch mehr auf Michaels. Er ist nun mal der Ängstlichere von uns beiden.

Von den Demonstrationen, die deine Freundin erwähnt, haben wir auch schon gehört. Es ist wirklich schlimm, was sich da zusammenrottet. Von daher war ich im ersten Moment erschrocken, als ich gelesen habe, dass du dich jetzt politisch engagierst. Zum Glück hast du beschrieben, wie dieses Engagement aussieht. Das ist ja etwas ganz anderes als die Demos dieser Rechten und Verschwörungstheoretiker.

Nach dem, was du geschildert hast, finde ich eure Initiative bemerkenswert. Es ist richtig und wichtig, die Ängste der Bürger aufzugreifen. Daher kann ich mich mit deiner „Demonstration“ gut identifizieren. Die schlichte Fragestellung: „Wie geht es dir mit Corona?“ lädt sehr zum Gespräch ein. Ich sehe durchaus Parallelen zu unserem Projekt. So wie du es beschreibst, ist eure Aktion auf fruchtbaren Boden gefallen. Die Menschen haben sich geöffnet und von sich erzählt. In meinem näheren Umkreis habe ich bisher erst ein Mal davon gehört, dass Corona einen Keil in Freundes- oder sogar Familienkreise getrieben hat. Aber Helene, die Tochter von Hanka, deren Antworten auf unsere Fragen ich dir zuletzt zugesandt hatte, treibt, wie du sicher gelesen hast, ebenfalls die Sorge, wie sich die Krise auf das zwischenmenschliche Miteinander auswirken wird. Da haben wir einiges zu erwarten, sowohl Gutes wie wohl auch weniger Gutes.

Du sprichst es an: Die Kommunikation bekommt nun noch einmal einen gewichtigeren Stellenwert. Ich hatte sie tatsächlich noch nicht in meine „Brenngläser und Lichtblicke“ aufgenommen. Dabei ist sie in meiner Tätigkeit natürlich ein ganz wesentlicher, wenn nicht sogar der entscheidende Faktor. Ich gebe regelmäßig Seminare in Gewaltfreier Kommunikation. Und als Coach muss ich selbstverständlich selbst gut kommunizieren. Bist du nicht ebenfalls in der GFK ausgebildet? Ich glaube mich zu erinnern, dass mir dein Vater so etwas erzählt hat. Ich hoffe, ich bringe nichts durcheinander, aber so wie ich mich entsinne, hatte er zunächst ziemlich an deinem/eurem sprachlich gewaltfreien Erziehungsstil zu knabbern.

Er war der Ansicht, ihr hättet zu viel mit den Kindern geredet und euch teilweise ganz schön auf der Nase herumtanzen lassen. Wenn die Kinder dann bei ihm und deiner Mutter waren, hätten sie, so habe ich es verstanden, ordentlich weitergetanzt. Oje, jetzt lasse ich mich dazu hinreißen, Dinge auszuplaudern … Bitte behalte es für dich! Es ist schon lange her. Inzwischen schwärmt er davon, wie toll sich eure Kinder durch eure Begleitung entwickelt haben. Aber damals – ich konnte ihn so gut verstehen. Wir sind, wie wir sind. Und wir sind die Kinder unserer Eltern und deren autoritären Erziehungsstils. Vielfach haben wir diesen übernommen. Da gab es kein Rechts und kein Links, sondern nur ein: „Das hast du so zu machen! Punkt! Ende! Aus! Basta!" Widerrede war nicht erwünscht.

Wenn ich heute den Neurobiologen Gerald Hüther lese, bin ich sehr erschrocken, wie gewaltvoll wir waren. Nicht unbedingt körperlich. Aber verbal. Wir haben die Ansagen gemacht.

Doch ich will mich nicht nachträglich geißeln. Wir haben unsere Kinder gut erzogen. So gut, wie wir es konnten. Ich nehme an, das sehen deine Eltern genauso. So wie ich dich wahrnehme, kann ich sie jedenfalls nur beglückwünschen. Erziehung ist vielfach ein Ergebnis von Sozialisation. Ich denke, ausgelöst durch Corona durchlebt die Sozialisation gegenwärtig wieder einen entscheidenden Wandel. Was für uns „Alte" oder „Erwachsene" derzeit einen rasanten Umbruch darstellt, erleben unsere Kinder gänzlich anders. Obwohl du in allem, was die Regierung veranlasst, eine Beschneidung unserer Grundrechte siehst und ich diese Maßnahmen für absolut notwendig erachte, stellt es unser beider Leben, so wie wir es bisher gelebt haben, gehörig auf den Kopf. Wie viele andere denke auch ich, dass dieser Einschnitt nicht rückgängig zu machen sein wird. Wir werden nicht in das Leben zurückkehren, wie wir es bisher kannten. Für die Kinder wird das alles weit weniger gravierend sein. Sie wachsen in diese neue Welt hinein. Das ist ähnlich wie mit der Digitalisierung. Was war die Digitalisierung damals in den 80er Jahren für eine technische Revolution!

Ich kann mich noch an den ersten PC erinnern, den ich mit nach Hause gebracht habe. Er hieß PC 1715 und war von Robotron. Weil wir nirgendwo anders Platz hatten, haben wir ihn auf dem Schreibtisch der Kinder, die zu der Zeit gerade im Ferienlager waren, aufgestellt. Als Anke und Torsten wieder nach Hause kamen, hatte ich für sie zur Begrüßung „Ein herzliches Willkommen! Wir freuen uns, dass ihr wieder da seid!“ auf dem Computer programmiert. Frage mich nicht, wie lange ich daran gesessen habe. Es war alles Neuland, es gab (jedenfalls für mich) keine fertigen Schreibprogramme und sonst hatte ich es nur mit Rechenprogrammen zu tun. Während Torsten Feuer und Flamme war und mich ständig bettelte, mit mir am PC arbeiten zu dürfen, hielt sich Ankes Begeisterung sehr in Grenzen. Sie war sauer, weil wir ihren Schreibtisch zweckentfremdet hatten und sie mit ihren Malsachen an den Küchentisch ausweichen musste.

Wenn ich nun die heutige Technik sehe und den Umgang der Kinder damit, bin ich manchmal ein wenig neidisch. Ich bin ja gerade dabei, mich intensiv in diese neue digitale Welt einzuarbeiten, und merke, wie lange die Informationen brauchen, bis ich sie wirklich verstanden habe und anwenden kann. Den Kindern fällt das wesentlich leichter. Sie wachsen damit auf.

Unser Brian in England hat sich, nachdem Anke und Samuel die Nutzung der Medien gelockert haben, binnen kürzester Zeit zum Programmierer für Animationsfilmchen entwickelt. Über den mühelosen Umgang, den unser Max mit seinen zehn Jahren an sämtlichen technischen Geräten an den Tag legt, kann ich immer nur staunen. Allerdings wurden ihm Maus und Handy quasi schon mit in die Wiege gelegt. Sein Papa Torsten ist das, was man in Neudeutsch einen Computer-Nerd nennt. Wenn Max mir beim Arbeiten über die Schulter schmult, hat er meist einen guten Tipp für mich parat. Ich bin begeistert, wie virtuos sich die Jugend durch die Internet-Welt bewegt; egal, ob das Twitter betrifft, Facebook, Instagram oder Youtube und was es noch alles gibt. Wenn ich Max zuweilen frage, wer ihm das alles beigebracht habe, guckt er mich immer verständnislos an. Das macht er alles selbst. Der probiert einfach. Und irgendwann hat er den Dreh raus. Während ich nicht mal weiß, was ich wo und wie probieren könnte.

Es ist schon interessant, wie sich die Gesellschaft, die Wirtschaft, die Technik und der Mensch in allem weiterentwickeln. Nachdem ich nun meine ersten Online-Coachings abgehalten und an Online-Konferenzen teilgenommen habe, muss ich sagen, dass ich großen Gefallen daran gefunden habe. Ich denke, die Möglichkeit, online zu coachen oder auch Seminare anzubieten, ist eine gute Alternative, um mir das mitunter zeitraubende Reisen zu meinen Geschäftspartnern sparen zu können. Inzwischen liebäugle ich bereits damit, mir ein neues, ein digitales Geschäftsfeld aufzubauen. Das reizt mich wirklich sehr. Du weißt ja, ich brauche immer neuen Input. Max hat mich neulich gefragt, warum ich keine Rentnerin sei, wie die Omas seiner Kumpels. Noch ehe ich antworten konnte, fragte Michael zurück: „Kannst du dir Oma Hanne als Rentnerin vorstellen?“ Daraufhin hat Max mich von oben bis unten taxiert und dann eifrig den Kopf geschüttelt. Nein, das konnte er sich nicht vorstellen. Genauso wenig wie ich.

Hatte ich dir schon geschrieben, dass ich zu Pfingsten einen großen Familien-Zoom vorbereite? Am Pfingstsamstag wird Michael nämlich fünfundsiebzig. Oh Gott, jetzt, da ich die Zahl so ausgeschrieben sehe, frage ich mich wieder einmal, wo die Zeit nur geblieben ist? Fünfundsiebzig! Wir fühlen uns überhaupt noch nicht so alt. Geht dir das ähnlich? Ich weiß noch, wie totunglücklich ich war, als ich fünfundzwanzig geworden bin. Ein Vierteljahrhundert zu sein, fand ich damals furchtbar. Und nun? Sind es fast drei Viertel vom Jahrhundert. Du müsstest, wenn ich mich recht erinnere, so alt wie meine Anke sein. Das ist auch schon fast ein halbes Jahrhundert. Ich kann das gar nicht greifen. Die Generation meiner Kinder lebt mittlerweile ein halbes Jahrhundert. Die Zeit, die Zeit … Aber das ist noch mal ein anderes Feld. Darüber würde ich gerne mal mit dir philosophieren.

Zurück zum ursprünglichen Thema! An sich wollten wir zu Michaels Geburtstag eine große Familienfeier ausrichten. Wir hatten Familienmitglieder aus Hampshire, aus der Bretagne, aus Mecklenburg, Bayern, Sachsen, Niedersachsen und natürlich aus Nordrhein-Westfalen eingeladen. Inzwischen haben wir alle wieder ausgeladen, die gebuchten Ferienhäuser storniert und die Feier ins nächste Jahr verschoben. Um aber doch irgendwie beieinander zu sein, kam nun die Idee auf, stattdessen eine „Zoom-Feier“ zu organisieren. Im kleinen Familienrahmen treffen wir uns mittlerweile regelmäßig jeden Sonntag um zwölf Uhr, und eben auch heute Nachmittag am Herrentag. Bisher hatte immer Torsten die Moderation inne. Nun aber hat mich der Ehrgeiz gepackt und ich habe die Federführung übernommen. Ich bin Feuer und Flamme und habe mich inzwischen gut eingearbeitet. Allerdings habe ich auch einen hohen Anspruch. Wir werden zweiunddreißig Personen sein, davon neun Kinder im Alter von drei bis zwölf Jahren, und ich will natürlich, dass alle ihren Spaß haben.

Ständig kommen mir neue Ideen, wie wir das Programm gestalten könnten. Michael schimpft schon immer, weil ich jede freie Minute nutze, um mich digital weiterzubilden. Jedes Mal wenn mir etwas Neues einfällt, klappe ich den Laptop auf, um zu prüfen, ob der Einfall umsetzbar ist. Es ist so ein aufregendes neues Lernfeld, ich bin ganz beseelt, muss allerdings aufpassen, dass ich mich nicht verliere, denn eigentlich sind Michael und ich nach Grieth gefahren, um uns gemeinsam zu erholen. Nun fühlt sich Michael, zu Recht, wie ich gestehen muss, ziemlich vernachlässigt. Auch deshalb ist es gut, dass ich vorhin nicht wieder einschlafen konnte. So nutze ich die Zeit und kann dir in aller Ruhe schreiben, ohne dafür etwas von meiner Michael-Zeit stibitzen zu müssen.

Bei allem Kummer, den Corona über uns bringt, ist die Krise für mich rein kommunikationstechnisch tatsächlich eine Initialzündung. Ich denke, ohne den Lockdown hätte ich womöglich niemals mitbekommen, dass es so etwas wie Zoom-Meetings gibt. Überhaupt finde ich es bemerkenswert, wie sich die Kommunikation verlagert. Schon lange habe ich nicht mehr so viel telefoniert wie in der Zeit, seit uns Corona ereilt hat. Hinzu kommen etliche Briefe, die ich geschrieben und erhalten habe, wesentlich mehr E-Mails und eben Skype- und Zoomtreffen. Mit meinen englischen Enkelkindern hatte ich über die Entfernung noch nie solch intensiven Kontakt wie jetzt. Das finde ich schön.

Grundsätzlich sehe ich, dass die körperliche Distanz, die

das Virus erzwungen hat, häufig auch neue oder innigere Beziehungen möglich gemacht hat. Wir haben tatsächlich alte Kontakte, die eigentlich schon abgebrochen waren, wieder aufgenommen, weil wir uns gesorgt haben und wissen wollten, ob es unseren „ehemaligen" Freunden gut geht und wie sie mit der Krise klarkommen. Jetzt, da ich das so deutlich formuliere, fällt mir auf, dass der Abstand bei mir sogar neue Nähe bewirkt hat. Insofern, als dass ich hin und wieder wildfremde Menschen anspreche und frage, wie es ihnen (mit den Maßnahmen) geht. Beispielsweise die Kinder von der Schule bei uns ums Eck, den Hermes-Boten oder unlängst eine Therapeutin für Traditionelle Chinesische Medizin, mit der ich in der Apotheke ins Gespräch gekommen bin.

Diese Therapeutin erzählte mir übrigens eine Geschichte, die das komplette Gegenstück zu deinem Supermarkt-Erlebnis darstellt. Genau wie ich ist diese Therapeutin sehr bestrebt, sich an die geltenden Regeln zu halten. Nicht nur weil diese Regeln angeordnet und damit geltendes Gesetz sind, sondern weil sie diese Vorgaben aus gesundheitlicher Sicht für richtig erachtet. Deshalb trägt sie bei ihren Behandlungen genauso selbstverständlich eine Maske wie beim Einkaufen und sämtlichen Situationen, in denen sie in näheren Kontakt mit anderen Menschen kommt.

Sie hat eine Tochter im Grundschulalter, die eine Freie Schule besucht. Da sich diese Schule nicht gleich um die Ecke befindet, haben sich einige Eltern zusammengefunden und Fahrdienste organisiert, um die Kinder, wie das heute üblich ist, bis vor das Schultor zu kutschieren. Als die Therapeutin die erste Fahrt nach der langen Schulschließung übernehmen wollte, schrieb sie in den Elternchat, wann sie wo losfahren würde und dass die Kinder bitte eine Maske aufsetzen sollten. Das ging alles noch ganz gut.

Bis die Mutter, die für die nächste Tour verantwortlich war, sich per WhatsApp meldete, den Treffpunkt durchgab und ausdrücklich darauf hinwies, dass in ihrem Auto keine Masken erwünscht seien. Außer der Therapeutin haben sich inzwischen alle anderen Eltern dieser Fahrgemeinschaft gegen Masken ausgesprochen und nebenbei den einen oder anderen Seitenhieb in Richtung der Therapeutin ausgeteilt. Kannst du dir vorstellen, wie diese Frau sich fühlt? Wie eine Ausgestoßene.

Es ist erschreckend, wie man mit Worten verletzen kann.

Ich nehme die Kommunikation also gerne in meine „Brenngläser" auf. Allerdings werde ich sie auch zu meinen „Lichtblicken" tun. Denn wenn ich die Kommunikationspolitik unserer Regierung verfolge, vor allem im Vergleich zu anderen Ländern, sehe ich darin einen wesentlichen Punkt dafür, dass wir in Deutschland bisher so glimpflich davon gekommen sind. Ich denke, die gute und klare Kommunikationspolitik, mit der den Menschen, auf Basis von Zahlen und Analysen, die Notwendigkeit des Lockdowns erklärt worden ist, hat für eine große Akzeptanz in unserer Bevölkerung gesorgt. Nur so konnten die Maßnahmen gut umgesetzt werden.

Denjenigen, die schimpfen und jammern, weil sie einfach immer schimpfen und jammern, empfehle ich ein Gedicht, das mir eine Bekannte zugeschickt hat. Ich finde es so gut, dass ich es dir aufschreiben will.

Guten Morgen Deutschland

Die zweite Stund nach Mitternacht,
die Zeiger ticken, ich liege wach,
Geborgen,
ohne Sorgen,
bewacht vom Dachfenster im Mondenschein,
wollt ich längst eingeschlafen sein.

Hinterm Zenit verkrümelt sich die Dunkelmacht,
kein Flieger donnert, kein Alptraum lacht,
ein neuer Tag sich rekelt, unbenutzt,
die Dielen in der Küche frisch geölt,
kein Blut, kein Schmutz,
im Flur ich mache Licht, die Kinder schlafen,
die neuen Fenster schließen dicht,
das Gewitter draußen stört sie nicht.
Für Angst kein Grund,
im Garten döst der Hund,
welch Glück, dass ich hier leben kann.

Geh ich zurück nur achtzig Jahre in der Zeit,
begegnet mir unendlich großes Leid.
Wie ist es heut woanders, fern von hier?
Dort, wo regiert die Gier
nach Einfluss, Macht und Boden,
wo Menschen Menschen roden.
Dort herrscht Verzweiflung,
hört man Schreie,
es lebt die Not,
da sterben Väter, Mütter, Kinder,
da siegt der Tod.

Dort fragt sich Mensch: Warum? Warum bei mir?
Wozu der Krieg, die vielen Toten hier?
Warum ist Leben so verdammt? Verdammt so schwer?
Mir geht es schlecht.
Wo bekomm´ ich nur mein Essen her?

Die vierte Stund nach Mitternacht,
ich liege wach und denk noch immer übers Leben nach.
Dann kommt mir in den Sinn,
wie sicher ich hier und behütet bin.
Die Kammer voller Pizza, Kerzen, Bier,
im Fall der Fälle stellt mein Nachbar mir
den Einkauf gerne vor die Tür.

Ich liege hier und denke diese Zeilen,
ich habe Hände, Stifte und Papier.
Ich liebe meinen Mann, er atmet friedlich neben mir.
Das Wasser fließt, die Heizung heizt,
fürwahr, uns geht es gut.
Wir brauchen keine Wut!
Und werden wir mal krank,
dann gibt es - Gott sei Dank -
Menschen, die sich kümmern, die sich sorgen,
für mich, für dich, ganz unermüdlich in der Krise,
im Stadtpark zupfen ignorante Spinner
ihre Zweifel von der grünen Wiese.

Ich denk an Deutschland in der Nacht,
der Wecker klingelt, ich bin wach.
Was hat mich nur gequält an diesem langen Morgen?
Ich bin doch wirklich frei von Sorgen:
Ich habe Arbeit, habe Geld,

ein Land, das mich zusammenhält.
Ich hatte Angst, dass es zusammenbricht,
vor Last, vor Druck,
vor Unvernunft und falscher Zuversicht.
Ich hab erkannt, so ist es nicht!
Deshalb:
Lasst uns dankbar und im besten Sinne menschlich sein.
Mehr fällt mir heute Morgen noch nicht ein.
Ach, ja, das eine noch:
Es gibt tatsächlich Menschenfreunde hier,
die prügeln sich um Klopapier.

Dacht ich an Deutschland in der Nacht,
hat es mich um den Schlaf gebracht.
Denk ich an Deutschland um die Mittagszeit,
dann bin ich voller Dankbarkeit.

Egal wie spät, wie krank, wie kalt;
ob jung, ob alt,
hier wird es immer jemand geben,
der sich kümmert um mein Leben.

Ich denke, dieses Gedicht trifft den Nagel auf den Kopf. Wir sollten nicht immer nur sehen, was uns fehlt, was in unseren Augen nicht stimmig ist, sondern das würdigen, was wir haben. Uns geht es doch gut! Und eigentlich wissen wir Deutschen das auch. Aber dieses Jammern und Schimpfen gehört wohl irgendwie zu uns.
Leider auch zu mir. Nach meinem letzten Brief an dich habe ich mich von mir selbst ertappt gefühlt. Du erinnerst dich,

ich schrieb davon, dass ich mich nie wieder ideologisch vereinnahmen lassen will und berief mich dabei auf die Erfahrungen aus meiner Kindheit und meiner Hochschulzeit. Im Nachhinein betrachtet, fand ich meine Darstellung sehr einseitig. Ich habe mich in dem Moment von einer Stimmung hinreißen lassen. Im Grunde ist zwar alles richtig, ABER ganz wichtig ist mir ebenfalls, dir als Nachgeborener aufzuzeigen, wie viel die Hochschule und damit letzten Endes auch die DDR für mich getan hat.

Für mich Arbeiterkind. Aus einem bildungsfernen Haushalt. Das einzige Buch, das wir zu Hause hatten, war die Bibel. Mein Vater war in einem deutschen Dorf in Georgien aufgewachsen und musste im Sommer auf dem Feld arbeiten. Insgesamt brachte er es lediglich auf vier Schuljahre. Auch meine Mutter hatte nur eine geringe Schulbildung. Ich selbst hatte in meinen ersten Schuljahren mit einer Lese- und Rechtschreibschwäche zu kämpfen. Damals hätte niemand gedacht, dass ich einmal studieren, geschweige denn Beststudentin werden würde.

Zunächst ging es zwar etwas holperig los, aber nachdem ich von der Statistik- in die EDV-Gruppe gewechselt war, hatte ich plötzlich den Titel „Beststudentin" inne. Gepaart mit dem Status „Arbeiterkind" brachte mir das eine Sonderförderung in Form des Wilhelm-Pieck-Stipendiums ein. Statt des üblichen Grundstipendiums von 190 Mark erhielt ich monatlich 300 Mark. Das war sehr viel Geld. Außerdem genoss ich im Internat den Vorzug eines Einzelzimmers und hatte damit beste Studien- und Lebensbedingungen. Der Weg vom Internat zu den Lehrveranstaltungen maß nur einen Katzensprung und in der Mensa konnte ich mich gegen kleines Geld prima versorgen.

Auf dem Weg zur Mensa habe ich übrigens regelmäßig Michael getroffen. Das war ein Herzklopfen. Beim legendären Hochschulfasching 1966 haben wir uns dann ineinander verliebt. Nach unserer Hochzeit 1968 wurden wir über die Hochschule mit einer Zweiraum-Wohnung mit Balkon unweit des Campus versorgt. Als 1969 nur wenige Tage nach der Geburt unsere Zwillinge starben, schenkte uns unser Fachbereich eine Ferienreise. Das werde ich nie vergessen. Dafür und für alles andere bin ich der Hochschule bis heute unendlich dankbar.

Torsten und Anke sind in den Sommerferien in die von der Hochschule organisierten Kinderferienlager gefahren. Ich meine mich zu erinnern, dass du mit Anke sogar einmal in einer Gruppe gewesen sein müsstest. Allerdings habe ich vergessen, wann und wo das war, und Anke weiß es auch nicht mehr. Entsinnst du dich noch? Oder hast vielleicht sogar Fotos aus dem Ferienlager?

Die Jahre an der Hochschule waren eine schöne Zeit und haben mein Leben sehr beeinflusst. Ich habe schon öfter darüber nachgedacht, dass solch eine Unterstützung durch eine Bildungseinrichtung heutzutage unvorstellbar wäre. In dieser Beziehung war die DDR der Zeit weit voraus … Vorausgesetzt, man war in der Partei. Unter dieser Bedingung hat mir die Hochschule den Spagat zwischen Kindern und Karriere ermöglicht. Nachdem ich meine Assistentenstelle in der Führungsgruppe des Rektors aufgegeben hatte, um mehr Zeit für Anke und Torsten zu haben, wurde mir prompt eine Frauensonderaspirantur zugesprochen. Ohne diese Förderung hätte es mit meiner Promotion vermutlich nicht geklappt. Da sind wir wieder bei der Prägung, bei der Sozialisation, die ich bereits im letzten Brief angesprochen hatte.

Dennoch fühle ich mich heute, dreißig Jahre nach der

Wende, im Verstand mehr als Wessi denn als Ossi. Aber das hat erst die Zeit gebracht. Als wir uns hier niederließen, habe ich es lange strikt vermieden zu erzählen, dass ich aus dem Osten komme. Zwar habe ich meine DDR-Vergangenheit nie geleugnet, allerdings habe ich sie auch nicht vor mir hergetragen.

Alles was ich in der DDR, an der Hochschule erreicht hatte, zählte im Westen plötzlich nicht mehr halb so viel. In der DDR war ich Dozentin, hatte eine Professorenstelle, hier musste ich mich erst wieder nach oben hangeln. Zunächst habe ich bei einem Professor gearbeitet, der sehr herablassend auf mich geschaut hat. Zum einen, weil ich eine Frau war, zum anderen, weil ich aus dem Osten kam – das war nicht witzig. Irgendwann konfrontierte er mich sogar mit dem Vorwurf, ich könnte bei der Stasi gewesen sein. Ein Student hatte mich wohl angeschwärzt. Damals erlebte ich unglaubliche Vorbehalte gegenüber uns Ostlern. Das war hart: Wir wurden quasi unter Generalverdacht gestellt.

Dabei war ich, ich wiederhole mich, eher DDR-kritisch eingestellt. Natürlich ohne das laut zu sagen. Das habe ich mich nicht getraut. Davor hatte ich Schiss. Es kam für mich überhaupt nicht in Frage, mich politisch zu äußern. Ich war der klassische Mitläufer. Und bin es bis heute geblieben. Das heißt nicht, dass ich mir keine Gedanken mache, doch ich würde mich nie politisch betätigen.

Auf meine tägliche Zeitungsschau (die inzwischen vielfach online erfolgt) und die Nachrichten am Abend möchte ich allerdings nicht verzichten. Mir und auch Michael ist es sehr wichtig, umfassend informiert zu sein. Gerade in dieser Zeit verfolgen wir vermehrt politische Talkshows. Das trägt sehr zu unserer Meinungsbildung bei.

So wie ich dich wahrnehme und was mir dein Vater von dir

erzählt hat und besonders nach dem, was ich in deinen Büchern gelesen habe, glaube ich nicht, dass du jemals unpolitisch oder nicht politisch informiert warst. Nein! Vielleicht warst du tagespolitisch nicht auf dem Laufenden, aber eine politische Haltung hast du, scheint mir, sehr wohl gehabt. Auch dass du dich jetzt engagierst, kommt sicher nicht aus heiterem Himmel.

Pass dabei aber bitte auf dich auf! Manchmal ist es auch gut, einfach nur sein Bullerbü-Leben zu genießen. Du hast die Möglichkeit dazu.

Ich werde meinem Michael jetzt sein Vatertagsfrühstück ans Bett bringen. Normalerweise ist er unser Frühstücksmacher. Aber heute am Feiertag, und da ich so früh wach bin, übernehme ich das gerne. Ich freue mich schon, wenn der Kaffegeruch durchs Haus strömt und ihn weckt.

Ich wünsche dir einen wunderbaren Bullerbü-Tag!

Liebe Grüße,

Hannelore.

Willem, 50 Jahre, Bankkaufmann

Liebe Hannelore,

wie bei so vielen Menschen waren meine ersten Gedanken: Och, das ist weit weg. Die Chinesen haben doch andauernd irgendwas, ob die Vogelgrippe oder Sars oder Mers, nun eben Corona.

Als die Nachrichten jedoch anhielten, habe ich mit einem Freund gesprochen. Dieser ist bei einer internationalen Firma beschäftigt, die im Raum Wuhan Leiterplatten für Autos herstellen lässt. Er fliegt oft nach China und nun war ich besorgt und wollte sichergehen, dass er zurzeit zu Hause ist und sich nicht vor Ort anstecken kann. Für ihn bedeutete die Krankheit natürlich auch eine existentielle Bedrohung. Bisher ist er jedoch weiterhin ohne finanzielle Einschränkungen in diesem Unternehmen beschäftigt.

Bis zum heutigen Tag habe ich keine Sorge, dass ich mich selbst anstecken könnte. Dabei war das Virus schon sehr nahe. Meine Schwester, mein Schwager und eine Cousine waren in Ischgl Ski laufen und kamen alle drei infiziert nach Hause nach Holland zurück. Während meine Cousine und mein Schwager für kurze Zeit relativ schwache Krankheitssymptome zeigten, war meine Schwester knapp zehn Tage mit hohem Fieber und Kopf- und Gliederschmerzen krank. Dennoch wurde sie nie getestet und auch nicht ins Krankenhaus aufgenommen. Diesen Umgang mit der Krankheit kann ich nicht nachvollziehen. Vor allem, wenn man bedenkt, dass noch zwei Kinder im Alter von sechs und neun Jahren im Haushalt leben. Die beiden haben jedoch keinerlei Symptome gezeigt.

In den Tagen zwischen ihrer Rückkehr aus Ischgl und dem Ausbruch der Krankheit hatte meine Schwester kurz Kontakt zu meiner über achtzigjährigen Mutter. Gott sei Dank ist das Virus nicht übergesprungen. Die Isolation ist für meine Mutter natürlich ein großes Thema und frustriert sie sehr. Seit dem Tod meines Vaters vor zwei Jahren fühlt sie sich ohnehin schon sehr einsam. Nun ist sie es noch viel mehr. Glücklicherweise hat sie gute Freundinnen und Nachbarn im Dorf, die ein Auge auf sie haben.

Ich selbst arbeite seit inzwischen acht Wochen im Homeoffice. Allerdings habe ich relativ schnell gemerkt, dass das nichts für mich ist. Ein einzelner Tag mal, vielleicht auch noch sechs, sieben, aber Woche für Woche – nein danke! Ich brauche Menschen um mich herum. Die letzten zwanzig Jahre habe ich in einem Großraumbüro gearbeitet. Ich möchte Menschen sehen und hören. Aus Frustration rede ich schon mit den Topfpflanzen. Leider antworten sie NOCH nicht. Aus reiner Selbstfürsorge bin ich dazu übergegangen, einmal wöchentlich im Büro zu arbeiten. Ich genieße es, dass mir dort immer mal der eine oder andere Kollege über den Weg läuft. Herrlich! Man kann quatschen, lästern, lachen, sich über Sorgen austauschen, sich beraten. Das ist viel besser als über Skype & Co.

Privat lese ich viel und schaue Serien und Filme. Um etwas für meinen Körper zu tun, habe ich mir angewöhnt, vier bis fünf Mal in der Woche morgens dreißig Minuten auf dem Hometrainer Fahrrad zu fahren und in der Mittagspause eine kleine Runde um den Block zu laufen. Das schöne Wetter hat es mir leicht gemacht, den inneren Schweinehund zu überwinden. Normalerweise bin ich eher jemand, der aus Frust und Langeweile isst. Freilich nicht unbedingt Salat, Äpfel und Karotten. Um diese Fressattacken auszugleichen, ist es gut, dass ich mich nun so regelmäßig bewege.

Was das Social Distancing anbelangt, wie es jetzt neudeutsch heißt, kann ich sagen, dass ich schon immer auch gerne mit mir alleine war. In dieser Zeit nun habe ich aber gemerkt, wie sehr ich in meiner Familie verankert bin, und auch, dass ich verdammt gute Freunde habe. Sie haben mich in den zurückliegenden Wochen nicht vergessen, sondern häufig angerufen oder sich per WhatsApp nach meinem Befinden erkundigt.

Nachdem ich mich die ersten sechs Wochen strikt an das Besuchsverbot gehalten habe, fahre ich inzwischen jedes Wochenende für eine Stunde zu meiner Mutter. Mit Abstand sitzen wir draußen auf der Veranda und trinken gemeinsam Kaffee. Mit Freunden habe ich mich ebenfalls schon zum Plausch auf der Terrasse oder zum Spazieren getroffen. Selbstverständlich mit dem nötigen Abstand. Es ist sehr seltsam, sich nicht umarmen oder die Hand geben zu können. Aber wenn es nur das ist … Ich hoffe, die Nähe kommt bald wieder.

Als kleiner Globetrotter, der ich bisher war, kenne ich mich in vielen Ländern aus. Ich reise wirklich sehr, sehr gerne. Ich war bestimmt in fast allen Mittelmeerländern, im United Kingdom und Irland, in Skandinavien, in Asien, in Kanada und bestimmt schon zehn Mal in den USA. Die Krise und der Umgang mit der Pandemie haben mir gezeigt, dass ich im richtigen Land lebe. Wir haben eine hervorragende Krankenversicherung und Krankenversorgung, unsere Politiker haben größtenteils verantwortungsvoll auf die Situation reagiert, Arbeitnehmer werden nicht leichtfertig entlassen, sondern Möglichkeiten wie Kurzarbeitergelder ausgeschöpft. Der Staat unterstützt in vielen Bereichen.

Dennoch möchte ich, dass die Einschränkungen bald vorbei sind. Aber nicht um jeden Preis. Ein Hochschnellen der Krankheits- beziehungsweise Todesfälle und eine Rücknahme aller inzwischen eingeführten Lockerungen wäre für mich ein Alptraum.

Hoffentlich wird zeitnah ein wirksamer Impfschutz gefunden, so dass wir wieder sorgloser leben können

Wirtschaftlich, denke ich, wird sich Deutschland im Vergleich zu anderen Ländern verhältnismäßig schnell von den Auswirkungen der Corona-Krise erholen. Schön wäre es allerdings, wenn nicht einfach nur der Status Quo wiederhergestellt würde, sondern wenn die Unternehmen die Chance zur Digitalisierung und Förderung ökologischer Prozesse nutzen könnten. Ich wünsche mir, dass viele kleine Unternehmen, die Restaurants und Friseure die Krise überstehen werden und damit dazu beitragen, dass unsere Gesellschaft interessant und vielseitig bleibt.

Darüber hinaus wünsche ich mir, dass die derzeitig oft zu beobachtende Hilfsbereitschaft und Achtsamkeit nicht nur einzelner Menschen, sondern auch der Menschen als Gesellschaft weiterleben wird. Konkret denke ich an die Unterstützung der Tafel, Gartenzaunaktionen, das Maskennähen sowie die Einkaufshilfe für alte oder kranke Menschen. Bei vielen meiner Bank-Kollegen erlebe ich im Moment das Bedürfnis zu helfen. Das finde ich super.

Insgesamt beruhigt es mich sehr, dass der deutsche Staat gezeigt hat, wie stabil und souverän er mit einer derartigen Krise beziehungsweise Epidemie umgehen kann. Außerdem hat sich gezeigt, dass unsere Gesellschaft nicht nur aus sich selbst verwirklichenden Egomanen besteht, sondern dass wir auch diszipliniert und hilfsbereit sein können und durchaus in der Lage, für eine gewisse Zeit persönliche Interessen zurückzustecken.

Für mich selbst habe ich erkannt, wie wichtig mir meine Freundschaften und meine Familie sind. Durch Corona weiß ich dieses Glück noch mehr zu schätzen als bisher. In der Zukunft freue ich mich auf (dann wieder mögliche) engere Kontakte, gute private Gespräche und auf ausgelassenes Lachen. Sehr erpicht bin ich darauf, endlich wieder etwas anderes zu sehen als die Strecke von meiner Wohnung bis zum Supermarkt. Auch Urlaube sind toll. Es steht momentan auf meiner Prioritätenlisten nicht ganz oben, aber ich kann klar sagen: Ich will weiterhin die Welt erkunden.

Auch die Welt direkt um die Ecke; ich freue mich so riesig auf den nächsten gemütlichen Skat-Abend bei euch in Grieth – mit Pizza und Cola Light.

Bis dahin, viele Grüße und alles Gute
Willem.

Max, 10 Jahre

Ich freue mich überhaupt nicht darauf, wieder zur Schule gehen zu müssen.

Zum Glück muss ich nur am 5. und am 25. Mai und dann erst wieder am 9. und 17. Juni zur Schule. Dann sind bald Ferien.

Zuhause Schule zu machen ist irgendwie cool. Ich habe gestaunt, wie gut das geklappt hat. In den ersten Wochen war es zwar noch ein komplettes Chaos, da war irgendwie alles kaputt, aber als die Technik schließlich lief, lief es auch bei mir. Für die Zoom-Meetings habe ich mir im Wohnzimmer mein Laptop mit Kamera und einen Lautsprecher hingestellt. Daneben lag mein Tablet oder auch mein Handy. Das brauchte ich für den Messenger, weil ich dort meine Aufgaben oder Arbeitsaufträge hingeschickt bekommen habe.

Wenn ich nicht gelernt habe, habe ich viel Bussimulator gespielt. Außerdem habe ich mehr geschlafen und auch häufiger gegessen.

Im Busfahren bin ich jetzt richtig gut geworden. Karl-Otto kann das bezeugen. Er ist sehr nett. Er findet, genau wie ich, dass Oma und Opa richtig gut kochen können.

Ich bin sehr froh, dass die ganz schlimme Zeit jetzt vorbei ist und es langsam wieder besser wird. Ich war wirklich kaum draußen; eigentlich nur, wenn ich in die Bücherei wollte oder zum Bäcker oder wenn ich mit Mama einkaufen war. Natürlich habe ich dann meine Maske getragen.

Inzwischen war ich auch schon einmal in der Eisdiele. Unser Plan ist, dass wir auch bald wieder in ein Restaurant gehen können. Aber nur vielleicht.

Pinnow, 24. Mai 2020

Liebe Hannelore,

dein Brief kam genau zur rechten Zeit. Wie schön, dass dich der frühe Vogel geweckt hat. Mein Herrentag – es klingt ein wenig komisch, wenn ich das als Frau schreibe – fing nämlich ziemlich trist und düster an. Jedenfalls in meinem Kopf. Draußen hatten wir herrlichen Sonnenschein. Allerdings konnte ich diesen überhaupt nicht genießen. Irgendwie lastete wieder eine riesengroße Corona-Wolke auf mir. Alles war öde, dröge und deprimierend. Ein Tag, um sich zu verkriechen. Ich musste mich richtig aufraffen, um überhaupt in die Puschen zu kommen.

Jens hatte sich, genau wie dein Michael, überlegt, mit mir einen Fahrradausflug zu machen. Er wollte mir einen Hügel zeigen, den er kürzlich bei einer seiner Ausfahrten entdeckt hatte und von dem man bei klarem Wetter weit über die Uckermark schauen kann. Er hatte nicht zu viel versprochen. Weite, soweit das Auge reichte, Felder, Wälder, Seen. Warst du schon einmal in der Uckermark? Ich fühle mich immer wieder vom Schicksal geküsst, weil ich hier leben darf. Jeden Tag bin ich überwältigt von der Natur, die ich früher in dieser Fülle nur im Urlaub zu sehen bekommen habe.

Ich saß mit Jens auf dem Hügel, die Sonne wärmte uns und in meinem Kopf war es nicht mehr ganz so nebelig. Dennoch konnte ich nicht so genießen, wie ich es gerne getan hätte und Jens es sich sicher erhofft hatte. Dafür hätte ich wohl bis zum Abend sitzen bleiben müssen. So war ich immer noch beschwerter Stimmung, als es zurückging.

Wie gerne hätte ich ein Schneckenhaus gehabt und mich verzogen. Stattdessen erwartete mich am Nachmittag ein ungewisser Besuch. Ich hatte meine ehemalige Mitschülerin Barbara eingeladen, die ich seit dreißig Jahren nicht gesehen hatte. Vor vier Jahren waren wir uns auf der Internetplattform StayFriends wiederbegegnet. Barbara hatte mir einen Geburtstaggruß geschickt. Was sie dazu veranlasst hatte, wusste sie später selbst nicht mehr. Ihr war wohl gerade so. Jedenfalls entspann sich zwischen uns ein reger Austausch. Dreißig Jahre wollten aufgearbeitet werden. Ich finde es immer wieder unglaublich faszinierend, wie Leben gelebt werden. Vor meinem inneren Auge sehe ich Barbara noch immer in der zweiten Bankreihe rechts sitzen. Witzigerweise habe ich dabei jedes Mal unseren Chemieraum vor Augen. Neben Barbara saß Henriette. Die beiden waren wie Pat und Patterchen. Und heute ist Barbara eine gestandene Frau, mit Mann und Sohn. Dass ich es sogar auf drei Kinder gebracht habe, hat sie fast aus den Socken gehauen. Wir haben uns gründlich ausgefragt, und eine Antwort barg bereits die nächste Frage. Damals war mir gerade die Idee gekommen, mein Buch über fast Hundertjährige zu schreiben. Natürlich erzählte ich Barbara davon. Sie bot mir sofort ihre achtundneunzigjährige Oma als Gesprächspartnerin an. Die Oma war ein Volltreffer: eine richtige Berliner Schnauze. Herrlich. Wir haben uns sofort ineinander verliebt. Du dürftest ihre Geschichte gelesen haben … ☺

Über ihre Oma sind Barbara und ich lose in Verbindung geblieben. Immer per E-Mail. Als Barbaras Oma gestorben ist, haben wir zum ersten Mal miteinander telefoniert. Wir waren beide total erstaunt, wie sehr sich unsere Stimmen verändert hatten. Barbara klang ungewohnt erwachsen. Köstlich amüsiert haben wir uns darüber, dass ich bei Barbaras Oma ein- und ausgegangen bin, wir beide es jedoch nicht schafften, uns wiederzusehen.

Erst Corona hat uns auf die Sprünge geholfen. Nachdem ich deinen Fragebogen auch an Barbara weitergeleitet hatte, verabredeten wir uns endlich. Barbara hatte sich zum Kaffeetrinken angekündigt. Bis zum Abend vor ihrem Besuch war ich voller Vorfreude. An meinem umwölkten Herrentag jedoch wollte ich einfach nur mit mir sein. Vielleicht sogar besser ohne mich.

Um mich abzulenken, hatte ich mich nach dem Fahrradausflug mit meinem Laptop in mein Arbeitsstübchen verzogen. Als ich mein Postfach öffnete, wartete dort dein Brief auf mich. Ich habe ihn verschlungen. Danach hüpfte mein Herz und die Wolke war weg.

Liebe Hannelore, ich bin nicht immer einer Meinung mit dir, aber es tut so gut, zu wissen, dass du da bist, dass es dich gibt und vor allem, dass ich mit dir reden kann.

Und so ganz nebenbei erfahre ich noch deine Lebensgeschichte. Mir wird erst jetzt bewusst, dass ich bisher so gut wie nichts von dir gewusst habe. Ich bin mir nicht einmal sicher, ob Papa mir vor unserem Kennenlernen bei eurem Klassentreffen im vergangenen Jahr jemals von dir erzählt hatte. Stell dir vor, Papa hätte mich damals nicht mitgenommen, um mir seine Schule zu zeigen und mich mit seinen ehemaligen Schulkameraden bekannt zu machen. Womöglich hätten wir uns nie kennengelernt.

Ich sehe dich noch ganz deutlich vor mir. So klein wie meine Mama, eine Brille wie meine Mama, die gefärbten kurzen Haare wie meine Mama und auf deinem Rücken wippte genauso ein kleiner Lederrucksack, wie ihn auch meine Mama gerne trägt. Ich musste dich einfach mögen. Obwohl wir so viel geschnattert haben (auch das war wie mit meiner Mama), wusste ich hinterher nur, dass du mit

Papa zusammen zur Schule gegangen bist und ihn später an der Hochschule wiedergetroffen und dort erst wirklich schätzen gelernt hast. Bemerkenswert fand ich damals bereits, dass du nicht nur eine Frau Doktor bist, sondern sogar eine Frau Professor.

Wenn du mir nun schreibst, dass dein Vater insgesamt lediglich vier Jahre zur Schule gegangen ist, in einem Dorf in Georgien, und auch deine Mutter bloß eine minimale Grundbildung erhalten hat, bin ich wieder einmal beeindruckt, auf welchen Pfaden sich das Leben dahinschlängelt und wie die Erfahrungen der Ahnen die Lebenswege der Nachgeborenen prägen.

In unserer Familie gibt es dazu ebenfalls spannende Geschichten. Doch davon will ich jetzt nicht anfangen. Aus deinen letzten Briefen haben sich für mich so viele Fragen ergeben und so viele verschiedene Aspekte wollen beleuchtet werden, da muss die Familiengeschichte zurückstehen und warten. Außerdem wollte ich dir gerne weiter von meinem Corona-Erleben berichten. Ich habe seitenweise Notizen dazu.

Zum Glück habe ich heute alle Zeit der Welt. Jens ist mit den Kindern zu seinen Eltern gefahren; Clara und Hannes und auch Sophie hatten solche Sehnsucht nach Oma und Opa. Am 1. Februar, zum Geburtstag meiner Schwiegermutter, haben die Kinder die beiden zum letzten Mal gesehen. Ein Vierteljahr ist das her. So lange Besuchspause hatten wir noch nie. Ich wäre gerne mitgefahren. Doch das Finanzamt drängt, meine Steuererklärung muss gemacht werden. Ich dachte, ich würde den ganzen Tag brauchen, und nun, es ist gerade mal 13 Uhr, bin ich schon fertig und habe Zeit und Lust zu schreiben.

Um nichts zu vergessen, habe ich mir einen Stichpunktzettel gemacht. Er ist lang. Sehr lang ☺

Zunächst will ich deine offenbar dringlichste Frage beantworten. Auf deine Bitte hin habe ich gestern Abend mit Caro telefoniert. Eineinhalb Stunden lang haben wir geschwatzt. Das war schön. Wir hatten uns seit September nicht mehr gesehen und bis auf das Hin und Her deines Fragebogens keinen Kontakt. Es gab also ordentlich was aufzuholen und natürlich waren wir auch schnell beim Thema des Jahres. Zum Glück ist Caro eine derjenigen, mit der man über wirklich alles reden kann, die zuhört, Aussagen stehen lässt, nicht gleich dagegen argumentiert, nicht überzeugen will, sondern Fragen stellt und schlicht erklärt, wie sie die Lage einschätzt. Solche Gespräche tun gut.

Das Thema Impfen betrachtet Caro sehr ambivalent. Grundsätzlich findet sie Impfen wichtig und richtig. Der Impfstoff, sagt sie, sei auf alle Fälle eine entscheidende Hilfe gegen Covid-19. Deshalb sei es gar nicht anders denkbar, als dass sich Labore in vielen Ländern daran machen, möglichst schnell einen Impfstoff zu entwickeln. Bedenklich stimmt sie jedoch die Tatsache, dass dieser Impfstoff viel, viel schneller entwickelt werden wird als alle bisherigen Impfstoffe. Normalerweise dauert es um die zehn Jahre von den ersten Versuchen bis zur genehmigten Produktion. Nun soll es binnen Jahresfrist einen Impfstoff geben. Es ist ein Wettlauf – zwischen den Ländern, den Laboren und den produzierenden Firmen. Und diese, das sieht Caro genau wie ich, wollen natürlich in erster Linie Geld verdienen. Wortwörtlich sagte sie: „Die Motivation der Pharmaindustrie ist die Kohle, nicht unsere Gesundheit!“ Um die Pandemie in den Griff zu bekommen, denkt Caro, sei es trotz dieser Bedenken wichtig, kurzfristig mit dem Impfen beginnen zu können. Allerdings sei es blauäugig, ausschließlich auf die Impfung zu setzen. Caro ist überzeugt davon, dass nur eine Kombination aus Impfung und Lockdown zum Erfolg führen wird. Sie jedenfalls will sich impfen lassen. Wohlwissend, dass ein Jahr zweifellos zu wenig ist, um den Impfstoff ausreichend zu erforschen.

Allein diese Zeitfrage ist für mich ein ausreichender Grund, mich auf gar keinen Fall impfen zu lassen. Weder mit einer „herkömmlichen" Impfung und noch viel weniger mit dieser neuen mRNA-Impfung. Alles was ich bisher dazu recherchiert habe, macht mir wirklich große Sorgen. Zumal ich dem Impfen generell skeptisch gegenüber stehe. Meine Kinder sind auch nicht gegen Masern geimpft. Das haben Jens und ich, nachdem wir uns umfassend informiert haben, bewusst entschieden. Nun ist die Masernimpfung Pflicht. Was mache ich?

In dem Video von Harald Lesch, das du empfohlen hast, wird erklärt, wie wir Laien uns eine Impfstoffentwicklung vorstellen können und wie erfolgreich in den 60er Jahren in Afrika die Pocken weggeimpft worden sind. Ich musste sogleich an unseren Hausarzt Doktor Baumgarten denken, der zwanzig Jahre lang in verschiedenen afrikanischen Ländern in der Gesundheitshilfe gearbeitet hat. Er erzählte mir, wie in Afrika die Kinder unter seinen Händen wie die Fliegen an Masern gestorben sind. Deshalb ist er ein energischer Impfbefürworter. Nichtsdestotrotz konnte er sich meine Argumente gut anhören. Ich habe mir seine Beweggründe im Anschluss auch noch einmal gründlich durch den Kopf gehen lassen und kann sie bezogen auf Afrika sehr gut verstehen. ABER: Ich denke, Deutschland ist nicht Afrika. Man muss auf die Gegebenheiten schauen. Das sind doch himmelschreiende Unterschiede. Genau wegen dieser Unterschiede mache ich mir momentan große Sorgen. Um die Menschen in den Flüchtlingslagern. Um die Menschen in den Kriegs- und Krisengebieten. Überhaupt um die Menschen in der dritten und vierten Welt. Wer kümmert sich um die? Und darum, dass die Seuche dort nicht Fuß fassen und alle dahinraffen kann?

Nach meinem Gefühl ist Corona ein guter Vorwand gewesen, um die Grenzen legitim dicht machen zu können. Wenn ich nun in den Zeitungen lese, dass Deutschland sich erbarmt, (lediglich) fünfzig Kinder aus den griechischen Flüchtlingslagern hierher zu holen, sich zeitgleich aber darum bemüht, zehntausende Erntehelfer zum Spargelstechen aus Osteuropa einfliegen zu lassen, dann schrillen bei mir die Alarmglocken und ich frage mich: Worum geht es eigentlich? Hier stimmt doch irgendetwas nicht! Hier wird doch mit zweierlei Maß gemessen!

Diese Grenzschließungen haben mich allerdings noch aus einem anderen Grund stark beunruhigt. Sophies Freund Claudius saß nämlich plötzlich auf Mallorca fest. Claudius ist Radrennfahrer. Anfang März ist er mit seinem Team wie jedes Jahr ins Trainingslager nach Mallorca geflogen. Drei, vier Tage konnten die Jungs trainieren, dann wurde ihnen mitgeteilt, sie müssten in Quarantäne gehen. Nachdem sie vier Tage lang das Hotel nur von innen gesehen hatten und sich auf zu Hause freuten, hieß es mit einem Mal, alle Flüge seien gestrichen, sie müssten die Pandemie auf Malle aussitzen. Weißt du, wie Sophie gelitten hat? Und Claudius' Mutter? Ich habe mehrfach mit ihr telefoniert und ich konnte sie so gut verstehen. Eine todbringende Pandemie, und ihr Junge ist unerreichbar weit weg.

Ich habe ja immer gleich Kopfkino. Stell dir vor, du erhältst die Nachricht, ihn hat es erwischt, er liegt im Krankenhaus. Und du kannst nicht hin, kannst seine Hand nicht halten, ihm nicht gut zureden, ihm keinen Halt geben.

Zum Glück kam nach zwei Tagen der erlösende Anruf. Claudius erzählte, alle Deutschen würden aus Mallorca ausgeflogen, er käme in drei Tagen mit der ursprünglich gebuchten Maschine zurück. Drei Tage lang hat Sophie gebangt, dass nichts dazwischen kommen möge. Als Claudius schließlich schrieb, er säße jetzt im Flieger, hat sie drei Kreuze gemacht. Sophie ist nicht gläubig, doch diese drei Kreuze hat sie aus tiefstem Herzen gemacht.

Damit war die Aufregung aber noch lange nicht vorbei. Als Sophie mit Jens – er war als Chauffeur engagiert – auf dem Flughafen ankam, vermeldete die Anzeigentafel, dass Claudius' Flieger nach Schönefeld umgeleitet worden sei. Fahre mal mitten in der Woche schnell von Tegel nach Schönefeld. Ich sage dir, das war ein Stress. Per Telefon hat mich Jens auf dem Laufenden gehalten. Aber was heißt auf dem Laufenden? Er konnte mir nur sagen, dass sie Schönefeld erreicht haben, den Flieger sehen können, die Passagiere jedoch leider nicht aus der Maschine dürfen. Zwei Stunden lang wurden die hundertzwanzig Rückkehrer im Flugzeug festgehalten. Warum, wusste niemand. Natürlich ahnten alle, dass es mit Corona zusammenhängen könnte.

Eine Dame hatte während des Fluges gehustet. Claudius, der sechs Reihen vor der Hustenden saß, hatte nichts von einer Hustenattacke mitbekommen. Zwei seiner Kumpels, die in der Reihe direkt vor der Hustenden saßen, sagten, die Dame hätte ein einziges Mal gehustet. Überleg dir mal, deshalb wird ein komplett besetztes Flugzeug umgeleitet. Aber denk nicht, die anderen Passagiere hätten sich in Quarantäne begeben müssen. Nein, die saßen lediglich noch zwei Stunden in diesem kontaminierten Flieger fest, bis all ihre Personalien erfasst worden waren.

Sophie war so froh, als sie ihren Claudius wohlbehalten zurückhatte. Das war ich natürlich auch, gleichzeitig aber hatte ich nun eine neue Sorge. Weil vielleicht, eventuell Corona an Bord gewesen war und nun vielleicht eventuell Claudius erwischt hatte. Ich habe mir gleich wieder das Schlimmste ausgemalt. Befeuert natürlich auch von diesem Aufwand, wegen EINER Hustenden den Flieger umzuleiten. Zum damaligen Zeitpunkt war ich noch in dieser Todesangst, dachte, es könnte uns alle gleich erwischen. Es war alles noch so frisch und ich habe (fast) alles geglaubt.

Nachdem ich später mit Claudius telefoniert hatte und der vollkommen entspannt und unbesorgt klang, war ich ein wenig beruhigt. Für nicht ganz eine Woche. Dann kam schon das nächste Ding.

Seit einem halben Jahr arbeitet Claudius im Rahmen eines Freiwilligen Sozialen Jahres in einem Krankenhaus. Zwei Tage nachdem Claudius wieder in den Stationsbetrieb eingestiegen war, bekam er Halsschmerzen. Natürlich wurde er sofort getestet. Vier, fünf Tage, so wurde ihm gesagt, müsse er auf das Ergebnis warten. Allerdings wurde er nicht krankgeschrieben, sondern durfte am nächsten Tag, als die Halsschmerzen abgeklungen waren, wieder ran an die Patienten. Er sagte mir, dass sei gang und gäbe. Wer nicht richtig krank darniederliegt, arbeitet weiter. Erst bei einem positiven Test, werde man nach Hause geschickt. Ist das nicht verrückt? Was soll man davon halten? Und wie soll man sich selbst angesichts solch schizophrener Handlungsweisen verhalten? Ich war sehr in der Zwickmühle. Nach dieser einen Arbeitswoche nämlich hatte Claudius bereits wieder Urlaub. Diesen wollte er gemeinsam mit Sophie bei uns verbringen. Für mich war klar, die beiden können erst kommen, wenn ein negatives Testergebnis vorliegt. Doch das Ergebnis kam und kam nicht. Nachzufragen traute sich Claudius nicht, weil ihm gesagt worden war, man bitte darum, von Nachfragen abzusehen, man werde informiert.

Jeden Tag klingelte Sophie bei uns an und bettelte, ob sie nicht schon kommen dürften. Jens hat sich fast erweichen lassen. Als nach einer Woche immer noch kein Ergebnis vorlag, wurde auch ich wacklig. Letztendlich war es mir aber doch zu heikel. Am achten Tag hatte Claudius die Nase voll und rief im Labor an. Weißt du, was ihm gesagt wurde? Es gäbe keinen Test mit seinem Namen. Vermutlich sei sein Test verloren gegangen. Das käme im Moment öfter vor. Es sei schlichtweg zu viel. Wir haben die zwei dann abgeholt.

Kurz zuvor hatte ich den beiden über Amazon Prime noch Spiele zuschicken lassen. Darf man das? Amazon verdient sich seit Corona eine doppelt vergoldete Nase, während unsere Einzelhändler baden gehen. Wenn man zudem noch hört, was für ein mieser Arbeitgeber Amazon ist, müsste man sich diesem Konzern konsequent verweigern. Weißt du was? Das mache ich jetzt. Ich kaufe nicht mehr bei Amazon!

Die Spiele waren definitiv meine letzte Bestellung dort. Ich hatte beim Anklicken schon ein schlechtes Gewissen, aber die Spiele sollten schnellstmöglich ankommen. Sophie und Claudius brauchten Beschäftigung. Die beiden hockten in Claudius' kleinem Internatszimmerchen aufeinander und langweilten sich zu Tode. Die jungen Leute haben es heutzutage schon nicht einfach, wenn sie weder über einen Fernseher noch stabiles WLAN verfügen. Wie soll man angesichts dieses Mangels bloß die Zeit rumkriegen? Zwischenzeitlich hatte Sophie uns sogar gebeten, ihr übers Handy Kindheitsfotos zuzuschicken, damit sie sich diese anstelle eines Filmes mit Claudius anschauen konnte.

Ich habe fast mein gesammeltes Archiv abfotografiert, um den beiden ein wenig Kurzweil zu verschaffen. Die neuen Spiele kamen schließlich unmittelbar, bevor die beiden sich auf den Weg zu uns machten. Wir haben sie dann hier zusammen gespielt.

Das heißt, ich habe weniger gespielt. Es war ja genau die Zeit, als ich so intensiv auf Facebook unterwegs war und Dr. Wodarg, Professor Bhakdi, Professor Püschel und wie sie alle heißen, entdeckt habe. Sophie, das hatte ich dir geschrieben, fand das gar nicht gut. Sie erzählte mir damals, das fällt mir in diesem Augenblick wieder ein, etwas von Gürteltieren und Fledermäusen. Ich muss sie direkt mal fragen, ob sie diese Theorie, dass das Corona-Virus über Fledermäuse und Gürteltiere auf den Menschen übergegangen sein soll, aus „Leschs Kosmos" hat. Ich finde diese Hypothese übrigens absolut einleuchtend. Die Übertragung durch Tiere ist eine Möglichkeit. Dennoch halte ich den Gedanken, dass SARS-Cov-2 aus einem biochemischen Labor stammen könnte, nicht für abwegig. Es ist eine zweite Möglichkeit. Damit will ich nicht sagen, dass das Virus bewusst unter die Menschen gestreut worden sein könnte, vielleicht war es ein Missgeschick, ein zerbrochenes Reagenzglas, was weiß ich. Letztlich aber ist das alles egal. Das Virus ist in der Welt und wir müssen sehen, wie wir dem begegnen.

Für diesen Umgang wünsche ich mir, nein, fordere ich Vertrauen. Statt dieser anmaßenden Befehlsstrategie von oben. Damit werden wir doch alle infantilisiert. Ich gehe völlig mit dem ehemaligen Intendanten der Volksbühne, Frank Castorf, der sich im Spiegel-Interview darüber echauffiert, dass er sich von Angela Merkel nicht sagen lassen will, dass er sich die Hände waschen soll.

Hannelore, während ich das alles schreibe, merke ich wieder, wie ich hin- und herpendle zwischen der Angst vor dem Virus und der Angst vor der Angst- und Panikmache und dem Ansinnen, das dahinter stecken könnte. Das Schlimmste für mich ist dieser Kontrollverlust, das Gefühl, mein selbstbestimmtes Leben nicht mehr in der Hand zu haben. Ich will, dass das aufhört!

Hast du von diesem Strategiepapier gehört, das ein Mitarbeiter des Bundesinnenministeriums Anfang des Monats veröffentlicht haben soll? Es ist über achtzig Seiten lang. Meine Freundin Sonja hat sich die Mühe gemacht, es von vorne bis hinten durchzulesen. Wenn man dem Papier Glauben schenken darf, erweist sich die Corona-Krise als Fehlalarm und die ergriffenen Maßnahmen als gravierende Fehlleistung des Krisenmanagements. Als Sonja mir diese Nachricht geschickt hat, dachte ich, nun wird alles gut, die Bombe ist geplatzt, das Virus ist doch nicht so schlimm. Es wäre alles so schön gewesen, die Bundesregierung hätte eine Fehleinschätzung eingeräumt und wir hätten das Leben wieder aufgenommen. Aber nix da. Es wurde dementiert und der Verfasser des Papiers entlassen.

Weißt du, was ich mich frage? Was hätte dieser Beamte aus dem Bundesinnenministerium davon haben sollen, solch ein Ding ins Rollen zu bringen? Der riskiert alles! Genauso ist es mit Sucharit Bhakdi, Klaus Püschel, Bodo Schiffmann, Beate Bahner und wie sie alle heißen – was haben die davon? Nichts!!! Außer Ärger! Wenn ich indes auf Christian Drosten schaue, sehe ich, dass der sehr wohl etwas davon hat. Drosten ist der Mann der Stunde. Auf ihn wird gehört. Seine Forschungen werden unterstützt – ich möchte nicht wissen, was dort für Gelder fließen.

Meines Erachtens haben solche Gedanken überhaupt

nichts mit Verschwörungstheorien zu tun. Es sind Möglichkeiten, die nicht von der Hand zu weisen sind. Durchs Netz wird gerade der Film „Profiteure der Angst" geschickt. Arte hatte diese Dokumentation 2009 ausgestrahlt. Christian Drosten spielte damals bereits eine treibende Rolle. Ich habe mir den Film angeschaut und bin erschrocken darüber, wie mittels der zur Pandemie erhobenen Schweinegrippe schon damals Ängste geschürt wurden, um mit Medikamenten und Impfstoffen Geld zu machen. Ich finde, angesichts solcher Bloßlegung darf man durchaus fragen, ob es eventuell Parallelen gibt.

Wusstest du, dass die WHO 2009, kurz vor Ausbruch der Schweinegrippe, die Definition für eine Pandemie geändert hat? Bis 2009 waren eine enorme Anzahl von Todesfällen und Erkrankungen in mehreren Staaten die Bedingung. Seit Mai 2009 reicht es, dass sich der Erreger schnell und in mindestens zwei der sechs WHO-Regionen ausbreitet. Warum? Weil sich mit Angst Geld verdienen lässt? Und/oder leichter regieren? Diese Fragen sollten gestellt werden dürfen. Es gibt Menschen, die stellen diese Fragen. Sie gelten als Verschwörungstheoretiker.

Auch nach Bill Gates darf man nicht fragen. Wenn man diesen Namen nur erwähnt, bewegt man sich plötzlich auf sehr dünnem Eis. Im Gespräch mit meiner Freundin Ines ist mir das passiert. Ich hatte den Namen Bill Gates noch nicht ganz ausgesprochen, da fragte sie bereits despektierlich: „Ach, gehörst du auch zu diesen Verschwörungstheoretikern?" Ich war sprachlos und sofort in der Bredouille mich rechtfertigen zu müssen. Als ich Jens davon erzählte, riet er mir, Ines beim nächsten Mal zu fragen, was in ihren Augen einen Verschwörungstheoretiker ausmache. Das finde ich gut. Das werde ich klären. Ich glaube, wir schmeißen allesamt viel zu schnell mit irgendwelchen plakativen Eintütungsbegriffen um uns. Dem Verschwörungstheoretiker könnte ich dann auch ebenso gut den Verschwörungspraktiker gegenüberstellen. Ich glaube, der würde mir mehr Angst machen.

Bill Gates werfe ich gerne in die Diskussion, einfach, weil es mich wundert, dass diesem Mann am Ostersonntag sieben Minuten in den Tagesthemen eingeräumt werden, damit er uns erklären kann, weshalb es so wichtig und richtig ist, schnellstmöglich einen Impfstoff zu entwickeln, mit dem die gesamte Weltbevölkerung durchgeimpft werden soll. Bill Gates, ein Hard- und Softwareentwickler.

Warum darf man so etwas nicht hinterfragen? Warum darf man überhaupt keine kritischen Fragen stellen? Wie Herr Bhakdi, der meines Wissens immer noch keine Antwort von Angela Merkel erhalten hat, stattdessen aber munter diffamiert wird. Wenn du mir schreibst, dass unsere Bundeskanzlerin so viel um die Ohren hat, dass sie nicht auf jeden Brief antworten kann, ist das kein Argument für mich. Herr Bhakdi ist doch nicht irgendwer. Seine Fragen sind die Fragen, die sich zigtausend Menschen stellen. Mit der Beantwortung seines Briefes hätte Frau Merkel viele beruhigen können. Indem sie ihn ignoriert, schürt sie nur weiter Zweifel.

Hinzu kommt natürlich das Misstrauen, jedenfalls mein Misstrauen, ob tatsächlich die Politik die Entscheidungen trifft. Ich denke, bei vielen Entschlüssen haben die Lobbyisten mindestens ein Wörtchen – ich vermute jedoch viel, viel mehr – mitzureden.

Natürlich ist das alles nicht neu und Corona nur das Brennglas, das die Missstände noch deutlicher sichtbar macht. Deiner Idee, Task-Force-Gruppen zu bilden, stimme ich uneingeschränkt zu. Allerdings möchte ich sie JETZT gleich! Nicht erst nach Corona. Meines Erachtens bedingt sich das alles. Übergeordnet, na klar, müsste ein Corona-Ausschuss her, mit Fachleuten unterschiedlicher Meinungen und unterschiedlicher Fachrichtungen. Es reicht nicht, sich nur auf einen oder zwei Virologen zu berufen und auf das RKI mit einem Tierarzt an der Spitze! Wir brauchen Epidemiologen, Immunologen, Psychologen, Pathologen, Allgemeinmediziner, überhaupt Mediziner, Soziologen, Historiker, Mathematiker, Statistiker, Pädagogen ... Wir brauchen den Diskurs! Und eine Presse, die Fakten liefert, sobald Fakten vorliegen, eine Presse, die nicht spekuliert, nicht diffamiert und manipuliert und vor allem keine Panik schürt.

Ich bin in Rage. Merkst du das? In meinem Kopf purzelt alles durcheinander und alles will gleichzeitig geschrieben werden. Ich ziehe die Notbremse! Ich gehe erst mal eine Runde durchs Dorf. Bis gleich.

TEIL II

Da bin ich wieder. Meinem Kopf geht es wesentlich besser. Was so ein kleiner Gang bewirken kann! Ich bin zum See spaziert, habe mich auf den Steg gesetzt und die Wolken im Wasser beobachtet. Herrlich. Das müsste ich viel häufiger machen und am besten mal einen ganzen Tag lang: mich einfach irgendwo hinsetzen oder -legen und die kleine, große Welt um mich herum betrachten. Aber die Zeit ist nicht da. Denke ich jedenfalls; tatsächlich ist sie natürlich da. Nur nehme ich sie mir nicht, momentan schon gar nicht.

Ich kann diese doofen Corona-Gedanken nicht ausschalten. Geht es dir auch so, dass du mit jedem Menschen, der dir über den Weg läuft, unweigerlich auf Corona zu sprechen kommst? Daher war ich gerade froh, im Dorf niemandem begegnet zu sein.

Wie mache ich jetzt weiter? Was wollte ich dir noch schreiben? Oh Gott, mein Notizzettel ist nicht mal zur Hälfte abgearbeitet.

Ich bleibe bei Harald Lesch, da fehlen noch zwei Häkchen. Ein Aspekt, der mich sehr bewegt hat, betrifft Leschs Rückblick auf die Spanische Grippe von 1918. Schon als ich noch ein kleines Mädchen war, hat Papa mir gerne erzählt, dass es ihn und mich und auch Katharina ohne diese schlimme Grippe überhaupt nicht geben würde. Dass unsere Familie dieser Grippe ihr Leben verdankt. Der Vater meiner geliebten Oma Resi nämlich hat durch die Spanische Grippe 1918 seine erste Frau sowie ein Kind verloren. Eineinhalb Jahre nach diesem Verlust hat er ein zweites Mal geheiratet. Und zwar meine Uroma Elsa. Mit ihr hat er Oma Resi gezeugt, die Mama von Papa, ohne den es mich nicht geben würde. Mein Leben resultiert also tatsächlich aus dem Tod der ersten Frau meines Urgroßvaters. Wenn Papa mir davon erzählt hat, habe ich mir die Situation richtig vorstellen können: eine düstere Stube, ein deckenvolles Bett, darin die sterbende Frau, mein Opa Adolf, der schluchzend ihre Hand hält und noch nicht weiß, dass ihm nur wenige Wochen später auch die jüngste Tochter sterben wird. Diese Tragödie hat mein Leben erst möglich gemacht. Ist das nicht verrückt? Des einen Unglück ist des anderen Leben. Wer hat sich das nur ausgedacht?

Obwohl diese Grippeepidemie in unserer Familiengeschichte solch eine gravierende Rolle spielt, habe ich mir nie Gedanken darüber gemacht, warum sie „Spanische Grippe" heißt. Dank Harald Lesch weiß ich nun, dass dieser Name etwas mit Spaniens neutraler Haltung im ersten Weltkrieg und der dadurch liberaleren Zensur in Spanien zu tun hat[7]. In meiner Lieblingsbuchhandlung habe ich unlängst ein Buch über die Spanische Grippe entdeckt: „1918 – Die Welt im Fieber. Wie die Spanische Grippe die Gesellschaft veränderte". Ich erwäge es mir zu kaufen.

Ist es nicht unglaublich, wie rasant sich die Gesellschaft gewandelt hat? Wir leben heute in einer komplett anderen Welt. Ich finde es erstaunlich, was sich in lediglich einhundert Jahren alles ereignet hat. Allein, wie die Wissenschaft förmlich explodiert ist. Was es heute alles an Medikamenten gibt, an Operationstechniken, und 1918 war noch nicht einmal das Penicillin erfunden.

2020 ist nun das Jahr dieses unglaublichen PCR-Tests, den Lesch für uns Laien veranschaulicht. Eine benachbarte Molekularbiologin hat versucht, mir das Neuartige dieses Tests zu erklären. Sie ist vollkommen aus dem Häuschen, weil dieser Test dermaßen revolutionär ist. Allerdings verwundert es sie, wie schnell Herr Drosten diesen Test für Covid aus dem Arm geschüttelt hat. Sie sagt, der Test sei fast eher da gewesen als das Virus. Wenn ich dann noch höre, dass es Strategiepapiere[8] gibt, in denen genau solch eine Pandemie durchgespielt wird, frage ich mich, ob das alles koscher ist.

Es grassieren dermaßen viele verschiedene Ansichten über alles Corona-Mögliche und –Unmögliche. Das überfordert.

7 Der Name „Spanische Grippe" entstand, nachdem die ersten Nachrichten über die Seuche aus Spanien kamen. Als neutrales Land wurde die Presse in Spanien während des Ersten Weltkrieg weniger zensiert als in anderen betroffenen Ländern, in denen Berichte über das Ausmaß der Seuche unterdrückt wurden.

8 https://www.tichyseinblick.de/wp-content/uploads/2020/05/Corona-Ma%C3%9Fnahmenbewertung.pdf

Mich zumindest. Woher soll ich wissen, was richtig und was falsch ist? Ich denke und zerdenke, aber irgendwie ist das alles zu viel für meinen kleinen zarten Kopf.

Deshalb wechsle ich jetzt das Thema.

Ich habe in meinen Fotos gestöbert, aber leider keine Fotos aus meiner Ferienlagerzeit gefunden. Dafür jedoch ein anderes Juwel: mein altes Poesiealbum. Der erste Eintrag datiert vom 14.12.1982. Er ist von Papa. Wenn ich dir verrate, welchen Spruch er damals gewählt hat, wirst du dich in deiner Einschätzung von ihm als Streber sehr bestätigt fühlen. Papa schrieb:

„Es ist nicht genug zu wissen, man muss auch anwenden, es ist nicht genug zu wollen, man muss auch tun."

Johann Wolfgang Goethe.

Ich habe Papa sofort wieder vor Augen. 1982, da ist er sechsunddreißig gewesen. In den besten Mannesjahren. Ich fand meinen Papa stets extrem gutaussehend. Ich war unheimlich stolz auf ihn. Mein schicker Papa, der Doktor, der an der Hochschule Studenten unterrichtet hat und offenbar auch sehr beliebt war. Mein Papa, der Statistiker, der Zahlenjongleur, der Matheversteher. Manchmal hat er mit mir Mathe geübt. Allerdings erst und nur dann, wenn Mama mit mir nicht mehr weiterkam. Das war nicht oft, aber sehr prägend. Es hat jedes Mal ewig gedauert, bis Papa von seinem Uni-Level runter und auf meinem Verständnis-Niveau angekommen war. Meist waren bis dahin mindestens zwei Stunden vergangen und etliche Tränen geflossen. Das Gute: Ich hatte es dann wirklich kapiert. Es war nachhaltig. Aber der Weg dahin … Katharina ging es später genauso.

Ich habe das Poesiealbum mit viel Nostalgie durchgeblättert und ziemlich weit hinten tatsächlich Ferienlagerfreunde gefunden. Claudia Albrecht, Jeannette Riemann, Angela Schülke – an Angela kann ich mich noch gut erinnern, sie war meine Freundin und wir haben uns noch einige Jahre lang geschrieben. Ihre Mutter war die Zahnärztin der Hochschule. Warst du bei ihr in Behandlung? Nadia Klaus, Anne Hartmann, Dörte Lenz – trotz Fotos habe ich keine Erinnerung mehr. In Rützenfelde sind wir damals gewesen, im Juli 1985. Rützenfelde, der Name sagt mir gar nichts. Dafür der nächste Eintrag – er ist von Torsten Kahlisch, das war mein Freund. Drei, vier Ferienlagerjahre war ich mit ihm zusammen. Zwischen den Sommern haben wir uns auch einige Male getroffen. Meist sind wir gemeinsam durch den Tierpark geschlendert. Ich sehe uns noch vor mir; ganz schüchtern waren wir.

An Torsten habe ich in den zurückliegenden Jahren öfter gedacht. Ich würde gerne wissen, was aus ihm geworden ist, fünfunddreißig Jahre später. Ob er noch Ähnlichkeit mit dem Torsten auf dem Foto in meinem Poesiealbum hat? Dreizehnjährig sah er wirklich unverschämt gut aus. Über seinen Gruppenbetreuer hatte er mir ein Briefchen zustecken lassen. Später haben wir geheiratet. In einer unvergesslichen Zeremonie vor dem versammelten Lager. Meine kleine Schwester, sie war zehn, hat ebenfalls geheiratet. Ihr „Mann“ hieß Norbert Vetterick. Eingerührt hat diese Doppelhochzeit unser Lagerleiter. Das war ein Klasse-Typ. Der hat alles mitgemacht. Leider fällt mir sein Name nicht mehr ein. Vermutlich hast du ihn auch gekannt. Wenn ich Mama auf Arbeit besucht habe und sie mich auf ihren Gängen mitgenommen hat, hatte ich sowieso das Gefühl, an der Hochschule kennt jeder jeden. Jedenfalls, so kam es mir damals vor, kannten alle meine Mama.

Die Tage, an denen sie mich mit in ihr Büro genommen hat, sind mir als besonders schön in Erinnerung geblieben. Mamas kleiner Chef Steffen hat sich ebenfalls in meinem Poesiealbum verewigt. An ihn kann ich mich allerdings nicht mehr erinnern. Mamas großer Chef Charles war nachhaltiger. Er war der FDJ-Sekretär der Hochschule und ich habe ihn geliebt. Charles hat mit mir gemalt und getobt – das waren wirklich schöne Zeiten. Am liebsten jedoch mochte ich die Mittagspausen, den Gang über den Campus, mit einem Abstecher in den hochschuleigenen Konsum und anschließend das lange Anstehen die Mensatreppe hinunter, bis wir endlich im großen Speisesaal anlangten. Sieben Essen standen zur Auswahl und es duftete so lecker. Am besten schmeckten mir Nudeln mit Tomatensoße. Außerdem gab es zu jedem Essen einen Nachtisch.

Während ich das alles schreibe, sehe ich die Mensa wieder ganz deutlich vor mir. Nein halt, noch sehe ich die Treppe, auf der wir anstehen. Ich halte Mamas Hand (damals sagte ich allerdings Mutti), peu à peu rücken wir vorwärts. Die Schlange der Mittagspäusler ist lang – vor uns und hinter uns. Vielleicht stehst du auch gerade an? Gleich geht es um die Ecke auf die letzte Treppe, die direkt in den riesigen Speisesaal führt. Ich weiß schon, was ich essen werde. Auf halber Anstehstrecke steht die Tafel mit den zur Auswahl stehenden Gerichten. Meins gibt es am Ausgabefenster drei, Mamas an Fenster fünf. Jetzt kann ich schon in den Speisesaal lugen. Schnell lasse ich meine Blicke schweifen. Während Mama nach einem Tisch Ausschau hält, gucke ich, ob ich Papa entdecken kann. Mit Papa und Mama zusammen in der Mensa zu essen, war immer meine große Sehnsucht.

Einmal, kann ich mich erinnern, habe ich Papa wirklich entdeckt. Er saß im zweiten, kleineren Speisesaal, versteckt in einer Nische. Das war eine Freude. Meist jedoch überschnitt sich Mamas Mittagspause mit Papas Vorlesungszeiten oder seinen Seminaren.

Gestern Abend habe ich mir zusammen mit Clara einen fesselnden Jugendfilm über Zeitreisende angesehen. Mittels eines Chronographen konnten die beiden Hauptheldan die Raum-Zeit-Barriere überwinden. Das würde ich manchmal auch gerne können. Ich würde mich auf alle Fälle auch einmal in die Mensa der Hochschule beamen. Die Tage bei Mama auf Arbeit gehören für mich zu meinen wertvollsten Kindheitserinnerungen.

Rützenfelde wäre natürlich ebenso eine Zeitreise wert. Kannst du mir ein Foto von deiner Tochter Mitte der 80er Jahre schicken? Vielleicht stellt sich dann eine Erinnerung ein. In mein Poesiealbum hat sich jedenfalls keine Anke eingetragen.

1985 – wie weit das weg ist. Fünfunddreißig Jahre. Eigentlich geht das gar nicht. Ich fühle mich doch gerade erst wie dreiunddreißig. Meistens jedenfalls. Manchmal auch schon wie siebenunddreißig, aber niemals wie siebenundvierzig. Da muss sich wer verrechnet haben. ☺ Ich glaube, den meisten Menschen geht es ähnlich. Sogar meine fast Hundertjährigen haben mir das bestätigt. Die waren allesamt irgendwo in ihren Achtzigern stehengeblieben. Als wir vor drei Jahren zum fünfzigsten Geburtstag von Jensens Cousine eingeladen waren, habe ich mich mit ihr und ihrem Mann über genau dieses Thema unterhalten. Gefühlt sind die beiden ebenfalls wesentlich jünger. Nicht nur in ihrer, sondern auch in meiner Wahrnehmung.

Wenn ich so überlege, kenne ich tatsächlich nur einen

Menschen, der sich innen drin älter fühlt, als er ist. Das ist Maximilian Levy. Hast du schon mal von ihm gehört? Max ist einer unserer erfolgreichsten Bahnradsportler. Ich kenne ihn schon, seit er elf war. Jens war in den Anfangsjahren eine Zeit lang sein Trainer. Als Max mit achtzehn plötzlich Junioren-Weltmeister wurde, habe ich ihn für die Berliner Morgenpost interviewt. Ich war vollkommen überrascht, wie außergewöhnlich erwachsen und reflektiert dieser Jungspund mir Rede und Antwort gestanden hat. Sieben Jahre später interviewte ich Max ein weiteres Mal. Damals erzählte er mir, dass er sich mindestens fünf Jahre älter fühle, als er sei. Darüber habe ich lange nachgedacht. Bis heute gehen mir Maxens Worte nicht aus dem Sinn. Weil sie meinem Gefühl und Erleben so konträr gegenüberstehen. Inzwischen ist Max zweiunddreißig, vielleicht frage ich ihn beim nächsten Wiedersehen, wie es heute um sein inneres Zeitgefühl bestellt ist.

Die Zeit, das Leben, unsere Lebenszeit, das sind absolut meine Themen. Und zwar schon so lange, wie ich denken kann. Da wird man in dieses Leben, in irgendeine Zeit hingeworfen und lebt dann so vor sich hin. Warum? Zu welchem Zweck? Hat das Ganze einen Sinn? Wirklich, das habe ich mich schon gefragt, als ich ein Kind war. Diesen Faden können wir irgendwann gerne aufnehmen und ein bisschen weiterspinnen.

Mit Barbara habe ich über dieses Thema auch gesprochen. Wir waren siebzehn, als sich unsere Wege gekreuzt haben. Und dann? Wie geht es weiter? Hört man noch einmal voneinander, bevor man abtritt?

Wir haben wunderbar gequatscht. Und hätten noch Stunden weiterquatschen können. Wie gut, dass Barbara mich besucht hat. Zum Glück hatte ich mich nicht ins Schneckenhaus verkrochen. Auf der Rückfahrt von unserem Hügel hatte ich tatsächlich überlegt, Barbara kurzfristig abzusagen – dein Brief hat das verhindert. Ich habe Barbaras Besuch genossen: Wir saßen gemütlich im Garten unter unserem Weißdorn und haben geschlemmt und gequasselt. Seit der elften Klasse hatten wir uns nicht mehr gesehen. Das war 1990. Danach bin ich auf die Sportschule gewechselt. Obwohl das so lange her ist, hätte ich Barbara auf der Straße vermutlich erkannt. Sie hat wahrlich noch viel von dem jungen Mädchen, das sie zu Schulzeiten war. Gleichzeitig hat sie sich sehr verändert. Sie ist eine gestandene Frau. Diese Ambivalenz finde ich faszinierend. Wir haben schön in Erinnerungen geschwelgt. Selbstverständlich, wie sollte es anders sein, haben wir auch ausgiebig über Corona gesprochen. Barbara sagt zum Beispiel, egal wie schlecht es ihr im Falle einer Covid-Erkrankung gehen sollte, sie wolle auf keinen Fall an ein Beatmungsgerät. Nach allem, was sie gehört hat, seien etliche Menschen ohne Not an diese Maschinen angeschlossen worden und hätten schwere Schäden davongetragen oder seien sogar gestorben. Mir war das neu. Hast du schon davon gehört?

Zum Abschied hat Barbara mir ein wunderbar ausführliches Stimmungsbild über ihre Corona-Zeit überreicht. Jedes Mal, wenn ich die Rückläufer deines Fragebogens lese, fühle ich mich sehr bereichert. Ich danke dir immer wieder liebe Hannelore für diese tolle Idee und dafür, dass du mich mit ins Boot geholt hast.

Das ist doch ein schönes Schlusswort!

Meine Familie ist im Anflug. Hannes hat soeben angerufen und mir gesagt, dass sie schon auf der Hälfte des Weges sind und sich auf ein leckeres Abendbrot freuen. Ich werde ihnen ihre Lieblingspizza backen, die geht flott und schmeckt allen.

Die Stichpunkte auf meinen Zettel sind noch immer nicht alle abgearbeitet, aber deutlich weniger geworden. Die restlichen müssen warten.

Bis zum nächsten Brief, liebe Hannelore, deine Nora.

PS: Zwei Fragen habe ich noch: @Wie war eure Herrentags-Tanzstunde im Partykeller? @Wer ist dieser Karl-Otto, den Max in seinem Fragebogen erwähnt?

PPS: Aus dem Fragebogen von Max lese ich eine große Tapferkeit heraus. Grüß den kleinen Mann bitte unbekannterweise!

⊙

Barbara, 47 Jahre

Liebe Nora,

das war ja eine Aufgabe. Eigentlich habe ich nur kurz und knapp antworten wollen, aber dann wurde es doch mehr und mehr. Kein Wunder, was soll man viel über etwas schreiben, das weit, weit weg ist? Und das war das Virus bei den ersten Fragen noch. Nun ist es hier gelandet und betrifft uns. Ganz schön massiv sogar. Ich habe nicht alles in einem Ruck geschrieben, sondern in mehreren kleinen Häppchen. Ich finde, das merkt man beim Lesen, es kommen mehrere Stile zusammen. Ich habe überlegt, ob ich alles noch mal nachbearbeiten sollte, aber nein, das ist mir doch zu aufwendig. Außerdem ist es so authentischer. Ich hoffe, du kannst etwas mit meinem Geschreibsel anfangen. Liebe Grüße, Barbara.

Corona im WeitweitwegLand

Mann, Mann, Mann, die Chinesen, jetzt haben die sich wieder so eine Tierkrankheit eingefangen. Naja, irgendwie ist es aber auch kein Wunder, bei dem, was die alles essen. Okay, dieses Mal heißt es nicht Grippe, aber es wird wieder eine sein. Kein Grund zur Panik – jedes Jahr sterben Menschen an der Grippe. Aber kann mir mal einer sagen, warum die diese Grippe in den Medien dermaßen aufbauschen? Ich höre nur noch Corona. In den Nachrichten gibt es nichts anderes mehr. Dabei ist China doch so weit weg. Sind die verrückt? Jetzt schließen die ganze Städte – hallo, geht's noch? Die übertreiben es wirklich.

Corona um die Ecke

Plötzlich hieß es in meiner Firma: Alle, die über sechzig sind, werden nach Hause geschickt. Und all diejenigen, die kranke Angehörige haben, bleiben bitte ebenfalls zu Hause. Ich arbeite in einer Softwarefirma, da ist so ein Homeofficeüberrollkommando möglich. Wir verfügen über jede Menge Notebooks und die Mitarbeiter haben zu Hause alle Internet. Es ist also kein Problem, einfach mal aus der guten Stube heraus zu arbeiten. Selbst dann nicht, wenn es nicht nur eine Handvoll Kollegen, sondern die gesamte Belegschaft betrifft. Diese Ansage kam nämlich als nächstes: Sämtliche Mitarbeiter wechseln ins Homeoffice! Schritt zwei sozusagen. Nun bekam ich es doch mit der Angst zu tun.

Wovor? Ganz simpel, ich hatte Angst, mich anzustecken. Offenbar hatte das Ding, das wohl doch mehr als eine Grippe war, ein ungeheures Vervielfältigungspotential. Und die Fähigkeit, unsere Regierung dahin zu bringen, zu zeigen, was in ihr steckt.

Der Lockdown

Ich fand es unglaublich beeindruckend, wie schnell und konsequent Merkel und Co. Maßnahmen und Gesetze beschlossen haben. Das war völlig ungewohnt. Normalerweise brauchen unsere Staatsoberen doch immer Monate, um alles auszudiskutieren und dann eventuell etwas auf den Weg zu bringen.

Auf unsere Firma wirkte dieses handfeste Agieren wohl ansteckend, sie handelte ebenso schnell und entschlossen. Von Bekannten weiß ich, dass das nicht überall so war. Da mein Mann nicht nur mein Mann, sondern auch mein Kollege ist, saßen wir nun beide zu Hause. Und mit uns mein Sohn. Dass die Schulen geschlossen wurden und das Kind ebenfalls zu Hause war, hat mich ultimativ genervt. Um unsere Freiräume zu wahren, haben wir die Wohnung neu aufgeteilt: Mein Mann und sein Notebook hockten im Schlafzimmer, mein Sohn mit seinem Laptop am Couchtisch, und ich nahm den Esstisch in Beschlag.

Gespannt warteten wir darauf, wann wohl das Internet zusammenbrechen würde. Es wackelte zwar einige Male, blieb insgesamt jedoch standhaft. Und das, obwohl mein fast dreizehnjähriger Sohn mit zunehmender Lockdowndauer in ein unkontrolliertes Zockerleben abdriftete. Anfänglich versuchte ich dieses Parallelleben durch Diskussionen aufzuhalten, irgendwann jedoch hatte ich keine Kraft mehr, ihm Alternativen anzubieten.

Immerhin schaffte ich es, ihn dazu zu bringen, wenigstens seine Schulaufgaben zu erledigen. Mein Sohn geht auf eine stinknormale, durchschnittliche Oberschule. Diese verfügte schon seit längerem über ein Webportal, das allerdings niemanden interessierte. Es brauchte ja auch keiner. Am letzten Schultag vor dem Lockdown erhielten alle Kinder Zugangsdaten für dieses – mit einem Mal überlebenswichtige – Portal. Außerdem wurde ihnen gezeigt, wie sie sich anmelden und Informationen finden können. Zum Glück hatte ich Kenntnis davon und so begann fortan jeder Tag mit den immer gleichen Fragen: „Hast du schon in WebUntis geguckt? Und? Welche Aufgaben hast du heute zu erfüllen?"

Je länger sich die Schulschließung hinzog, umso schwerer wurde es, das Kind zu motivieren, endlich einmal loszulegen. Da die Bewegung nicht von innen kam – wie heißt es so schön? Intrinsisch lernen – musste sie von außen kommen. Das hieß, ich musste mich, nachdem ich meine Arbeit erledigt hatte, mit ihm hinsetzen, die Aufgaben besprechen, Ideen liefern, meckern, antreiben, Strafen androhen und irgendwann, wenn das alles ausgestanden war, korrigieren. Glücklicherweise brauchte ich die angedrohten Strafen nie anzuwenden, aber auch nur, weil ich mich mit hingesetzt und Schule gespielt habe. In dieser Situation war ich echt froh, nur dieses eine Kind zu haben. Mit mehreren Kindern hätte das nie funktioniert.

Die ersten Tage nach dem Lockdown gestalteten sich, weil alles neu war, sogar noch spannend. Wir inhalierten stündlich die News, um nur ja nichts zu verpassen und immer auf dem Laufenden zu sein, und im Wohnzimmer hatten wir eine Corona-Weltkarte an die Wand gepinnt, die wir jeden Tag akribisch auf den neuesten Stand brachten. Irgendwann aber konnte ich diese ständige Corona-Beschallung nicht mehr hören. Ich wollte davon nichts mehr wissen.

Ich war richtiggehend erschlafft. Morgens kam ich kaum noch aus dem Bett. Von Tag zu Tag fiel es mir schwerer, mich die drei Meter zum Wohnzimmertisch zu schleppen. Ich hatte null Lust, das Notebook aufzuklappen, und musste mich regelrecht zwingen, mich auf die Arbeit zu konzentrieren. Während Freunde und Kollegen vom Homeoffice schwärmten, fühlte ich mich jeden Tag

schlapper. Es war, als hätte ich etwas Böses angestellt und musste nun zur Strafe zu Hause bleiben.
Jeden Mittag habe ich mich gezwungen, eine Runde um den Block zu gehen. Die frische Luft und die Sonne taten mir gut, dennoch hat mich das ziellose Rumlaufen nicht befriedigt. Hin und wieder kehrte ich in unseren Supermarkt ein, um zu gucken, was es alles nicht mehr gab. Es war erschreckend. Solch leere Regale hatte ich nicht mal am Abend vor der Währungsunion erlebt. Selbst zu Ostzeiten ist es mir nie passiert, dass es in der Kaufhalle kein Mehl mehr gab. Hinzu kam, dass die meisten Läden gar nicht mehr öffnen durften. Erst in diesem Moment wurde mir klar, was der Lockdown für wirtschaftliche Folgen haben würde. Inzwischen habe ich vor diesen Folgen mehr Angst als vor einer Ansteckung.

Krass finde ich, dass diese Auswirkungen die gesamte Welt betreffen. Viele Menschen werden auf der Straße landen und/oder alles verlieren, wofür sie ihr ganzes Leben lang gearbeitet haben. Auch vor meiner Firma macht die Rezession nicht halt. Es ist Kurzarbeit angesagt. Wie schlimm es uns erwischt, wird die Zeit zeigen.

Endlich darf ich wieder ins Büro

Nie hätte ich gedacht, wie wichtig mir ein strukturierter Tag ist. Seitdem ich wieder im Büro arbeiten darf, bin ich voller Elan und schaffe mehr als jemals zuvor. Selbst die zwei Stunden Schule am Abend mit dem Kind machen mir so gut wie nichts mehr aus. Es tut ungemein gut, meine Kollegen wiederzusehen. Überhaupt das Büro. Die Teeküche. Die gewohnte Umgebung. Ein Stück weit fühlt es sich wieder NORMAL an. Diese Woche überraschte mich meine Kollegin mit einem besonderen Highlight. Sie lud mich ein, mittags gemeinsam mit ihr essen zu gehen. Es war herrlich, sich zusammen an einen Tisch zu setzen, die Speisekarte zu studieren und schließlich das ausgewählte Essen serviert zu bekommen. Ich merke, dass ich solche, bis dato selbstverständlichen, Dinge nun ganz anders zu schätzen weiß. Wie toll wäre es, wenn endlich auch noch die Grenzen geöffnet würden und vielleicht ein kleiner Sommerurlaub mit dem Wohnwagen möglich wird.

Was wir aus der Krise lernen
Ich bin nicht blauäugig. Ich denke, wir lernen nichts. Wir vergessen zu schnell. Jeden Tag gibt es neue Probleme und die von gestern interessieren dann nicht mehr. Es wird sich nichts ändern. Außer für die Menschen, die alles verloren haben.

⊙

Krefeld, 26. Mai 2020

Liebe Nora,

ich habe deinen Brief gerade erst gefunden. Wir waren bis heute in Grieth und über das Wochenende habe ich mich zum zweiten Mal seit Corona im Onlinefasten versucht. Zudem war der Brief im Spam-Ordner gelandet, in den ich nur alle paar Wochen hineinschaue. So gesehen ist es ein Glück, dass ich ihn so schnell entdeckt habe. Leider komme ich diese Woche nicht dazu, ihn zu beantworten. Während unseres Kurzurlaubs in Grieth hat sich hier ein ordentlicher Arbeitsberg aufgetürmt. Ich habe Anfragen über Anfragen und muss nun Angebote schreiben. Zudem findet am Sonntag unser großer Familien-Pfingst-Zoom statt, für den ich noch die letzten Vorbereitungen treffen will. Ich werde mir deinen Brief ausdrucken und ihn auf meinen Nachttisch legen. Als abendliche Ablenkungslektüre.

Bitte gedulde dich ein wenig. Wie heißt es so schön: Vorfreude ist die schönste Freude.

Eilige Grüße,
Hannelore.

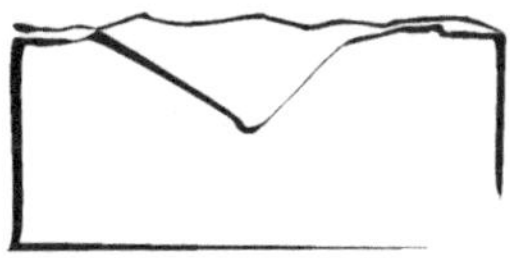

Pinnow, 29. Mai 2020

Liebe Hanne,

auch auf die Gefahr hin, dass ich dich restlos überrolle, ich muss dir schreiben. Ich habe heute einen anonymen Brief erhalten. Als Reaktion auf deinen Fragebogen. Ich habe keine Ahnung, wer ihn geschrieben hat. Ich weiß nicht mal, ob Mann oder Frau? Der Brief lag einfach im Briefkasten, ohne Briefmarke, ohne alles. Ich finde ihn erschütternd. Ich muss ihn dir weiterleiten. Entscheide du, wann du ihn lesen willst

Liebe Frau Mittelstaedt,

ich wende mich an Sie, weil ich gehört habe, dass Sie Erlebnisberichte aus der Coronazeit sammeln, als Zeugnisse für die Nachwelt. Aus einem unbestimmten Gefühl heraus, ich kenne Sie ja gar nicht und habe auch nicht Ihre Bücher gelesen, glaube ich, es ist gut und richtig, wenn ich Ihnen schreibe, wie Corona mir mitgespielt hat. Ich habe meine Schwester verloren. Durch Corona. Aber nicht, weil sie das Virus hatte, sondern mehr deshalb, weil sie es nicht hatte.

Jetzt wundern Sie sich sicher, wie das geht.
Ich verstehe es bis heute nicht. Es ist so schlimm, was passiert ist. Ich habe quasi zusehen müssen, wie meine Schwester gestorben ist. Oder gestorben wurde? Mit 69 Jahren. Weil die Rettungssanitäter nicht bereit waren, sie ins Krankenhaus zu bringen. Weil die Betten für Coronakranke freigehalten werden sollten.

Vier Wochen ist das jetzt her. Es war am 30. April, abends um halb sieben. Ich saß hier zu Hause, als meine Schwester anrief und sagte: „Mir geht es nicht gut." Sie wohnte nur ein paar Dörfer weiter. Ich habe mich angezogen und bin zu ihr gefahren. Ihr war schlecht, sie konnte nicht laufen und sah ganz blass und eingefallen aus. Ich habe sofort die 112 angerufen und vorsichtshalber schon mal die Reisetasche für das Krankenhaus gepackt.

Die Feuerwache ist nicht weit. Schon nach zehn Minuten kamen zwei junge Männer. Sie haben Helga Fieber gemessen und dann gesagt, sie sei stabil, sie solle morgen zu ihrem Hausarzt gehen. Ich war ganz perplex und habe die Männer gebeten, Helga mitzunehmen. Daraufhin sagte einer der beiden: „Wir müssen die Betten freihalten – für Corona". „Hören Sie auf mit so einem Quatsch!", habe ich gesagt, „meine Schwester muss ins Krankenhaus!" Zur Antwort bekam ich: „Sie haben einfach noch keinen Coronakranken gesehen!".

Nein, das hatte ich tatsächlich nicht. Das habe ich bis heute nicht. Wie auch? In meinem Umfeld kenne ich niemanden, der jemanden kennt, der an Corona erkrankt ist. Auch bei uns im Krankenhaus, das haben mir später unabhängig voneinander zwei Ärzte erzählt, lag zu diesem Zeitpunkt kein einziger Coronapatient.

Ich habe nicht lockergelassen. Helga war keine gesunde Frau. Sie war übergewichtig, litt schon lange an Diabetes und im vergangenen Jahr wurde ihr ein Zeh amputiert.

Auf mein Drängen haben die beiden schließlich ihre Leitstelle angerufen. Doch dort war immerzu besetzt. Irgendwann haben sie es beim Bereitschaftsdienst versucht und der versprach so schnell wie möglich zu kommen. Inzwischen war es 23.15 Uhr.

Helga, sie war ganz schlapp, flüsterte mir zu: „Ich glaube, die wollen uns veräppeln." Genauso fühlte ich auch. Doch dann kam wirklich ein Arzt mit zwei Koffern. Er hat Helga untersucht und gesagt, sie müsse sofort ins Krankenhaus. Der Arzt hat die 112 angerufen und dann kamen genau die beiden jungen Männer wieder an, die schon einmal da waren. Der Doktor sagte nur: „Die Frau muss mit!"

Helga, sie saß nur im Bademantel im Sessel, hat sich mit Mühe und Not angezogen und immer wieder gesagt: „Mir ist so schlecht!" Und dann musste sie die Treppe runterlaufen. Vier Treppen. Die beiden haben sie nicht getragen. Mit der linken Hand hat sich Helga am Geländer festgehalten und mit der rechten hat sie sich bei dem einen Sanitäter abgestützt. So hat sie sich Stufe für Stufe die Treppe hinunter geschleppt, bis sie irgendwann am Wagen waren.

Ich habe oben am Fenster gestanden und alles beobachtet. Der Rettungswagen war unmittelbar vor der Haustür geparkt. Als die Tür aufging, ist Helga mit Ach und Krach eingestiegen und dann mehr auf die Pritsche gefallen, als dass sie sich gelegt hat. Ich hörte noch, wie der eine der beiden zu ihr sagte: „Rutschen Sie mal ein bisschen höher, das reicht nicht." Dann ist die Tür zugeknallt.

Oben vom Fenster konnte ich sehen, wie einer der jungen Männer sich an Helga zu schaffen gemacht hat. Der andere hat energisch auf seinem Telefon rumgetippt. Ich habe noch gedacht: Mit wem telefoniert der denn?

Nach einer Weile kam ein Notarzt und hastete in den Rettungswagen. Was im Wagen passierte, konnte ich nicht erkennen. Mit einem Mal fuhr auch der Bereitschaftsarzt wieder vor. Der, der Helga eingewiesen hatte und dann weggefahren war.

Ich stand oben am Fenster und war hilflos. Ich habe gedacht: Was ist da los? Warum sagt keiner was? Warum redet keiner mit mir? Erst nach einer gefühlten Ewigkeit ist der Notarzt zu mir hochgekommen und hat mit mir gesprochen. Er hat gesagt, sie würden Helga mitnehmen und ich solle am nächsten Vormittag im Krankenhaus anrufen. Halb zehn habe ich angerufen. Der Arzt, den ich am Telefon hatte, sagte mir, dass Helga gestorben sei. Und dann sagte er noch, meine Schwester hätte die Mitnahme verweigert. „Nein", rief ich. Ich war entsetzt. „Das ist nicht wahr, ich war dabei, das ist gelogen!"

Ich konnte Helga auch nicht mehr sehen. Der Bestatter hatte sie schon abgeholt. Das war der nächste Schlag. Ich hatte niemanden beauftragt. Natürlich war dieser Bestatter ziemlich preisintensiv. Ich nehme an, da gibt es einen Vertrag mit dem Krankenhaus.

Ich habe mir einen günstigeren Bestatter gesucht, der hat Helga übernommen. Nun wollte ich Helga gerne noch einmal sehen. Der Bestatter meinte, das sei gar kein Problem. Es war dann aber doch eins. Helga war nämlich schon eingeschweißt. Mit dem Vermerk: Nicht getestet auf Corona.

Es ist so schlimm. Sie war doch ein Mensch. Ein guter Mensch. Sie konnte zuhören. Sie hatte Freunde. Viele Freunde. Niemand verdient so ein Ende. Nicht einmal Abschied konnten wir nehmen. Ich wollte damit an die Presse gehen. Aber mein Neffe Vincent hat mich davon abgehalten. Er ist Rettungssanitäter. Die beiden jungen Männer sind seine Kollegen. Vincent erzählte mir, dass es bei Ihnen sowieso ordentlich rumore. Dieser so systemrelevante Berufsstand ist nämlich, das wissen Sie sicherlich, absolut unterbezahlt. Vincent fürchtet, dass unsere familiären Bande ihn seinen Job kosten könnten. Er hat sich etwas aufgebaut. Er kann es sich nicht leisten entlassen zu werden. Er hat Angst. Er war entsetzt von meiner Idee.

Das hat mir den Rest gegeben. Was läuft denn hier? Ich war so zähneknirschend. Doch Repressalien in der Familie wollte ich auch nicht. Ich will doch mit allen gut auskommen.

Vincent hat gesehen, wie ich gelitten habe. Er hat mir einen Termin bei seinem Chef besorgt. Er sagte, wenn, dann sei das die richtige Anlaufstelle. Der Chef war ein älterer Mann. Er erzählte mir, er sei selbst zwanzig Jahre im Rettungswagen mitgefahren. „Ich weiß, was da los ist", hat er gesagt. „Helga könnte noch leben", habe ich ihm gesagt. Er hat genickt. Aber was sollte er machen? Er hat sich die beiden jungen Männer geholt. Vielleicht hat er sie verwarnt. Ich weiß nicht, was man da macht?

Ich habe es noch über meinen Anwalt versucht. Irgendwie muss man dieser Ungerechtigkeit doch beikommen. Aber der hat nur den Kopf geschüttelt. Da Helga schon beerdigt ist, haben wir keine Chance.

Helga liegt jetzt auf einer grünen Wiese.

Und in den Medien tun sie weiter so, als wenn hier die Seuche ausbricht. Und die Krankenhäuser spielen mit. Schlimm ist das.

Liebe Frau Mittelstaedt, machen Sie mit meinem Bericht, was Sie für richtig halten. Herzliche Grüße.
PS: Um alle zu schützen, bleibe ich lieber anonym.

Krefeld, 30. Mai 2020

Liebe Nora,

ganz kurz nur. Morgen ist der große Tag. Alles ist vorbereitet. Ich bin voll freudiger Anspannung.

Dennoch will ich dir schnell ein paar Zeilen zu diesem anonymen Brief schreiben, den du erhalten hast. Offenbar hat er dich sehr bewegt. Vielleicht können dich meine Gedanken ein wenig beruhigen.

Schon beim ersten Lesen habe ich gedacht, so etwas passiert auch ohne Corona.

Natürlich, es ist tragisch und für denjenigen, der so unmittelbar betroffen ist, unverzeihlich. Aber auch im Gesundheitssystem sind die Menschen nicht davor gefeit, Fehler zu machen. Darüber, dass es in unseren Kliniken etliche Defizite gibt, haben wir uns bereits ausgetauscht. Vor dem Rettungsdienst, das ist nicht neu, machen etwaige Missstände nicht halt. Nicht jeder Mitarbeiter ist wirklich für diesen Job geeignet. Dummheit, Faulheit, Arroganz, Schlamperei und mangelnde Empathie treiben mitunter leider auch in diesem Berufsstand Blüten.

Das klingt in deinen Ohren vermutlich hart, aber ich denke, solche Situationen hat es vor Corona gegeben und wird es auch nach Corona geben. Das soll keine Entschuldigung sein. Für die Angehörigen ist es unentschuldbar und eine Tragödie.

Verstärkt wurde diese dadurch, dass sich die Verwandten nicht mehr verabschieden konnten. So lese ich es aus dem Brief und denke, dass ist der Schmerz, für den sie Corona verantwortlich machen. Der anonyme Schreiber konnte die Schwester nicht mehr sehen, weil sie schon eingeschweißt war. Diese „Corona-Maßnahme“ hat dem Arzt und den Rettungssanitätern geholfen, ihre unterlassene Hilfeleistung zu vertuschen. Zwischen den Zeilen spüre ich sehr deutlich die Ohnmacht des Schreibers.

Ohne Corona wäre ein Vertuschen sicher auch möglich, aber viel schwieriger gewesen. Da hätten die Angehörigen eine Obduktion fordern können.

Ja, liebe Nora, auf so etwas war ich nicht gefasst, als ich den Fragebogen entworfen und um Rückmeldungen gebeten habe. Aber es zeigt sich, was für ein weites Feld Corona ist. Beziehungsweise welche Blicke Corona auf lange vernachlässigte Felder freigibt – Corona ist ja nur die Lupe, das Brennglas.

Hast du eine Idee, über welchen Weg dieser Mann oder diese Frau von unserem Fragebogen erfahren hat?

Liebe Grüße und morgen einen schönen Pfingstsonntag,

Hannelore.

Pinnow, 31.Mai 2020

Leider, **liebe Hanne**, haben mich deine Zeilen überhaupt nicht beruhigt. Nichtsdestotrotz danke ich dir natürlich, dass du es versucht hast. Vor allem so schnell. Und noch vor deinem „großen Tag".

Ich hatte wirklich dolle an diesem anonymen Brief zu schlucken. Ich schlucke immer noch. Ich habe sogar schon von Helga geträumt.

Weißt du, was mich so empört? Dass in den Medien immer wieder auf dieser Triage herumgeritten wird, die man unbedingt verhindern möchte. Dieses Sortieren der Patienten danach, ob sie eine Überlebenschance in Form eines Beatmungsgerätes bekommen oder nicht. Mit diesem Brief ist mir klar geworden, dass die Triage bereits praktiziert wird. Hier in Deutschland. Allerdings wird bei uns, anders als in Italien und Frankreich, ohne Not sortiert. Aus reiner Angst davor, dass die Not kommen könnte. Es werden Betten freigehalten für Patienten, von denen man nicht weiß, ob es sie jemals geben wird. Und diese Frau wird einfach nicht mitgenommen. Das darf doch nicht sein!

Weder vor Corona, noch während Corona, noch nach Corona. Wobei NACH Corona Quatsch ist, denn nach allem, was ich gehört habe, wird Corona bleiben, wie so viele andere Viren auch, und wir müssen lernen, damit zu leben.

Ich denke wirklich, die Sanitäter hatten Anweisung von oben. Empathielos scheinen sie darüber hinaus auch noch gewesen zu sein. Anders kann ich es mir nicht erklären, dass sie die schwerkranke Frau die vier Treppen bis zum Krankenwagen haben laufen lassen. Da hört mein Verständnis wirklich auf.

Und was soll dieser Mist mit dem Einschweißen? Das

wusste ich noch gar nicht. Wie entwürdigend ist das denn? Werden diese Menschen wirklich in Plastesäcke gepackt? Hast du davon gehört? Wenn ich mir das vorstelle, kriege ich Panik. Wie soll denn da die Seele entweichen? Halt mich jetzt bitte nicht für spinnert, aber ich denke, unsere Vorfahren haben ihre Toten nicht umsonst drei Tage aufgebahrt.

Ich würde mir das als Angehörige nicht gefallen lassen. Die müssen mir doch den Abschied ermöglichen. Was soll denn dabei passieren? Ich denke, die Viren werden vorrangig über den Atem weitergegeben und nachrangig vielleicht über Berührung?! Beides geschieht in einer solchen Abschiedssituation nicht. Ich verstehe es nicht. Ich will es auch nicht verstehen. Das macht mich stinkesauer.

Am Donnerstag war ich bei meinem Osteopathen. Seit Jahren habe ich wiederkehrend mit meinem Rücken zu tun. Mein Osteopath sagt, das hänge ursächlich mit meiner Leber zusammen. Er fragte, ob mir öfter eine Laus über die Leber laufe. Ich kann die Läuse schon gar nicht mehr zählen. Das ist eine ganze Armada. Witzigerweise, nein witzig ist es eigentlich nicht, träume ich in letzter Zeit auch von Läusen, die entweder auf meinem Kopf oder denen der Kinder hocken. Kennst du solche Träume? Ich träume öfter von Parasiten. Wahrscheinlich ist das ein Ausdruck des Unterbewussten dafür, dass irgendetwas, irgendjemand an mir zerrt. Normalerweise kann ich darauf reagieren, kann etwas ändern. Aber jetzt? Ich fühle mich ohnmächtig.

Gestern hatten wir wieder unsere „Demo“, unseren Gesprächskreis. Damit begegne ich dieser gefühlten Ohnmacht. Ich finde, wir müssen auf die Straße gehen und zeigen dürfen, dass wir das, was derzeit geschieht, nicht gutheißen. Ich weiß, wir sind eine Minderheit. NOCH. Ich weiß, dass du nicht meiner Meinung bist, dass du die Maßnahmen befürwortest.

Ich ringe jeden Tag mit der Frage, was ist richtig, was ist falsch? Ich versuche zu verstehen. Dabei kam ich bisher immer wieder zu dem Schluss, dass hier irgendetwas gehörig schief läuft. Corona ist da. Ja! Corona ist gefährlich. Ja! Für eine bestimmte Risikogruppe!!! Dafür kann man doch aber nicht die Grundrechte eines ganzes Volkes beschneiden und die Wirtschaft runterfahren und und und. Wo bleibt denn da die Verhältnismäßigkeit?

Meine Freundin Sonja war übrigens auf einer dieser Demonstrationen, von denen du schreibst, es sei schlimm, was sich da zusammenrottet. Liebe Hanne, woher weißt du, wer sich auf diesen Demos zusammenrottet? Und was soll zusammenrotten eigentlich sagen? Wenn ich dieses Wort lese, zieht sich mir alles zusammen. Auf Facebook schrieb eine Bekannte vom „Mob, der sich in den Grundrechten beschränkt fühlt, weil er nicht in Horden durch Parks ziehen, grillen und Bier trinken darf". Ich wünsche mir sehr, dass dieses Vorverurteilen aufhören möge. Wenn so viele Leute auf die Straße gehen, sollte man lieber genau nachfragen, warum sie das tun.

Ich habe mir unlängst eine dieser Samstagsdemos auf dem Rosa-Luxemburg-Platz angeschaut. Ein unabhängiger Journalist hat im Livestream darüber berichtet. Das heißt, berichtet in dem Sinne hat er gar nicht, **er hat die Menschen gefragt**, warum sie auf die Straße gehen. Die hatten alle ähnliche Beweggründe, wie ich sie auch habe, und waren Menschen wie du und ich. Das waren keine wie auch immer gearteten Radikalen. Dennoch war diese Demo sehr, sehr beklemmend. Über Lautsprecher hörte man immer wieder, wie die Polizei die Leute anwies, den Platz zu räumen und drohte, nachzuhelfen, wenn die Menschen nicht freiwillig gingen. Das war gespenstisch.

Nichtsdestotrotz hatte ich überlegt, in der Folgewoche auf eben diese Samstagsdemo vor der Volksbühne zu gehen. Ich wollte mich zeigen, weil ich darin die einzige Chance sah, zum Ausdruck zu bringen, dass ich mit dem, was hier passiert, nicht einverstanden bin. Ich hatte mich sogar schon mit Sonja verabredet. Dann aber rief mich am Samstagmorgen meine Freundin Viki an, sie hatte gerade erfahren, dass in einer Stunde bei ihr um die Ecke in Feldberg eine Demo beginnen würde.

Ich lag noch im Bett. Bis Feldberg sind es fünfzig Minuten mit dem Auto. Natürlich kam ich nicht pünktlich. Die eigentliche Demo war schon so gut wie vorbei. Aber was heißt Demo? Es war ein Demoleinerchen. Mit maximal zwanzig Teilnehmern. Trotzdem fand ich es richtig, dort gewesen zu sein. Unsere Regionalpolitiker müssen merken, dass es auch hier in der Provinz Menschen gibt, die den verordneten Maßnahmen und der medialen Auseinandersetzung nicht zustimmen. Initiiert hatte diese Mini-Demo ein pensionierter Arzt, dessen Rede ich leider verpasst habe. Viki jedoch war sehr beeindruckt und inspiriert. Ihr Plan, der dann auch zu meinem Plan wurde, war es, in unserer Kreisstadt Prenzlau ebenfalls auf die Straße zu gehen. Allerdings nicht, um im klassischen Sinne zu demonstrieren, sondern, um ins Gespräch zu kommen. Wir hatten beide erlebt, wie sprach- und hilflos Corona die Menschen macht und wollten einen Rederaum schaffen.

Ich bleibe aber noch mal in Feldberg. Auf der Rückfahrt ist mir nämlich etwas passiert ... Acht Kilometer von Feldberg entfernt befindet sich die Schäferei Hullerbusch. Dort gibt es die weltbesten Lammwiener. Ich habe mir gedacht:

Ach machst du noch schnell einen Abstecher und holst ein paar Würste auf Vorrat. Na Pustekuchen. Im letzten Ort vor Hullerbusch, in Carwitz – ein traumhaftes Örtchen, in dem übrigens Hans Fallada gelebt hat und später auch Ruth Werner – empfing mich die Polizei. Die beiden Herren in Uniform waren reserviert freundlich und fanden es überhaupt nicht schlimm, dass ich für eine Demo die Demarkationslinie nach Mecklenburg überschritten hatte. Die Weiterfahrt nach Hullerbusch allerdings verweigerten sie mir.

Das fand ich krass. Diese Grenze, die für mich bisher lediglich eine Schlängellinie auf der Landkarte war, wurde mit einem Mal zu einer Trennlinie – bis hierhin und nicht weiter. Mit ein wenig Humor könnte man sagen, das war „erfahrene" Geografie. Bis dato hatte ich Feldberg nämlich immer als Teil meiner neuen uckermärkischen Heimat betrachtet. Nun weiß ich, dass die Uckermark und damit Brandenburg auf der Landstraße zwischen Thomsdorf und Carwitz endet. Ich fand die Situation total skurril. Aber gleichzeitig auch interessant. Früher waren diese Grenzen wirklich Grenzen, an denen die Händler Zoll bezahlen mussten, wenn sie mit ihren wackeligen Fuhrwerken einreisen wollten, und an denen der ein oder andere, wie nun auch ich, sicher abgewiesen worden ist.

Corona jedoch, glaube ich, wird sich durch solche Maßnahmen nicht aufhalten lassen. Findest du es nicht verrückt, was für teilweise unsinnige Anweisungen im Namen des Virus durchgezogen werden? Wenn ich höre, dass Menschen, die auf Usedom leben, eine Zeit lang nicht an den Strand durften, sofern sie nicht in einem der Küstenorte wohnten, stellt sich für mich die Frage, was damit erreicht werden soll. Kennst du den Strand auf Usedom? Ich bin sicher, sämtliche Insulaner hätten dort locker Platz, um alle zeitgleich im Abstand von eineinhalb Metern durch den Sand waten zu können. Heißt es nicht gerade von der Meeresluft, sie helfe bei Atemwegserkrankungen? Müssten nicht vielmehr Strandwanderungen für jeden Usedomer verpflichtend gemacht werden?

Angesichts solch absurder Maßnahmen muss sich niemand wundern, wenn die Menschen auf die Straße gehen. Ich habe meine Freundin Sonja gefragt, wie es auf der Berliner Demo war. Weißt du, was sie geantwortet hat? „Total schön." Dabei hat sie vorher Muffensausen gehabt. Im Vorfeld wurde in der Presse ordentlich Stimmung gemacht. Es war wohl auch wirklich viel Polizei am Start. Aber es blieb alles friedlich. Sonja sagt, es war eine einzigartige Stimmung. Sie war richtig froh dabei gewesen zu sein und Gesicht gezeigt zu haben.

Warum wird überhaupt nicht thematisiert, weshalb die Menschen auf die Straße gehen? Stattdessen werden alle in eine rechte Tüte gesteckt. Ich bin wirklich viel, aber wenn ich eins nicht bin, dann rechts! Meines Erachtens wird mit uns Demonstranten genau das gleiche getan wie mit den schon mehrfach genannten Ärzten – es wird ein Etikett aufgeklebt, wie „rechts", „radikal", „Verschwörungstheoretiker", und damit wird ausgegrenzt und jegliche Auseinandersetzung im Keim erstickt.

Hatte ich dir schon geschrieben, dass mir Verschwörungspraktiker viel größere Sorgen bereiten als Verschwörungstheoretiker?

Am Freitag rief mich ein Redakteur des Nordkuriers an. Er wollte eine kleine Ankündigung für unseren Gesprächskreis schreiben. Ich hatte den Eindruck, er war sehr froh, sich endlich einmal mit jemandem austauschen zu können, der ähnlich auf den Corona-Wahnsinn schaut wie er. Statt mich zu interviewen hat er fast ausschließlich von seinen Corona-Erfahrungen berichtet. Ich fand das sehr spannend, ein Journalist hat ja doch noch andere Einblicke.

Sicher kennst du das Bild aus Norditalien, auf dem in einer riesigen Flugzeughalle Reihe für Reihe, Sarg an Sarg steht. Im März ist das Foto in so ziemlich jeder Zeitung abgedruckt und auch durch alle sonstigen Medien gejagt worden. Bei mir hat es seine Wirkung nicht verfehlt. Die Angst vor dem Virus ist nach wie vor da und wird durch solche Bilder verstärkt. Nun erzählte mir der Redakteur, dass inzwischen nachgewiesen worden ist, dass in den Särgen keine Coronatoten lagen, sondern Flüchtlinge, die **2013** vor der Insel Lampedusa im Mittelmeer ertrunken sind. Was soll ich davon halten? Das schürt meinen Argwohn. Das ist in meinen Augen Missbrauch. Es festigt meine Meinung, dass hier etwas faul ist, dass bewusst Angst geschürt werden soll.

Die Schwester des Redakteurs ist Ärztin. Weil es in der Klinik, in der sie arbeitet, bisher keinen einzigen Coronafall gibt, sie aber unbedingt helfen möchte, hat sie sich als Freiwillige für Krisenkrankenhäuser gemeldet. Sie hat keinen Mann, ist kinderlos und damit flexibel. Weißt du, was man ihr geantwortet hat? Kein Bedarf! Da schlackern mir die Ohren. Uns wird doch immer suggeriert, noch ein bisschen mehr und dann droht unseren Krankenhäusern der Kollaps. Dabei habe ich auch schon von anderen Menschen gehört, dass es Ärzte und Pflegepersonal gibt, die in Kurzarbeit geschickt werden. Wem soll ich was glauben?

Ganz perfide wird es dann, wenn mir eben dieser Redakteur erzählt, dass er permanent erlebt, wie sich die Politiker selbst nicht an die Vorgaben halten, die sie dem Volk aufoktroyieren. Auf Pressekonferenzen und sonstigen politischen

Veranstaltungen, sagt er, trage kaum jemand eine Maske.

Bei mir heißt das Ding Maulkorb. Und wem legt man einen Maulkorb an? Sich selbst wohl nicht.

Damit sind wir wieder beim Thema Kommunikation. Für mich stimmt es in unserem sprachlichen Miteinander vorne und hinten nicht. Das, was du als gute Kommunikationspolitik unserer Regierung beschreibst, empfinde ich weder als gut, noch hat es für mich etwas mit Kommunikation zu tun. In meinen Augen praktizieren unsere Volksvertreter eine sehr einseitige Informationspolitik, die zunehmend in eine Vorschriftspolitik ausartet. Natürlich nur um uns zu schützen. Hannelore, warum können wir nicht selbst entscheiden, wie wir uns schützen? Warum spricht niemand darüber, wie wir vorbeugen können? Warum behandelt man uns nicht wie mündige Bürger? So wie es die Schweden tun. Dort wird informiert und empfohlen, und vor allem vertraut.

Unweigerlich kommt mir Gerald Hüther in den Sinn. Wie du weißt, bin ich ein großer Fan von ihm und habe alle seine Bücher verschlungen. Dabei hätte ich früher nie gedacht, dass mich Neurobiologie jemals interessieren geschweige denn faszinieren könnte. In all seinen Büchern beschreibt Hüther, wie zerstörerisch es ist, wenn man von anderen Personen benutzt und zum Objekt gemacht wird. Man fühlt sich, sagt er, in seiner Würde bedroht. Genau das erlebe ich gerade. Wir werden bevormundet. Uns wird gesagt – jetzt komme ich noch mal mit Castorf –, dass wir uns die Hände waschen sollen, wen wir alles nicht mehr treffen und schon gar nicht umarmen dürfen, dass wir uns einen Lappen vor den Mund binden sollen. Und wenn wir das alles nicht tun, gibt es Leute, die uns anschnauzen und/oder mit der Polizei drohen. Das kann doch nicht wahr sein! Wir alle werden zu Objekten gemacht. Hüther sagt, das sei die schlimmste Verletzung, die man jemandem zufügen könne, denn das Schmerzzentrum im Gehirn reagiere darauf wie auf einen körperlich erlittenen Schmerz, das täte richtig weh.

Hannelore, diesen Schmerz spüre ich. Ich will nicht vorgeschrieben bekommen, ob und wann ich meine Eltern sehen darf, ob ich sie umarmen darf, wo ich eine Maske trage oder dass ich überhaupt eine trage, mit wem ich mich wann und wo treffen oder – noch schlimmer – nicht treffen darf.

Wirf mir jetzt bitte nicht vor, das sei Jammern auf hohem Niveau. Dieses Argument musste ich mir bereits mehrfach anhören. Ich frage mich jedes Mal: Wann darf man anfangen zu jammern beziehungsweise aufzubegehren? Gerade mit Blick auf die Geschichte finde ich das eine hochinteressante und berechtigte Frage.

Das Gedicht, dass du mir geschickt hast, geht, so lese ich es, ebenfalls in die Richtung, dass wir wertschätzen sollen, was wir haben, und nicht darüber jammern, dass wir auf einige Freiheiten und Rechte eine Zeit lang (wie lang wird die Zeit sein???) verzichten müssen. Ich kann diese Sichtweise sehr gut verstehen. Augenscheinlich geht es uns doch richtig gut. Gerade wenn ich an Lesbos und die noch auf dem Mittelmeer treibenden Flüchtlinge denke. Worüber jammern wir?

Es gibt Menschen, denen haben die Maßnahmen hier den Boden unter den Füßen weggezogen. Wir gehören nicht dazu. Noch nicht? Aber was ist zum Beispiel mit deinem Onkel August? Oder meiner Freundin Iris und ihrer Mutter? Erinnerst du dich an Iris? Ihr Fragebogenrückläufer war der erste, den ich dir geschickt hatte. Vor ein paar Tagen ist Iris´ Mutter achtzig geworden. Im Pflegeheim. Iris hat mir geschrieben, wie sie diesen Geburtstag erlebt hat.

Ein Drama. Ich schicke dir ihre Zeilen im Anhang.
Wenn sich zeigen würde, dass sich das Virus durch die Maßnahmen bezwingen ließe, keine Frage, dann würde ich alles ertragen. Doch angesichts der sich mehrenden Stimmen, die für mich nachvollziehbar erklären, das Virus sei überhaupt nicht für alle gefährlich und nur die Gefährdeten müssten anders und besser geschützt werden, muss hinterfragt werden dürfen. Wenn darauf nicht eingegangen, stattdessen aber munter diffamiert und denunziert wird, wächst mein Misstrauen.

Ich habe keine Lust, ohne nachvollziehbaren Grund vom mündigen Bürger zum bloßen Befehlsempfänger degradiert zu werden.

Ich habe meine Eltern seit drei Monaten nicht gesehen. So lange habe ich sie noch nie nicht gesehen. Meine Eltern haben Angst, deshalb halten sie sich streng an das Kontaktverbot. Ich finde es abartig, was unsere Medien veranstalten. Ich weiß, ich wiederhole mich, aber es regt mich einfach auf! Ich lasse Papa hin und wieder mal ein paar andere Informationen als die aus der gängigen Berichterstattung zukommen. Die will er sich partout nicht anschauen. Er sagt, er sei einfach übervoll und könne das Wort Corona nicht mehr hören. Ich frage mich, warum er sich dann jede Nachrichtensendung anschaut? Letztens hat er mir erzählt, dass sogar während der einzigen Unterhaltungssendung, der er verfallen ist, der Serie „Rote Rosen“, ein Banner durch die untere Bildschirmhälfte läuft, auf dem die neuesten Corona-Nachrichten vermeldet werden. Das ist doch widerlich! Da kann man doch nur abschalten! Und/oder sich anderweitig informieren. Ich merke, wie ich sauer werde und auch trotzig, wenn Papa das so rigoros verweigert. Der prüft doch sonst alles. Und überhaupt ist er so schlau.

Warum sieht er nicht, was ich sehe?
Ich hatte dir, glaube ich, geschrieben, dass ich, obwohl ich mehrmals in der Nähe meiner Eltern zu tun hatte, nicht vorbeigeschaut habe. Wir hätten uns durchs Fenster unterhalten können oder mit Maske sogar in der Wohnung. Aber das ging für mich nicht. Allein die Vorstellung fand ich furchtbar.

Nun hat ausgerechnet meine kleine Schwester mir gesagt, ich solle mal ein bisschen empathisch sein. Normalerweise bin ich diejenige, die Katharina öfter daran erinnern muss, sich in unsere Eltern hineinzuversetzen, um nicht zu verurteilen, sondern zu verstehen. Ihre Worte haben jedenfalls in mir gearbeitet. Inzwischen habe ich Papa und Mama Visiere zugeschickt. Der Mann meiner Grafikerin hat sie entwickelt. Sie sind für mich die einzige Alternative zu diesen Stofffetzen. Der Luftaustausch funktioniert wesentlich besser und das Sichtfeld wird nicht beeinträchtigt, die Brille passt mit runter und beschlägt nicht.

Mittwoch hat Mama Geburtstag. Ich will sie überraschen. Ich habe dolle Sehnsucht. Ich nehme mein Visier mit und wenn sie wollen, setze ich es auch auf. Hauptsache ich sehe die beiden mal wieder.

Wie ich sie hasse, diese blöde Maskerade. Ich bekomme wirklich Beklemmungen, wenn ich mir Mund und Nase verhänge. Mir wird sofort heiß und schwindelig. Doch selbst wenn es nicht so wäre, ich war in Biologie, Chemie und Physik kein Ass, aber so viel naturwissenschaftlichen Verstand habe ich, dass ich weiß, dass es nicht gesund sein kann, seine Ausatemluft zu großen Teilen wieder einzuatmen. Hinzu kommt, dass ein Corona-Virus so winzig klein sein soll, dass es durch die Poren der Stoffmasken wie durch ein offenes Fenster fliegt.

Deshalb kann ich auch die Ansicht von Jan Kalbitzer nicht teilen, von dem du schreibst, er sage, dass Meinungsfreiheit nicht Handlungsfreiheit bedeute. Das sehe ich grundlegend anders. Wenn mir etwas widersinnig erscheint, ich darüber aber nicht diskutieren darf – damit sind wir nun wieder bei Hüther und seinen Subjekten und Objekten – dann erwacht mein Widerspruchsgeist. Es muss debattiert werden dürfen. Wir sind doch nicht bei der Armee. Es darf doch nicht sein, dass man nicht mehr offen und ehrlich sagen kann, was man denkt. Ständig bin ich am Lavieren, überlege, ob ich etwas sage, wem ich was sage oder wann ich lieber schweige. Auch wenn ich dir schreibe, schwingt immer die Sorge mit, dass es dir zu viel werden könnte, du dir meine Gedanken nicht mehr zumuten willst und im schlimmsten Fall den Kontakt abbrichst.

Wenn diese Angst kommt und ich darüber nachdenke, merke ich aber auch, ich will mich nicht verbiegen. Unser Briefwechsel bedeutet mir sehr viel. Ich denke, wir beide leben hier etwas, das in der Gesellschaft so kaum stattfindet.

Warum werden Experten wie Wodarg, Bhakdi, Schiffmann oder Bahner ausgegrenzt? Zwar dürfen sie noch sagen, was sie denken, aber mit welchen Konsequenzen? Beate Bahner ist in der Psychiatrie gelandet.

Ich verstehe, dass die Regierung und die Wissenschaftler anfänglich sehr unter Druck standen. Inzwischen jedoch ist das Virus nicht mehr so neu. Wir haben Erfahrungen sammeln können und wissen mehr als noch vor zwei Monaten. Eine dieser Erfahrungen besagt übrigens, dass der Lockdown offenbar überflüssig war. Ich habe dazu ein sehr aufschlussreiches Interview mit dem Finanzwissenschaftler Professor Dr. Stefan Homburg gesehen. Anhand der Zahlen des RKI hat er verdeutlicht, dass der R-Wert bereits drei

Tage vor Beginn des Lockdowns unter Eins gesunken war und der Lockdown damit nicht nötig gewesen wäre.

Während unserer „Demo" gestern kam die Frage auf, ob eigentlich jemand jemanden kenne, der Corona habe oder gehabt hätte. Weißt du, wie viele sich gemeldet haben? Kein einziger.

Als wir später unseren Gesprächskreis abräumten – wir dekorieren ihn jedes Mal liebevoll mit Kerze und Blumen und Gräsern, kam ein Pärchen vorbei und erkundigte sich, was wir hier machten. Im Gespräch stellte sich heraus, dass die Frau eine gebürtige Russin war, an einer renommierten russischen Universität studiert hatte und darüber mit Menschen in aller Herren Länder vernetzt ist. Auch sie sagte, keiner ihre Freude, weder die in China, noch die in Amerika, Bulgarien, Rumänien oder Portugal würden jemanden kennen, der an Corona erkrankt sei.

Die beiden waren jedenfalls sehr begeistert von unserem Engagement und meinten, wir sollten unbedingt weiter machen, schon alleine, weil diese Angst- und Panikschürerei so hinterhältig sei. In Russland, erzählte sie noch, laufe die Informationsmaschinerie komplett anders. Dort würden zwar ebenfalls alle Nachrichtensendungen mit Corona beginnen, auch würden gehetzte Ärzte auf Krankenhausfluren gezeigt werden, der Grundtenor jedoch sei immer: Wir haben genug Schutzausrüstung, wir haben genug Betten, wir haben alles im Griff.

Meine Schwester hat mir irgendwann während des Lockdowns eine Geschichte weitergeleitet, die ihr ein Freund geschickt hatte. Der Freund ist Doktor der Biologie und Verhaltensforscher und Katharina hatte ihn um eine Einschätzung der Situation gebeten. Lies mal, was er geschrieben hat:

Ein Student ist auf dem Weg in eine große Stadt. Vor dem Stadttor trifft er auf den Tod, der im Schatten der Stadtmauer sitzt. Der Student setzt sich daneben und fragt: „Was hast du vor?" Der Tod antwortet: „Ich gehe gleich in die Stadt und hole mir 100 Leute!" Der Student erschrickt, rennt in die Stadt und schreit: „Der Tod ist auf dem Weg in die Stadt! Er will sich 100 Leute holen!" Die Menschen rennen in ihre Häuser, verbarrikadieren sich ... Aber vor dem Tod gibt es kein Versteck.

Nach vier Wochen verlässt der Student die Stadt. Im Schatten der Stadtmauer sieht er erneut den Tod sitzen. Er rennt auf ihn zu und brüllt ihn an: „Du Lügner! 100 Leute hattest du holen wollen! Nun aber sind über 5000 tot!" Der Tod erhebt sich betont langsam und sagt: „Ich habe mir planmäßig die 100 geholt, die ich jede Woche hole. Alte, Schwache, Kranke ... Die anderen hat die ANGST getötet! Und diese hast DU in die Stadt getragen!"

Ich finde dieses Gleichnis sehr treffend.

Damit will ich es für heute aber bewenden lassen. Um dem Brief noch eine positive Note zu geben, hatte ich dir zwar noch von unseren Störchen schreiben wollen, deren Küken dieser Tage schlüpfen müssten, aber es ist Pfingstsonntag und wir wollen gleich ein gemütliches Kuchenpicknick am See machen. Sophie und Claudius haben gebacken. Es wird also nach ganz viel Liebe schmecken.

Dir toi, toi, toi für euer virtuelles Familientreffen.

Liebe Grüße,
Nora.

Iris, 48 Jahre Kosmetikerin

Ich könnte nur noch heulen. Wie krass ist diese Welt? Wie gehen wir miteinander um? Nora, wenn du das heute erlebt hättest! Es war unfassbar! Warum dürfen die so etwas machen? Meine Mutter ist achtzig geworden. Ich war voller Vorfreude. Dabei war klar, dass wir nicht so feiern können, wie wir es uns gewünscht hätten. Seit dem Tod meiner Schwester vor drei Jahren ist meine Mutter depressiv. Vor zwei Jahren haben sich mein Bruder und ich entschieden, sie ins betreute Wohnen zu geben. Mama geht es gut dort. Sie fühlt sich wohl und bekommt viel Besuch. Das heißt: sie bekam. Jetzt ist alles anders.

Vergangene Woche habe ich bei der Pflegdienstleitung angerufen und gefragt, ob wir meine Mutter an ihrem Geburtstag zum Essen ausführen könnten. Die Pflegedienstleiterin meinte, sie könne uns das nicht verbieten, aber wenn wir es täten, müsste meine Mama im Anschluss vierzehn Tage in Quarantäne. Vierzehn Tage, überleg dir das mal, eingebuchtet in ihren paar Quadratmetern. Nein, ich lass doch meine Mama nicht einsperren!

Ich habe lange überlegt und bin zu dem Schluss gekommen, wenn es nicht mit dem Einverständnis des Heimes geht, muss ich eben mein eigenes Ding machen. Natürlich schwang im Unterbewusstsein der Gedanke mit: Euch werde ich es schon zeigen!

Ich habe vier Streicher des Uckermärkischen Kammerorchesters gewinnen können, die meiner Mama vor ihrem Fenster ein Ständchen gespielt haben. Eine Freundin hat gesungen, eine andere Freundin hat sie auf dem Akkordeon begleitet. Drum herum stand unsere Familie – wir sind keine große Familie, nur acht Leutchen.

Im Heim haben sie das logischerweise mitbekommen. Wir waren schließlich nicht zu überhören. Frage nicht, was dann abging. Nicht ganz unerwartet erschien die Pflegedienstleiterin und hat sich tierisch aufgeplustert. Die hat einen Terz gemacht und gedroht, das Ganze abzubrechen. Nein, sie hat gesagt, eigentlich sei sie verpflichtet, das Ganze abzubrechen. Sie forderte von uns allen die Angabe unserer Namen und Telefonnummern. Ich kam mir vor wie ein Schwerverbrecher. Ich war nur am Heulen. Meine Mutter wusste gar nicht, wie ihr und was um sie herum geschah. Sie war völlig überfordert. Wie ein Häufchen Elend saß sie in ihrem Sessel, während ich für uns kämpfte. Nach einem gefühlt ewigen Hickhack durften wir uns schließlich auf die Terrasse setzen. Die Musiker haben sich erneut positioniert und noch einmal musiziert. Zwischendurch kam aber immer wieder jemand vom Heim an und hat Stress gemacht und gesagt, dass wir jetzt gleich abbrechen müssten.

Ich bin völlig aus der Bahn geworfen. Was haben wir denn gemacht? Meine Mama ist achtzig geworden. Wir wollten ihr eine Freude bereiten. Es ist soooo krass.

Krefeld, 1. Juni 2021

Meine liebe Nora,

deine letzten Briefe hatten es sehr in sich. Beim Lesen bin ich durch ein wild wogendes Wechselbad der Gefühle – gegangen kann ich gar nicht sagen, ich bin geschwommen. Dabei hatte ich zu tun, den Kopf über Wasser zu halten und mich nicht runterziehen zu lassen. Ich fühlte mich sehr erinnert an die Zeit, in der sich unsere Tochter der Attac-Bewegung angeschlossen hatte. Anke war damals sehr missionarisch unterwegs. Sie wollte den Kapitalismus abschaffen und jeden, der ihr über den Weg lief, überzeugen, mitzumachen. Das war für uns Eltern eine anstrengende Zeit. Gott sei Dank ist diese Phase vorbei. Entgegen unseren damaligen Befürchtungen lebt Anke heute ein ganz normales Leben. Sie ist glücklich verheiratet und Mutter von vier wohlgeratenen Kindern. Manchmal bedaure ich natürlich, dass sie so weit weg von uns wohnen. Ich hätte sie und die Kinder gerne dichter bei uns und beneide die englischen Großeltern, die nur eine halbe Stunde entfernt leben.

Mit unserem gestrigen virtuellen Pfingsttreffen ist es uns allerdings gelungen, die geografische Distanz nahezu aufzuheben. Eineinhalb Stunden lang waren wir uns ganz nah, ich hatte nicht nur die Engländer, sondern unsere gesamte große Familie hier bei uns im Wohnzimmer. Bevor ich auf deine Briefe eingehe, will ich dir unbedingt davon berichten. Es war großartig. Ich hätte nie gedacht, dass mich ein Online-Treffen so erfüllen würde. Auch heute noch bin ich ganz beseelt. Und stolz. Immerhin hatte ich die Moderation übernommen.

Im Vorfeld habe ich viel organisiert. Schließlich war das Zoom-Meeting nicht einfach nur ein Familientreffen, sondern die Ersatzveranstaltung für die Familienparty, die wir anlässlich von Michaels fünfundsiebzigstem Geburtstag geplant hatten. Für die ursprüngliche Feier hatten wir eine kleine Zaubershow, einen Dia-Rückblick auf Michaels Leben und ein großes Tanzen vorgesehen. Weil das alles für die Online-Variante nicht taugte, habe ich mir etwas anderes einfallen lassen. Kennst du noch diese tolle DDR-Samstag-Abend-Show „Ein Kessel Buntes"? Für mich reicht keine andere Sendung an unseren guten alten „Kessel" heran.

Ich hatte mir also überlegt, dass wir einen „Familienkessel Buntes“ gestalten. Es war grandios. In Kittelschürze und Kopftuch habe ich als Helga Hahnemann durch den Kessel geführt. Unterstützt hat mich aus Frankreich mein Neffe Klaus als Heinz Rennack. Klaus sieht tatsächlich ein wenig wie Heinz Rennack aus und ist ähnlich verwandlungsfähig. Klaus war großartig. Als Gäste hatten wir uns Frank Schöbel, Mireille Mathieu (in die Michael bis heute ein bisschen verliebt ist), die Kelly Family (bravourös unsere Engländer) und Spejbl und Hurvinek eingeladen. Außerdem hat Max alias Karel Gott „Dědeček“ als Adaption auf „Babička“ gesungen. Ich hatte eine Gänsehaut und Michael sind fast die Tränen gekommen. Als Stargast und krönenden Abschluss hatten wir Herbert Grönemeyer „einkaufen“ können. Selbstverständlich kam er mit „Flugzeugen im Bauch“. Mein Schwippschwager Arno ist Musiker und spielt regelmäßig als Grönemeyer-Imitator vor Publikum. Sein Auftritt war richtig professionell. Am ergreifendsten fand ich, dass „Herbert“ vor seiner Show noch einen Prolog gesprochen hat, in dem er an die Vernunft der Menschen in der Corona-Zeit appellierte.

Gezaubert und getanzt wurde schließlich auch noch. Unsere englischen Enkelkinder hatten sich ein paar brillante Zaubertricks beigebracht, die sie aber nicht live vorgeführt haben, sondern die Tom als Kurzfilm zusammengeschnitten hatte. Was Tom sich technisch während des Lockdowns beigebracht hat, ist schon sehr beeindruckend. Da hat man doch gesehen, wie gut es ist, das Anke und Samuel ihre Einstellung zur Computernutzung geändert haben. Der Tanz – ein Tango durch unser Wohnzimmer – war mein und Michaels Dank an alle.

Wenn ich daran denke, ergreift es mich gleich wieder. Es

war so schön, die ganze große Familie vereint zu sehen. Mittels Technik haben wir einfach die Raum-Zeit-Grenze überwunden. Das war famos. Zwischendurch holperte es zwar immer mal, die Netzqualität in Deutschland lässt wirklich zu wünschen übrig, aber es gibt schlimmere Dinge.

Am Ende waren wir uns alle einig, dass wir uns künftig häufiger in diesem Rahmen treffen wollen. Einfach um verbunden zu sein und gerade in diesen Zeiten mehr voneinander zu erfahren.

Liebe Nora, ich merke, wie mich unser Treffen noch immer bewegt. Ich mag jetzt nicht auf das große C-Thema umschwenken. Vielleicht heute Nachmittag, spätestens aber morgen. Jetzt jedoch schaue ich mir erst noch einmal die einzelnen Videobeiträge an.

Genieß den Tag! Bis später!
Hannelore.

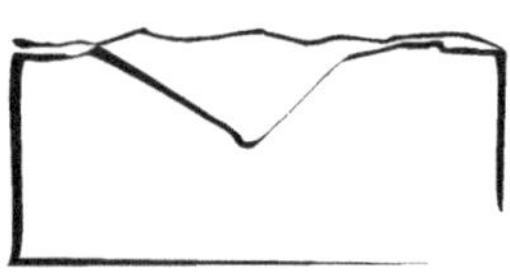

Krefeld, 2. Juni 2020

Liebe Nora,

eine Bemerkung vorneweg: Ich habe nicht vor, den Kontakt zu dir abzubrechen. Das käme mir überhaupt nicht in den Sinn. Ganz im Gegenteil, ich danke dir, dass du mir einen Blick auf diese Corona-Zeit eröffnest, der mir ohne deine Briefe entgangen wäre. Ich gebe zu, manchmal ist dieser Blick für mich schwer zu ertragen, aber dann liegt es in meiner Verantwortung, kurz die Augen zu schließen und alles sacken zu lassen. Grundsätzlich finde ich es normal, dass du Dinge siehst, die ich so nicht sehe und ich finde es gut und wichtig und durchaus bereichernd, dass wir uns darüber austauschen. Solange du mich nicht missionierst und dich mit rechts verbrüderst – was offenbar nicht zu befürchten ist –, kann ich eine Menge aushalten. Manchmal halte ich es besser aus und manchmal schlechter.

Wer von uns Laien hat sich vor Corona schon intensiv mit Viren und einer möglichen Pandemie auseinandergesetzt? Ich nicht. Und du vermutlich ebenfalls nicht. Uns bleibt nichts anderes, als der Wissenschaft zu vertrauen. Nun ist Wissenschaft aber die Auseinandersetzung von Position und Gegenposition. Wenn wir also auf die eine und absolute Wahrheit hoffen, hoffen wir vergeblich.

Zudem sind auch Wissenschaftler nicht davor gefeit, die Gunst der Stunde nutzen zu wollen, um sich zu beweisen und im Rampenlicht zu stehen. Von dem Papier aus dem Bundesinnenministerium, von dem du schreibst, habe ich nichts gehört. Aber es passt genau zu dem, was ich sagen will. Ich bin überzeugt, damit wollte sich jemand wichtigmachen. Das ist wie mit diesen Flitzern beim Fußball, die für den einen kurzen Moment der totalen Aufmerksamkeit splitterfasernackt über den Rasen rennen, um danach wieder in der Versenkung zu verschwinden. Dir muss bewusst sein, dass wir in einer narzisstischen Gesellschaft leben. Schau dir nur unsere Politiker an! Gerade jetzt zeigt sich sehr deutlich, dass es mehr als einen gibt, dem es nicht nur um das Gemeinwohl geht. Dein Vater schrieb über FDP-Lindner, der sich profilieren will. Ich selbst schaue argwöhnisch auf Markus Söder und sehr, sehr misstrauisch auf die AfD. Im Herbst nächsten Jahres sind Wahlen, Corona wird mit Sicherheit auch für den Wahlkampf benutzt. Aber das sind Dimensionen, die ich nicht fassen kann, die ich nicht durchschaue.

Was ich jedoch deutlich sehe, ist, dass sich weltweit Menschen rasend schnell mit Corona infizieren und daran sterben. Überwiegend ältere Menschen. Auch wenn ich es nicht so richtig wahrhaben will, zähle ich inzwischen zu diesen älteren Menschen. Wie gesagt, Torsten musste mich anfänglich darauf aufmerksam machen, dass ich zur Risikogruppe gehöre. Gleichwohl bin ich geneigt, mein biologisches Alter weiter zu ignorieren. Für mich ist mein empfundenes Alter wesentlich entscheidender. Du glaubst nicht, wie jung ich mich fühle. Ich könnte noch Berge versetzen. Gerade jetzt, da die Leute ein Online-Coaching nach dem nächsten bei mir buchen, bin ich so voller Elan und richtiggehend begeistert von mir selbst.

Dennoch, oder erst recht deshalb, nehme ich die Pandemie sehr ernst. Ich möchte dieses schöne Leben (auch im Angesicht seiner Endlichkeit) gerne noch eine reichliche Weile weiterleben. Ich bin neugierig auf die Zukunft. Insbesondere darauf, wie sich meine Enkel ihr Leben erobern. Sie dabei zu begleiten und ihnen etwas von meinem Blick auf die

Welt und von meinen Wertvorstellungen mitzugeben, darin sehe ich meine derzeitige Lebensaufgabe und einen Teil vom Sinn meines (hoffentlich langen) Lebens, nach dem du mich gefragt hattest.

Aus diesem Grunde möchte ich, um zurück auf Corona zu kommen, keine unnötigen Risiken eingehen und auch keinen unnötigen Risiken ausgesetzt sein. Ich denke, das, was du momentan als große Beschränkung erlebst, ist ein Klacks gegen das, was frühere Generationen durchmachen mussten. Dabei meine ich vordergründig gar nicht das Kriegsgeschehen, sondern die vormals beschränkten oder sogar gänzlich fehlenden Kontaktmöglichkeiten. Meine Großeltern väterlicherseits habe ich aufgrund der räumlichen Entfernung zum Beispiel nie kennengelernt, Besuche bei den Eltern meiner Mutter waren die absolute Ausnahme. Telefon, Skype, Zoom, das alles gab es nicht. Gelegentlich wurden Briefe geschrieben. Das war´s.

Von daher bin ich, wenn ich deine – wie soll ich es nennen? – (An)Klagen und Argumentationen lese, tatsächlich hin und wieder geneigt zu denken, das ist Jammern auf hohem Niveau. Gleichzeitig sehe ich, dass du wirklich leidest. Dass da ein Konflikt ist. Nach allem was du schreibst, scheint der auch nicht an den Haaren herbeigezogen. Wir leben in einer turbulenten Zeit. So etwas hat es noch nie gegeben. Wir müssen uns alle darin zurechtfinden. Natürlich ist das nicht immer leicht. Dennoch entnehme ich den Antworten auf unseren Fragebogen, dass die meisten unserer Freunde und Bekannten die von der Regierung ergriffenen Maßnahmen als richtig ansehen. Mehr noch, die überwiegende Zahl betont ausdrücklich, froh zu sein, in Deutschland zu leben.

Nichtsdestotrotz haben wir alle mal unsere Phasen, in denen wir uns über das Wirrwarr dessen, was erlaubt oder nicht erlaubt ist, aufregen. Ich denke, dieses Ringen um die richtige Vorgehensweise liegt in der Natur der Sache, einfach weil es keine Blaupause gibt. Deshalb finde ich es, genau wie du, anmaßend, wenn sich sogenannte Experten hinstellen und so tun, als wüssten sie, wie der Hase läuft. Diese Diskussionen um das „Richtig" oder „Falsch" gehen mir auf die Nerven. Aus diesem Grunde halte ich es weiterhin mit Jan Kalbitzer und seinem Ansatz, dass Meinungsfreiheit nicht gleich Handlungsfreiheit bedeutet. Irgendwo muss man schlichtweg Grenzen setzen. Dabei ist es mir lieber, wenn die ein wenig enger angezogen sind als zu lax.

Ich denke, wir werden bestimmt noch die nächsten zwei, drei Jahre damit beschäftigt sein, uns an Corona heranzutasten und zu experimentieren, wie wir der Gefahr am besten begegnen oder aus dem Weg gehen können. Ich jedenfalls kann all die Menschen verstehen, die sich streng an die Abstandsregeln und an die Maskenpflicht halten und natürlich verärgert sind, wenn sie auf Demonstrationen das Gegenteil erleben.

Mir sind die Maske und die Abstandsregel inzwischen in Fleisch und Blut übergegangen. Ich sehe darin gar kein Problem. Ich kann atmen, ich kann sprechen, ich sehe die Augen meines Gegenübers und ich schütze mich und andere. Ich habe einem der Ärzte, mit dem ich gerade ein Coaching für sein Team plane, deine Maskenprobleme geschildert. Er sagte mir, solche „Symptome" seien gar nicht so ungewöhnlich, manche Menschen bräuchten einfach ein wenig Zeit, um sich an die Maske zu gewöhnen. Man könne das wie ein Training betrachten. Er bestätigte mir auch noch einmal, dass es mittlerweile etliche Studien gäbe, die die Schutzwirkung und gesundheitliche Unbedenklichkeit der Maske bestätigten. Hattest du mir nicht sowieso geschrieben, dass du dir ein Visier besorgt hast und gut damit zurechtkommst?

Was den schwedischen Weg anbelangt, den du scheinbar gerne auch in Deutschland gehen würdest, hat sich inzwischen gezeigt, und da sind sich die Experten einig, dass es offenkundig ein Irrweg war. Ich habe mich dazu extra noch einmal belesen. Im Mai hatte Schweden weltweit die meisten Corona-Toten. Ich finde das sehr bitter. Ich denke, die Schweden werden ihre Vorgehensweise schnell ändern (müssen). Es gibt Situationen, da reicht Vertrauen in die Bevölkerung einfach nicht aus, da müssen Ansagen gemacht werden. Ich weiß, das hörst du nicht gerne, aber damit sage ich ja nicht, dass unsere Demokratie außer Kraft gesetzt werden soll. Im Gegenteil. Ich sehe in der derzeitigen Situation auch die große Möglichkeit, unsere demokratischen Regeln weiterzuentwickeln. Aus dieser Sicht finde ich es gut, was du mit deinem Kreis in Prenzlau praktizierst. Das ist absolut richtig und notwendig. Das ist Demokratie von unten.

Eure Fragestellung „Wie geht es dir mit Corona?“ finde ich prima. Im Prinzip ist das die Ausweitung unseres Fragebogens. Vielleicht kannst du noch ein wenig mehr von den Menschen erzählen, die zu eurer Runde kommen und davon, was sie berichten. Das interessiert mich.

Wesentlich mehr übrigens als das, was permanent in unseren Medien läuft. Rund um mich herum erlebe ich den Überdruss, der sich angesichts der Informationsüberflutung eingestellt hat. Dein Vater hatte darüber bereits vor einem Monat in seinem Fragebogen geschimpft. Leider ist die Berichterstattung nicht besser geworden. Ich weiß nicht, was diese Überflutung soll. Vermutlich ist es ein Ergebnis dessen, dass wir als Gesellschaft den hohen Anspruch haben, ständig über alles informiert sein zu wollen. Wenn du nun forderst, es sollten auch noch andere Mediziner und Wissenschaftler zu Wort kommen, kann ich klar sagen, das ist nicht in meinem Sinne. Das würde nur noch mehr verwirren. Nein, wir können nicht jedem zuhören.

Davon, dass „deine“ Ärzte diffamiert werden, habe ich nichts mitbekommen. Ebensowenig habe ich davon gehört, dass ein Bild mit Särgen aus Italien manipulativ verwendet worden wäre. Wobei für mich fraglich ist, ob das Foto, wenn es tatsächlich von 2013 war, abgedruckt worden ist, um uns zu manipulieren. Fakt ist, in Italien sind tausende Menschen gestorben, es gab tausende Särge, ob das nun ein aktuelles oder ein altes Foto war, spielt für mich nicht die vordergründige Rolle.

Ich für mich habe die Pandemie angenommen und sehe zu, wie ich damit klarkomme. Ich will doch trotzdem meinen inneren Frieden finden. Sonst bin ich – das sehe ich an dir – nur von Unruhe gebeutelt. Dafür fühle ich mich dann doch wieder zu alt. Ich will meinen Lebensabend genießen. Deshalb werde ich mir die von dir empfohlene arte-Dokumentation nicht anschauen.

Ich kann auch dir nur immer wieder raten, dich mit deinem Nachrichtenkonsum zu beschränken und dadurch zu schonen. Ich sage dir, du verpasst nichts!

Nach allem, was du schreibst, reicht es vollkommen aus, was du in deinem persönlichen Umfeld erlebst. Sophies Claudius scheint ja immer an vorderster Front dabei zu sein. Was sagt er denn über die Corona-Patienten in seinem Krankenhaus? Wie viele gibt es dort? Mir zeigt die Tatsache, dass er weiterarbeiten musste, obwohl sein Testergebnis noch ausstand, wie groß die Not ist. Die Kliniken kommen an ihre Grenzen. Von den Krankenhäusern, mit denen ich zusammenarbeite, weiß ich, dass sie wirklich am Limit sind. Ärzte und Pfleger, die dort Corona-verdächtig, aber fit sind, müssen genau wie Claudius weiterarbeiten, schlicht und ergreifend, weil jede Hand gebraucht wird.

Dabei können wir immer wieder von Glück sagen, dass Corona uns nicht so schnell erreicht hat wie Italien, Frankreich oder Spanien. Dadurch hatten wir einen Zeitvorsprung und konnten uns einstellen.

Zudem scheinen unsere Maßnahmen gegenüber denen in Italien und Frankreich vergleichsweise harmlos zu sein. Meine in der Bretagne lebende Cousine erzählte mir bei einem Telefonat während des Lockdowns, dass sie ihr Haus nur zum Einkaufen und nur mit einem Passierschein verlassen durfte. Für sie und ihren Mann war das verkraftbar. Aber das Ehepaar in der Wohnung unter ihnen hat einen siebzehnjährigen Sohn, der am Tourette-Syndrom erkrankt und zusätzlich hyperaktiv ist. Dieser junge Kerl drohte täglich zu kollabieren. Die gesamte Hausgemeinschaft war permanent gefordert, sich Aufgaben einfallen zu lassen, um den Jungen zu beschäftigen. Fünfundfünfzig Tage lang. Das ist hart.

Ich will die Belastung, die deutsche Eltern haben, damit nicht kleinreden. Deine Barbara hat sehr eindrücklich beschrieben, wie strapaziös für sie die schulische Begleitung ihres Sohnes war. Ich denke, wir sind uns einig: Unser Bildungssystem ist überholt. Hier muss etwas geschehen. Ich sehe in Corona die Chance, diesen Prozess zu beschleunigen. Es ist immer eine Frage der Perspektive – Ist das Glas halbleer oder halbvoll?

Um das Ganze abzuschließen, kann ich nur noch einmal betonen: Wir haben es mit einem neuartigen Virus zu tun, das sich über die gesamte Welt verbreitet, wie es noch kein

Virus zuvor getan hat. Wir haben keine Erfahrung, keine Blaupause und ich bin überzeugt, unsere Wissenschaftler und Politiker agieren wirklich nach bestem Wissen und Gewissen.

„An unseren Gedanken leiden wir mehr als an den Tatsachen."

Diesen Spruch habe ich unlängst bei der Durchsicht alter Briefe wiederentdeckt. Meine damals beste Freundin hatte mich in der Zeit nach der Wende, als wir zu tun hatten, hier „im Westen" Fuß zu fassen, regelmäßig mit Weisheiten aus aller Welt versorgt. Manche ärgerten mich, weil ich sie nicht verstand oder unpassend fand, andere gaben mir tatsächlich Halt. Ich finde dieser Sinnspruch steht wie kein anderer für den Weltschmerz, den Corona als Brennglas (ich komme immer wieder darauf zurück) für viele sichtbarer macht. Nun muss man sich entscheiden, ob man jammert oder annimmt und – im Idealfall – die Chancen sieht und ergreift.

Wenn ich beispielsweise auf das Thema Impfen schaue, verstehe ich nicht, worin dein Problem besteht. Offenbar geht es dir gar nicht um diese neuartige Impfung, sondern um das Impfen grundsätzlich. Angeregt durch die Überlegungen deiner Biologenfreundin und der kurzfristigen Panik, die ihre Gedanken bei mir ausgelöst haben, habe ich mich erstmals intensiver mit dem Thema auseinandergesetzt. Zufällig bin ich dabei auf den Film „Koch und Pasteur" gestoßen. Ich mag es, wenn mir Bildung im Filmformat vermittelt wird. Diesen Film lege ich dir ans Herz. Ich denke, danach wirst du das Impfen ebenfalls anders betrachten. Außerdem habe ich einen Film von 1939 entdeckt – „Robert Koch – Der Bekämpfer des Todes". Bisher habe ich nur den Trailer dazu finden können. Aber schon dieser war sehr eindrücklich. Ich gehe davon aus, dass dieser Film eine noch unmittelbarere Wirkung haben könnte. Einfach, weil die totbringenden Krankheiten, die heute längst ausgerottet oder behandelbar sind, 1939 noch sehr präsent waren.

Speziell zur Corona-Impfung habe ich drei Ärzte, eine Apothekerin und einen Gesundheitsberater befragt, die unisono davon begeistert sind, dass wir mittlerweile über solche Technologien verfügen, mit denen der Prozess der Impfstoffentwicklung derartig verkürzt werden kann, dass binnen eines Jahres mit dem neuen Impfstoff zu rechnen ist. Da haben wir wieder die andere Sichtweise. Und die finde ich großartig. Es ist enorm, was der Mensch technisch zu leisten imstande ist. Letztlich sagt deine Freundin ja auch, dass sie sich in jedem Fall impfen lassen wird.

Ich frage mich, weshalb du dich sträubst, deine Kinder gegen Masern impfen zu lassen. Das sind zwei Piekse. Meine Kinder und meine Enkelkinder sind alle geimpft. Ich kenne überhaupt niemanden, der seine Kinder nicht hat impfen lassen. Und erst recht niemanden, dessen Kinder einen Impfschaden davon getragen haben. Ich nehme an, es sind Einzelfallgeschichten, die dich abhalten?!

Nun habe ich für heute aber genug von diesem Thema.

Weißt du, worüber ich mich riesig gefreut habe? Über deine warmen Erinnerungen an die Hochschule. Besonders gut hat mir gefallen, wie du das Anstehen in der Mensa beschrieben hast, mit deinem kindlichen und so ganz anderen Blick. Was meinst du, wie oft ich mich über diese lange Ansteherei geärgert habe? Ich hatte doch Termine. Und wenn dann auch noch kein Tisch frei war … Ich mochte es überhaupt nicht, mich an den Tisch zu mir unbekannten Menschen zu setzen. Ich weiß nicht, wie viele Mitarbeiter und Studenten unsere Hochschule zu ihrer Hochzeit hatte, aber um die dreitausend werden bestimmt zusammengekommen sein. Die konnte man unmöglich alle kennen. Die Zahnärztin, von der du schreibst, ist mir zum Beispiel kein Begriff. Auch die Nachnamen deiner Ferienlagerfreundinnen sagen mir durch die Reihe nichts. Anke habe ich befragt, Rützenfelde kennt sie nicht, den Namen hat sie noch nie gehört. Überhaupt, sagt sie, entsinne sie sich so gut wie gar nicht an ihre Ferienlagerzeit, sie weiß nicht einmal, ob sie eher an der See oder in den Bergen war. Selbst an die Geschichte mit unserem ersten PC, die ich dir geschrieben hatte und die sich im Anschluss an einen Ferienlagenaufenthalt abspielte, hat sie keine Erinnerung. Schön, dass du in deiner Ferienlagerzeit so prägende Erlebnisse hattest.

Eben fällt mir noch eine kleine Anekdote in Zusammenhang mit Ankes erstem Ferienlageraufenthalt ein. Damals hatte ich ihr, als Glücksbringer, einen kleinen Plüscheisbären gekauft. Anke hatte ihn sogar selbst ausgesucht, allerdings ohne zu wissen, dass er für sie sein sollte. Ich hatte ihr erzählt, ich würde den Eisbären als Willkommensgeschenk für das Baby einer Kollegin kaufen. Ich sehe noch immer Ankes sehnsüchtigen Blick, als wir in dem Spielzeugladen standen. Ich musste so an mich halten, ihr nicht zu verraten, dass der kleine Kuschelbär für sie sein würde. Anke sollte ihn erst am Bahnhof bekommen. Ich weiß noch, wie ich diesem Moment voller Vorfreude entgegengefiebert habe. Anke fiel mir um den Hals und war überglücklich. Ich muss Anke bei Gelegenheit fragen, ob sie sich daran wenigstens noch erinnern kann.

Später, als unsere Enkelkinder geboren wurden, bekam tatsächlich jedes ein Willkommenskuscheltier von mir geschenkt. Für Torstens Max besorgte ich einen knuffigen Affen – Karl-Otto. Als Max noch kleiner war, haben wir ihn nicht ohne seinen Karl-Otto ins Bett bekommen. Jetzt, durch den Lockdown, hat Karl-Otto, obwohl Max dem Kuscheltieralter eigentlich langsam entwachsen sein sollte, noch einmal sehr an Bedeutung zugenommen. Er ist so etwas wie Max' Begleiter durch die einsamen Tage geworden, quasi ein Brudersatz. Max unterhält sich sehr viel mit ihm. Es mag befremdlich klingen bei einem zehnjährigen Jungen, aber für Max ist Karl-Otto ein großer Rückhalt.

Unlängst musste – Max würde sagen: „durfte" – ich sogar mit Karl-Otto Tango tanzen. Nachdem Michael mir zum Herrentag eine Tanzstunde in unserem Partykeller geschenkt hatte und es mit dem Tango wirklich gut lief, beschlossen wir, den Tango als unseren Livebeitrag zum virtuellen Familientreffen vorzutragen. Vergangene Woche haben wir jeden Tag mindestens eine halbe Stunde geübt. Hin und wieder hat Max uns zugesehen und zusammen mit Karl-Otto den Wertungsrichter gespielt. Einmal sollte Karl-Otto mir zeigen, was ich verbessern muss. Das war nicht ganz leicht, denn aufgrund seiner Größe konnte Karl-Otto nicht führen. Michael hat ihn zwischen uns genommen und wir haben zu dritt getanzt. Das sah gewiss ein wenig albern aus, aber Max' Augen haben geglänzt. Erzähle es bitte nicht deinem Vater! Das wäre mir unangenehm. Du siehst deine Eltern morgen, oder? Bleibt es dabei?

Grüß sie recht herzlich! Und vergiss den Trotz! Es fühlt sich wirklich nicht gut an, zur Risikogruppe zu gehören.

Bis bald,
Hannelore.

PS: Während unseres virtuellen Familientreffens hatte ich begeistert vom Rücklauf unseres Fragebogens berichtet. Daraufhin haben nun endlich auch Torsten und Viviane sowie mein Schwippschwager Arno ihre Gedanken aufgeschrieben. Anke und Samuel haben mir abgesagt. Sie haben keine Lust sich zu beteiligen. Schade, aber so weiß ich wenigstens Bescheid.

PPS: Die Geschichte von Iris hat mich sehr bekümmert. Wie mag es wohl meinem Onkel August gehen?

PPPS: Sind die Jungstörche schon geschlüpft?

Torsten, 49, Jahre, Bankangestellter

Liebe Mutti,

wie du weißt, bin ich kein großer Fan von Fragebögen. Erwarte also nicht zu viel! Torsten

Bereits als das Virus noch in China war, dachte ich mir, das könnte gefährlich werden. Damals, also noch bevor das große Hamstern von Nudeln, Mehl und Toilettenpapier losging, habe ich mir überlegt, dass es vielleicht schlau sein könnte, sich Vorräte anzulegen. Ich habe Viviane beauftragt, uns mit einen Grundstock an Lebensmitteln, Reinigungsutensilien und Desinfektionsmitteln auszurüsten.

Außerdem bin ich sofort, als die Empfehlung kam, ins Homeoffice gewechselt. Gemäß den Sicherheitsvorschriften habe ich mir regelmäßig die Hände gewaschen, bin nicht mehr als nötig aus dem Haus gegangen und habe, wenn ich dann doch mal draußen war, Abstand gehalten.

Die große Ansteckungsrate und die hohe Sterblichkeit in einigen Ländern haben mich sehr beunruhigt. Über die chinesische Informationspolitik habe ich mich geärgert.

Seit dem Beginn des Lockdowns sind inzwischen zwei Monate vergangen. Wie es aussieht scheinen die in Deutschland ergriffenen Maßnahmen zu funktionieren und waren demnach richtig. Beeindruckend fand ich den anfänglichen Schwung an Solidarität, den ich nicht nur in meiner direkten Nachbarschaft erlebt, sondern von dem ich aus ganz Deutschland gehört habe. Überrascht war ich von den unmittelbaren und sichtbaren positiven Auswirkungen, die die weltweiten Beschränkungen auf die Umwelt hatten.

In meinem Leben spielt Corona inzwischen nur (noch) eine untergeordnete Rolle. Ich kann mit den Regeln und Einschränkungen sehr gut leben und denke, die Lockerungen kommen zu früh und zu umfangreich.

Wenn ich auf den bisherigen Umgang mit dem Virus schaue, sehe ich, dass Deutschland effektiv und gezielt agiert hat. Allerdings habe ich auch nichts anderes erwartet. Europa, fand ich, hat zumindest in den stark betroffenen Ländern ebenfalls effektiv reagiert.

Mit Blick auf die ganze Welt sieht das schon etwas anders aus: Den Umgang von China und den USA bewerte ich als unzureichend. Die Dritte Welt wird wie üblich am stärksten zu leiden haben und wohl auch nicht mit Unterstutzung aus der Ersten Welt rechnen dürfen.

Gefährlich finde ich die vielen Verschwörungstheoretiker, die allerorts aus ihren Löchern gekrochen kommen und die Situation ausnutzen, um ideologischen Schwachsinn zu verbreiten. Für nicht weniger bedenklich halte ich Opportunisten wie Herrn Lindner, die ohne Verantwortung zu tragen ungefragt ihre Lobby hofieren.

Obwohl Corona die meisten Menschen gerade sehr bewegt und ängstigt, denke ich, dass sich langfristig nichts ändern und das Leben wie gewohnt weitergehen wird. Sollte die Pandemie doch Richtungsänderungen bewirken, hoffe ich, dass vor allem in der Wirtschaft und dem Umweltschutz ein Umdenken erfolgt.

Für mich und meine Familie wünsche ich mir, dass alles so bleibt, wie es ist.

⊙

Viviane, 47 Jahre, Personalvermittlerin

Liebe Hannemama,

die derzeitige Situation belastet mich sehr. Obwohl ich mir viele Gedanken mache, verspüre ich wenig Neigung mich darüber auszutauschen. Da dir dein Fragebogen aber offenbar sehr wichtig ist und ich keine Lust habe, noch öfter von dir erinnert zu werden ihn zu beantworten, hier nun das Wichtigste in Kürze.
Ich hoffe, du kannst damit etwas anfangen.
Liebe Grüße, Vivi.

Am Anfang der Corona-Krise war ich nur genervt und fand alles übertrieben. Ich habe mich gefragt, wie es hier zu Hause mit uns dreien laufen wird und wie lange das alles dauern wird. Außerdem war ich sehr skeptisch, wie der Schulunterricht zu Hause funktionieren wird. Die ganze Ungewissheit hat mich ziemlich fertig gemacht und dabei vor allem die Frage, was aus unseren gebuchten Reisen werden würde.

Mein Mann ist pragmatischer veranlagt. Auf seine Anweisung hin musste ich Konserven und Wasser kaufen.

Heute, mehr als zwei Monate nach Beginn des Shutdowns, denke ich, dass uns diese Pandemie noch lange beschäftigen und uns nichts anderes übrigbleiben wird, als uns daran zu gewöhnen. Grundsätzlich habe ich das Gefühl, Zeit zu verlieren – alle täglichen Aufgaben benötigen viel mehr Zeit, weil man überall warten muss.

Die meiste Zeit jedoch frisst Max' Schule.

Schön waren die häufigen Treffen mit der Familie und Freunden via Zoom.

Außerdem haben wir festgestellt, dass wir unser Auto so gut wie nicht mehr benötigen.

Insgesamt hat mir die Situation doch ziemlich zugesetzt; ich bin sehr reizbar und unterliege häufig Stimmungsschwankungen. Zudem lasse ich mich sehr schnell von negativen Gedanken anderer (zum Beispiel meiner Kollegen) anstecken.

Dennoch denke ich, dass die deutsche Regierung generell gut reagiert und richtige Entscheidungen getroffen hat. Mit der Schließung der Schulen und Kindergärten wurde uns Eltern allerdings ein ordentliches Paket aufgebürdet. Diesbezüglich hätte ich mir mehr Weitsicht und eine andere Lösung gewünscht.

Nicht zu wissen, wann es wie weitergeht, belastet mich sehr. Ich frage mich: Was wird aus der Schule? Wie läuft es mit der Firma weiter? Was passiert mit unseren Urlauben?

Für die Zukunft wünsche ich mir, dass alle gesund bleiben und dass wir uns wieder entspannt treffen und reisen können. Bei allem Trübsal denke ich doch: Es wird alles schnell wieder wie früher sein.

Arno, 67 Jahre, Musiker

Liebe Hanne,

nachdem du mir gestern vor versammelter Familie so liebevoll auf die Füße getreten bist, will ich dir nun endlich meine Corona-Eindrücke schildern. Im Grunde genommen hat „Herbert" schon alles gesagt. Seine Gedanken sind auch meine Gedanken. Hier kommen sie nun noch einmal etwas ausführlicher daher.

Liebe Grüße und vielen Dank für dieses großartige Familientreffen gestern,

dein Schwippschwager Arno.

Nach sieben, acht, neun Wochen – wie viele sind es inzwischen? – sind wir wahnsinnig informiert. Täglich werden wir beinahe durchgehend auf den neuesten Stand der Dinge gebracht. Diese ängstigen uns. Wir sind nach wie vor sehr, sehr vorsichtig. Als ältere und damit besonders gefährdete Menschen sind wir schon vor Ausrufung des Lockdowns konsequent zu Hause geblieben. Letzten Freitag waren wir zum ersten Mal wieder unterwegs. Wir sind im Hotel ums Eck eingekehrt, um ein Bierchen vom Fass zu trinken.

Bei der Verfolgung der immens vielen Nachrichten haben wir wiederholt festgestellt, wie froh wir sein können, hier in Deutschland zu leben. Wie viel schlimmer hat es etliche andere Länder getroffen? Wahre Katastrophen haben sich dort abgespielt, wo der medizinische Dienst nicht ausreichend war.

Gott sei Dank haben wir ein schönes Zuhause mit einem herrlichen Garten. Außerdem sind wir uns alle einig im Umgang mit dieser ernsten Situation. Bei uns gibt es keinen Zank und Streit.

Ein wenig besorgt schauen wir derzeit nach Usedom, wo unsere

Kinder leben. Dort ist natürlich auch alles dichtgemacht worden. Es darf keiner rauf auf Usedom und es darf keiner runter. Das wird sich demnächst vermutlich ändern. Der große Ansturm wird kommen. Hoffentlich fängt damit die ganze Chose nicht wieder von vorne an. Ein bisschen unverständlich ist es schon, dass die Kinder nicht zur Schule gehen dürfen und wochenlang zu Hause sitzen müssen, und nun auf einen Ruck wieder sämtliche Gaststätten geöffnet werden sollen. In der kommenden Woche werden tausende Besucher auf Usedom erwartet. Das ist für mich nicht nachzuvollziehen. Darüber ärgere ich mich.

Noch mehr ärgere ich mich allerdings über die Menschen, die in dieser angespannten Situation in Großstädten wie München, Hamburg, Berlin und, wie ich hörte, wohl auch in meiner Geburtsstadt Magdeburg, für ihre sogenannten demokratischen Freiheitsrechte auf die Straße gehen und einen losmachen. Das können wir überhaupt nicht verstehen.

Soll ich dir sagen, was ich über diese Menschen denke? Ich traue es mich kaum auszusprechen – aber ich kann nicht anders, als zu dem Schluss kommen, dass die nicht nur unintelligent, sondern gänzlich dumm im Kopf sein müssen.

Wenn sich einer von denen anstecken würde, wäre der geheilt. Der würde mit Sicherheit nicht mehr an solchen Veranstaltungen teilnehmen. Der hätte dann begriffen, worum es geht.

Ich finde den Weg, den Deutschland vor inzwischen mehr als sechzig Tagen eingeschlagen hat, sehr überlegt. Natürlich sind auch die Herrschaften von der Regierung keine Zauberkünstler. Sie können dieses gefährliche Virus nicht einfach verschwinden lassen. Aber wenn man mal alle politischen Belange außer Acht lässt, muss ich sagen, dass sich unsere Bundeskanzlerin ziemlich souverän und verantwortungsvoll gezeigt hat.

Das kann man leider nicht von allen europäischen Staaten behaupten. Die Krise beziehungsweise die Versuche, diese Pandemie zu bekämpfen, verdeutlichen, dass sich das sogenannte geeinte Europa noch lange nicht einig ist. Jedes Land agiert irgendwie anders. Nicht nur weil in dem einen Land dies und im anderen das fehlt, und die technischen Möglichkeiten hier anders sind als dort, nein auch in der Betrachtungsweise des Virus und der Krise tun sich große Unterschiede auf. Ich kann nur den Kopf schütteln, wenn ich sehe, wie einige Regierungen versuchen dieser Bedrohung zu begegnen. Oder eben nicht zu begegnen.

Wenn ich über den europäischen Tellerrand hinaus schaue, macht es mich sehr betroffen, wie gehandicapt beispielsweise die Staaten Afrikas sind. Dort fehlt es an allem. Diese Länder müssen darauf vertrauen, dass sie Unterstützung und Hilfe von außerhalb bekommen.

Am meisten bestürzt mich die Tatsache, dass einige der regierenden Herrschaften dieser Welt der Wahrheit nicht ins Auge schauen wollen und ihre eigenen Leute belügen. Die vertuschen, verschweigen und reden schön, nur um sich mal wieder in den Vordergrund zu spielen und allen vorzumachen, sie hätten alles im Griff. Nichts haben sie im Griff! Darüber ärgere ich mich maßlos.

Aber ausrichten können wir dagegen vermutlich nichts. Weil es uns an Geld, Reichtum und Macht, in Form von Gold, Diamanten, Erdöl und anderen Ressourcen mangelt. Das ist die Währung mit der man die Welt regiert.

Nichtsdestotrotz – die Hoffnung stirbt zuletzt – wünsche ich mir, dass die Menschheit aus dieser Krise endlich lernt, wie wichtig es ist, diesen Planeten zu erhalten. Wirklich daran glauben kann ich allerdings nicht. Einfach weil der Mensch im Großen und Ganzen ein egoistisches Wesen ist, das einzig rational und berechnend denkt.

Ich kann mir vorstellen, dass wir, sobald die Pandemie überstanden ist, sofort wieder in den alten Trott verfallen. Dass der Alltag wieder bestimmt wird von Schaffen und Raffen, von Hektik, Stress und Rücksichtslosigkeit.

Meine Familie und ich haben in der letzten Zeit viel gelernt. Ich hoffe, dass wir diese Lehren ins DANACH mitnehmen. Wir werden in jedem Fall weiterhin vorsichtig sein und uns so verhalten, dass wir dazu beitragen, diese Welt zu erhalten.

◉

Pinnow, 5. Juni 2020

Liebe Hannelore,

heute möchte ich dir ausschließlich positive Nachrichten senden. Nach deinem Brief vom Dienstag, der mich sehr aufgewirbelt hat, habe ich mir selbst einige Tage Nachrichtenpause verordnet. Gänzlich verdrängen lassen sich die Corona-News zwar nicht, aber ich konsumiere wesentlich weniger und das tut mir unheimlich gut.

Als erstes will ich dir ganz liebe Grüße von meinen Eltern ausrichten. Ich habe sie endlich wiedergesehen. Ohne Maske und mit Umarmung. Normalerweise sind wir keine sehr körperliche Familie, aber dieses Mal tat es verdammt gut, meine kleine, zarte Mama in die Arme zu schließen und ganz fest zu drücken. Drei Monate sind einfach eine unglaublich lange Zeit. Papa und Mama waren wie ich sehr ergriffen. Papa hat mich kaum aus den Augen gelassen. Wir saßen und haben geschnattert und uns beguckt, als hätten wir uns Jahrzehnte nicht gesehen! Es war sooo schön.

Die Überraschung war wirklich gelungen. Du hättest

Mamas Gesicht sehen müssen, als ich, hinter einem Riesenstrauß Bartnelken versteckt, vor der Tür gestanden habe.

Als ich noch ein Kind war, waren Bartnelken Mamas Lieblingsblumen. Am Bahnhof Schönhauser Allee standen häufig alte Muttchens, die die Blumen aus ihren Gärten feilboten. Um Mama eine Freude zu bereiten, habe ich öfter welche von meinem Taschengeld gekauft und ihr geschenkt, wenn ich sie vom Bahnhof oder sogar von der Hochschule abgeholte habe.

Nun gibt es bei uns im Nachbarort eben solch ein Muttchen. Jeden Morgen in der Frühe stellt sie ihre Gartenblumen, momentan sind es ausschließlich Bartnelken, mit einer Kasse des Vertrauens an die Straße. Für Mama habe ich drei Sträuße gekauft und zu einem dicken fetten Bukett zusammengefügt. Meine Hand passte gerade noch so um das Stielbündel.

Witzigerweise hatte Papa Mama ebenfalls Bartnelken geschenkt. Sein Supermarktsträußchen nahm sich gegen meinen dichten Busch allerdings ein wenig mickrig aus. Kurzerhand zwängten wir seine Stängelchen noch mit zu meinem Strauß in die Vase. Das war ein Duften in der Stube. Herrlich!

Als ich Mama erzählte, welche Erinnerungen ich mit Bartnelken verbinde, war sie ganz erstaunt. Sie konnte sich nicht entsinnen, dass ich sie schon als Kind gerne mit Bartnelken beglückt habe. Aus Langeweile habe ich Mama damals fast jeden Tag vom Bahnhof Schönhauser Allee abgeholt. Später, als ich schon größer war, mit neun oder zehn, durfte ich ihr bis zur Frankfurter Allee entgegenfahren oder sie sogar direkt von der Hochschule abholen. Vor meinem inneren Auge läuft gerade der Film von damals ab. Ich sehe alles wieder deutlich vor mir. Kennst du so etwas?

Die Bilder sind so weit weg und dennoch so vertraut.

Ich erinnere mich noch an all die Läden, die auf dem Weg zum Bahnhof lagen. Den Schreibwarenladen, die Drogerie, die Grilletta – mmh lecker! Kein einziger dieser Läden existiert mehr. Der große Küchenladen nicht und auch nicht das Sporthaus Olympia. Der Küchenladen und das Sporthaus waren übrigens ebenfalls beides Mama-Abholstationen. Ich durfte nämlich, das fällt mir eben gerade wieder ein, gar nicht gleich bis zum Bahnhof. An den musste ich mich erst langsam heranpirschen. Zunächst erlaubte mir Mama lediglich bis zum Ende unserer Straße zu laufen. Nachdem das eine Weile gut geklappt hatte, durfte ich ihr eine Ecke weiter, bis zum Küchenhaus Schönhauser Ecke Willi-Bredel-Straße entgegenkommen. Das war alles noch ohne Straßenüberquerung. Der nächste Schritt war der Sprung über die Willi-Bredel-Straße bis zum Sporthaus Olympia. Nun trennten mich nur noch die zwei Fahrbahnen und der Magistrat, auf dem die U-Bahn fuhr, vom Bahnhof. Und von den Muttchens mit den Blumen. Egal, wo ich warten durfte, ich spüre noch immer dieses Kribbeln, wenn ich kleines Fitzelchen mir den Hals verrenkt habe, um zwischen den vielen Passanten meine Mutti zu entdecken.

Wenn ich daran denke, würde ich mich gerne noch einmal in diese Zeit zurückbeamen. Zuweilen habe ich mächtige Sehnsucht nach diesen längst vergangenen Tagen. Um mich hin und wieder zurückversetzen und eintauchen zu können, habe ich mir vor einigen Jahren das Buch „Prenzlauer Berg-Tour“ von Daniela Dahn gekauft. Die Fotos darin zeigen mein Kinderland. In diesem Buch zu blättern ist für mich wie eine Fahrt in die Heimat.

Wie unglaublich lange das schon her ist! Mama war damals dreißig. Jetzt ist sie neunundsechzig. Ich bin übrigens sehr froh, dass sie die Achtundsechzig hinter sich gelassen hat. Vor ein paar Jahren, es war an ihrem Geburtstag und wir saßen gemütlich im Garten, hatte sie nämlich leichthin angekündigt, nicht mehr lange zu leben und höchstens achtundsechzig Jahre alt zu werden. Ich glaube, keiner außer mir hat dem Bedeutung beigemessen. Aber in mir rumorten diese Worte.

Als Corona im März auch Deutschland erreichte, waren sie unversehens wieder präsent. Die Tage unmittelbar vor Mamas Geburtstag habe ich ständig an ihre düstere „Prophezeiung" denken müssen und gebangt, dass sie sich das Virus auf den letzten Drücker bloß nicht noch einfangen möge. Am Mittwoch war ich dann sehr erleichtert.

Momentan verbringt Mama einen Großteil ihrer Zeit im Garten. Schon seit Jahren ist diese grüne Oase ihr Jungbrunnen. Zuweilen überlegt sie zwar, den Garten abzugeben, weil er natürlich viel Arbeit macht, aber immer öfter schafft sie es, die Arbeit einfach links liegen zu lassen und zu lesen. Lesen ist für sie genau wie für mich ein Lebenselixier. Zum Geburtstag habe ich ihr „Der Apfelbaum" von Christian Berkel geschenkt. Kennst du Christian Berkel, den Schauspieler? An und für sich bin ich sehr skeptisch, wenn Schauspieler anfangen zu schreiben, aber Berkels Apfelbaum, der die Geschichte seiner Familie erzählt, ist wirklich großartig.

Papa hat sich das Buch sofort geschnappt. Aber nicht, weil ihn die Story interessiert hat, sondern nur, weil er schauen wollte, ob ein Bild vom Familienstammbaum der Berkels abgedruckt war. Papa werkelt seit Jahren – oder sind es mittlerweile Jahrzehnte? – an unserem Familienstammbaum. Wo er geht und steht sucht er nach Inspirationen, um ihn weiter zu perfektionieren. Ich verstehe gar nicht warum, denn Papas Stammbaum ist kaum zu übertreffen. Während des Lockdowns hat er ihn auf den neuesten Stand gebracht und in lesbarer Größe ausgedruckt. Das Ding ist zwei Meter lang und einen Meter breit und umfasst acht Generationen. Jetzt denk aber nicht, er hätte die Stammbaumdatei an eine Druckerei geschickt, nein, er hat die Einzelteile auf insgesamt vierundzwanzig DIN A4-Blätter gedruckt und alles fein säuberlich zusammengeklebt. Und das nicht nur einmal, sondern gleich dreimal – für sich, für mich und für Katharina. Dieser Stammbaum ist ein Juwel. Ich überlege allen Ernstes, mir dafür einen Rahmen anfertigen zu lassen. Als Papa mir gestern mein Exemplar überreicht hat, habe ich einen imaginären Hut vor ihm gezogen, mich tief verbeugt und Papas Seligkeit genossen.

Trotz Mamas Geburtstags haben wir uns natürlich auch über Corona unterhalten. Obwohl, unterhalten ist ein wenig übertrieben. Denn überwiegend habe ich geredet. Es floss nur so aus mir heraus. Es tat total gut zu schildern, welche Gedanken mir durch den Kopf gehen, welche Details ich recherchiert habe und welche Aussagen mich stutzig machen. Ganz frisch konnte ich ihnen dann auch noch erzählen, wie ein fast Hundertjähriger die Corona-Krise erlebt.

Bevor ich nämlich zu Mama und Papa gefahren bin, habe ich schnell noch Erwin besucht. Erwin ist einer der zwölf fast Hundertjährigen, die ich für mein letztes Buch interviewt hatte. Nach jeder meiner Stippvisiten bin ich ein kleines bisschen in Erwin verliebt. Nie hätte ich für möglich gehalten, dass ein so alter Mann dermaßen viel Charme und Männlichkeit ausstrahlen kann. Bis ich Erwin begegnet bin. Es ist sagenhaft, wie viel Lausbube und Casanova mit achtundneunzig noch in einem Menschen stecken können.

Als ich mich gestern nach eineinhalb Stunden loseiste und

sagte, ich müsse nun gehen, erwiderte Erwin: „Jaja, hierbleiben können Sie auch nicht, ich habe ja nur ein Bett." Ich wusste im ersten Moment überhaupt nicht, worauf er hinaus wollte. Aber dann ist mein Groschen gefallen. Du hättest Erwins Augen sehen müssen, im doppelten Salto ist der Schelm aus ihnen gesprungen. Und um Erwins Mund zuckte ein Grinsen, wie es Hannes nicht spitzbübischer hinbekommt. Ich sag dir, wenn Erwin jünger wäre … heidewitzka. ☺

Zuletzt hatte ich Erwin um die Weihnachtszeit besucht. Damals war die Welt noch Corona-frei. Gestern nun stand Corona plötzlich mit uns im Flur und wir mussten erst einmal klären, wie wir uns begegnen, ob wir uns die Hand geben – das haben wir nicht getan, ob wir eine Maske tragen – das haben wir ebenfalls nicht getan, ob wir Abstand halten – das ist die Regel, an die sich Erwin konsequent hält. Obwohl wir uns vordergründig trafen, um über mein Buch zu sprechen, nahm Corona selbstredend einen beträchtlichen Raum ein. Es ist einfach das Thema, das alle Welt bewegt.

Ich muss zugeben, ich war sehr neugierig, wie Erwin, der als Soldat den Zweiten Weltkrieg mitgemacht hatte, auf diese Pandemie schaut, von der Emmanuel Macron behauptet, wir befänden uns im Krieg. Nachdem ich Erwin von unserem Projekt erzählt hatte, erlaubte er mir, das Diktiergerät mitlaufen zu lassen. Zu Hause habe ich alles fleißig abgetippt und die Corona-relevanten Aussagen für dich und mich notiert. Ich schicke sie dir anhängend mit.

Um nicht mit leeren Händen zu Erwin zu kommen, hatte ich auf dem Weg zu ihm noch schnell Streuselkuchen für uns kaufen wollen. Erwin liebt Streuselkuchen. Allerdings war ich mal wieder auf den letzten Drücker unterwegs und schaffte es nicht, vorab in meinem Lieblingskonsum im benachbarten Potzlow vorbeizudüsen und uckermärkischen Streuselkuchen zu besorgen. Da ich jedoch auf keinen Fall mit leeren Händen kommen wollte, legte ich einen kleinen Umweg über unseren alten Berliner Kiezbäcker ein. In meiner Eile hatte ich sogar Glück und fand auf Anhieb eine Parklücke. Mit meinem Fokus auf Zeit und Streuselkuchen vergaß ich im Auto allerdings mein Visier, sowie meine Tasche, in der ich immer eine Notmaske stecken habe.

Vor dem Bäcker kam dann der große Schreck. Ein unübersehbarer Aufsteller informierte mich darüber, dass potentielle Kunden nur einzeln und nur mit Mund-Nasen-Schutz eintreten dürften. Was tun? Ich war doch schon zehn Minuten über der Zeit. Zum Glück hatte ich einen Pullover um die Hüfte geschlungen, den ich mir kurzerhand vors Gesicht band. Diesen Schutz jedoch ließen die beiden Verkäuferinnen nicht gelten. Wortwörtlich sagten sie: „Nein, das zählt nicht." Ich war perplex. Die beiden hatten jede eine Maske auf, zudem eine schützende Plexiglasscheibe über dem Tresen und ich war bereit, mir meinen dicken Pullover vors Gesicht zu binden. Was sollte da noch passieren? Genau das habe ich die beiden gefragt. Sie beharrten darauf, dass die Anordnung eingehalten werden müsste. Außerdem, sagten sie, wollten sie geschützt sein und das wären sie nur, wenn ich eine richtige Maske trüge. Ohne eine solche, erklärten sie mir, würden sie mich nicht bedienen.

Während ich mit Engelszungen auf die Verkäuferinnen einredete, um irgendwie auch ohne Maske meinen Streuselkuchen zu bekommen, bildete sich vor dem Laden eine langsam wachsende Schlange. Das stresste mich zusätzlich. Ich hatte einfach keine Zeit, mich noch einmal hinten anzustellen. In meiner Not fragte ich die Verkäuferinnen, was sie davon hielten, wenn ich schnell meine Bestellung aufgeben und danach losflitzen würde, um mein Visier zu holen. In der Zwischenzeit, schlug ich ihnen vor, könnten sie alles einpacken. Darauf ließen sich die beiden Damen ein. Da meine Kinder es lieben, wenn ich ihnen Brote und Kekse vom alten Heimatbäcker mitbringe, dauerte das Bestellen ohne Maske um einiges länger, als das Entgegennehmen und Bezahlen zwei Minuten später mit vorschriftsmäßiger Verhüllung. Die Situation war absurd. Gleichzeitig aber irgendwie schön, weil so befriedend. Nachdem ich nämlich wieder im Laden aufgetaucht war – nun mit Visier – strahlten die beiden Verkäuferinnen unter ihren Masken über das ganze Gesicht. Offenbar fühlten sie sich in ihrer Angst gesehen.

Dieses „In-der-Angst-gesehen-und-respektiert-Werden“ ist es, was auch Papa für sich einfordert und was du vermutlich ebenso möchtest. Ihr wollt, dass Andersdenkende eure Angst respektieren und sich eine Maske umbinden, damit ihr euch geschützt fühlt. Was mir dabei auf der Strecke bleibt, ist der Respekt mir gegenüber und meiner Entscheidung, mich nicht im Atmen einschränken zu lassen, von einer Maske, von der ich überzeugt bin, dass sie mehr gesundheitlichen Schaden anrichtet, als dass sie schützt, und aufgrund einer Pandemie, die ich, so wie sie uns verkauft wird, in Frage stelle. Für mich hat das etwas mit Haltung und mit Würde zu tun. Diese Rücksicht auf „Maskenbefürworter“ kann ich hin und wieder mal aufbringen, aber nicht dauerhaft. Meines Wissens ist die Maske auch nur eine Empfehlung und keine Pflicht, wie die Verkäuferinnen mir erklären wollten.

Wie geht man damit um, wenn zwei konträre Meinungen und Wünsche aufeinandertreffen? Ich will mich nicht für andere verbiegen. Es ist so schwierig.
Jetzt bin ich doch wieder in dieses leidige Thema gerutscht. Ich wollte heute doch nur Schönes schreiben.

Aber ein bisschen schön war dieses Erlebnis ja auch. Die beiden Verkäuferinnen waren glücklich und ich habe mich gefreut, ihnen dieses Glück beschert zu haben.

Ein Glück ganz anderer Art genießen derzeit unsere Störche. Sie sind glückliche Eltern geworden. Obwohl, jetzt da ich das Glück niederschreibe, frage ich mich, ob Störche das Schlüpfen ihrer Jungen tatsächlich als Glück empfinden? Empfinden Störche überhaupt Glück? Und wenn ja, was ist Glück für sie? Was braucht es zum Glücklichsein? Solche und ähnliche Fragen schießen mir immerzu durch den Kopf und ich habe unbändige Lust, ihnen auf den Grund zu gehen. Aber wann soll ich das tun? Ich habe keine Zeit dafür, beziehungsweise nehme sie mir nicht. Wie gerne würde ich solchen Gedankengängen nachhängen …

Vor drei, vier Jahren hatten meine Freundin Clara und ich die Idee (hausfrauen-)philopsophische Briefe zu wechseln. Die erste Frage, die ich Clara damals gestellt hatte, war genau die Frage nach dem Glück. Ich weiß noch, dass es lange gedauert hat, bis Clara endlich antwortete. Sie hatte damals ein kleines Kind und keine Zeit. Mir mit meinen drei Kindern ging es nicht anders und so ist unser philosophischer Austausch schnell wieder eingeschlafen.

Eben kam Hannes und fragte, ob er mit dem Fernglas auf den Kirchturm dürfe. Zusammen mit seinem Kumpel Mats will er schauen, ob sie dem Storch von hoch oben ins Nest schmulen können. Ich habe ihm geraten, gleich noch die Kamera mitzunehmen. Mal sehen, was er für Bilder bringt. Außerdem habe ich die Gelegenheit genutzt, die Jungs zu fragen, ob sie denken, dass die Störche glücklich über ihren Nachwuchs sind. Mats hat sofort „nein" gesagt. Mats ist Naturwissenschaftler und Pragmatiker. Hannes hat ein wenig überlegt, kam aber gleichfalls zu dem Schluss, dass sich Alois und Adele, auf diese Namen hat er unsere Störche getauft, über so etwas wie Glück vermutlich keine Gedanken machen. „Die haben jetzt einfach Babys", sagte er, „und wissen, dass die gefüttert, gewärmt und beschützt werden müssen." Ich bin gespannt, ob die beiden die Küken vom Kirchturm erspähen und uns nachher sagen können, wie viele sich im Nest eingekuschelt haben. Von hier unten sehen wir lediglich, dass die beiden Altstörche fleißig am Füttern sind.

Allein das zu erleben, weckt in mir wohlig warme Glücksgefühle. In den vier Jahren, die wir mittlerweile in Pinnow wohnen, sind mir die Störche sehr ans Herz gewachsen. Sie gehören für mich dazu wie meine Nachbarn. Bisher hat Familie Adebar jedes Jahr Nachwuchs bekommen. In unserem ersten Jahr waren es drei Jungstörche, im zweiten zwei und im vergangenen Jahr wieder drei. Von den letztjährigen Jungstörchen ist einer jedoch von seinem Jungfernflug nicht zurückgekehrt. Das war traurig.

Erstaunlich finde ich, dass Vater Storch (wenn es denn der Vater ist, wir denken uns immer, das er vorausfliegt und das Nest bereitet) jedes Jahr punktgenau am 26. oder 27. März landet. Auch beim Brüten kannst du dir sicher sein, nach dreiunddreißig Tagen knacken die Eier. Ich bin stets aufs Neue davon fasziniert, wie die Natur funktioniert.

In diesem Jahr allerdings gab es zwischendurch eine komische Situation. Vera, unsere Nachbarin, die seit mehr als dreißig Jahren ein Storchentagebuch führt, sagt, so etwas habe sie noch nie erlebt. Mitten im Brüten verließen die Störche ihr Nest. Drei Tage lang war das Nest unbewohnt. Vera war es zuerst aufgefallen. Am 18. April, an Hannes Geburtstag, war sie ganz aufgeregt in unseren Garten gestürmt gekommen, um zu schauen was los sei. Von ihrem Grundstück hat sie keinen freien Blick auf das Nest und konnte nicht genau erkennen, sondern nur mutmaßen. Außerdem wollte sie wissen, ob wir beobachtet hätten, dass mit den Störchen etwas nicht stimme. Aber wir hatten nichts bemerkt. Wir waren den halben Tag unterwegs gewesen – Hannes hatte von uns ein Rennrad bekommen, das natürlich sofort und ausgiebig ausprobiert werden musste –, und nun am Nachmittag spielten wir Kindergeburtstag ohne Kinder. Ich steckte in einem Bettbezug und hatte soeben gegen Jens im Sackhüpfen gewonnen, als Vera uns völlig aufgelöst erzählte, dass nur noch ein Storch im Nest säße. Ein Zweiter, der gerade auf unserem Dach parkte, hatte wohl mehrfach probiert, das Nest anzufliegen, war jedoch jedes Mal mit lautem Geklapper vom Nesthocker vertrieben worden.

Vera vermutete, dass Herr Storch womöglich verunglückt und der Storch auf unserem Dach eventuell ein neuer Bewerber sein könnte. Die folgenden zwei, drei Tage versuchte unser neuer Dachbewohner tatsächlich regelmäßig im Nest zu landen, wurde aber genauso regelmäßig mit lautem Geklapper vertrieben. Eines Morgens dann waren plötzlich sowohl das Nest als auch unser Dach leer. Vera nahm an, dass Adele die Eier verlassen musste, um nicht zu verhungern. Leider kam sie am Abend nicht wieder. Und auch am nächsten Tag nicht. Erst am überübernächsten tauchte sie überraschend wieder auf. Vielleicht war es aber auch ein anderer Storch? Jedenfalls hatte sie oder er, wir gingen weiter von Adele aus, einen neuen Liebhaber im Schlepptau und die beiden klapperten sogleich munter drauflos. Am 1. Mai begann schließlich die Brüterei. Abwechselnd blieben Adele und Alois im Nest, während der jeweils andere auf den Feldern rund um Pinnow nach Nahrung suchte.

Als Adele verschwunden und das Nest verwaist war, hatte Vera auf der Wiese unter dem Storchenmast ein offenbar aus dem Nest geworfenes Ei und ein paar Eierschalen gefunden. Vermutlich hatte Adele dieses erste Gelege selbst aus dem Nest gestupst.

Zum Glück hat es im zweiten Anlauf nun geklappt und wir warten ungeduldig, wie viele Babystörche ihre Schnäbel demnächst über den Nestrand strecken werden. Der bisherige Rekord, sagt Vera, seien 1999 vier Jungstörche gewesen. Meist jedoch waren es drei.

Also auch bei den Störchen lag dieses Jahr einiges im Argen. Wie es scheint, ist aber alles gut ausgegangen. Hoffen wir, dass wir das am Ende des Jahres auch von den Wirren sagen können, die über uns Menschen gekommen sind.

Sei ganz lieb gegrüßt
von Nora.

PS: Morgen treffen wir uns wieder zu unserer Gesprächskreisdemo in Prenzlau. Wenn ich es schaffe, werde ich gleich Sonntag davon berichten.

Erwin, 98 Jahre, Rentner

Wenn ich die ganzen Einschränkungen sehe, an die wir uns gerade halten müssen, erinnert mich das schon an die Einschränkungen zu Beginn des Krieges.

Durch den Krieg hatte ich überhaupt keine Jugend. Als ich jung war, war ich schlachtreif. Da wurde man geopfert. Ich habe Ihnen von einigen meiner schlimmsten Kriegserlebnisse erzählt. Wenn man so etwas vor Augen hat, fragt man sich: „Um Gottes Willen, warum muss das sein?" Deshalb bin ich auch so hartnäckig gegen den Krieg. Wenn ich mir nun das Geschehen auf der Welt betrachte, dann bin ich sehr in Sorge, ich sehe da mehr denn je etwas auf uns zukommen. Diese Rotzer und Großkotzer, wie sie reden über Krieg und Frieden. Und wie handeln sie? Der Mensch ist ein Heuchler. Damit komme ich nicht klar.

Ich vermute, auf Corona sitzen auch ein paar Haufen Leutchen und sagen: Hebt das Ding hoch! Ist besser für uns. Jetzt erzählen sie, der Tageswert hat sich um vier oder fünf Menschen erhöht – ja, ist das 'ne Katastrophe, oder ist das normal? Was ist überhaupt normal? Die machen uns doch besoffen. Man hört und sieht nichts anderes mehr. Wo man hinhorcht: Corona, Corona, Corona. Jetzt heißt es Covid-19. Warum? Ist der neue Begriff dazu da, die Leute noch verrückter zu machen? Man muss gegenwärtig manches abschalten, damit man wieder unbelastet leben kann. Wenn man sich das alles zu Herzen nimmt, hat man nämlich keine Freiheit mehr. Man träumt ja schon davon und bildet sich ein, man hätte hier ein Symptom und dort noch eins ... Wenn ich denke, wie schwer ich manchmal Luft kriege, dann habe ich schon seit Jahren Corona.

Aber Angst habe ich nicht. Anfangs hatte ich meine Bedenken, weil ich schon von Hause aus Luftschwierigkeiten habe. Für den Fall habe ich immer meine „Pistole", also mein Asthmaspray, dabei. Wenn es eng wird, puste ich mir was rein und dann geht es wieder besser. Ich bin vorsichtig. Wenn ich in die Kaufhalle gehe, nehme ich meine Blende mit. Ich habe die Blende immer dabei, und dann: Schnute zu. Allzu lange trage ich sie jedoch lieber nicht, wenn ich nämlich nach Luft schnappe, macht der Stoff dicht und dann wird es noch schwieriger. Ich trage sie nicht länger als notwendig. Ich gehe lieber auf Abstand.

Mal sehen, wie lange das Ganze dauern wird. Ich glaube nicht, dass ich das Ende erleben werde. Schauen Sie nach China; nach einem halben Jahr haben die Corona fast überwunden und in anderen Ländern fängt es erst an. Das kribbelt sich so langsam durch die Welt und zieht sich dadurch in die Länge. Besser wäre eine Seuche, die kommt und wieder geht.

Vor dem Tod habe ich keine Bange. Ich sage immer: Sterben müssen wir sowieso, irgendwann sind wir dran. Und je bewusster man sich das Leben gestaltet, umso einfacher wird es.

Wenn Sie nachher zu Ihrer Mutter gehen, rate ich Ihnen, Sie nicht zu umarmen. Was man vermeiden kann, sollte man vermeiden. Anders ist es, wenn man der Ältere ist. Aber wenn der Ältere noch ein gewisses Lebensziel hat, will man das natürlich nicht unbedingt auf Messers Schneide legen. Deshalb bleibe ich auf Abstand.

⊙

Krefeld, 6. Juni 2020

LiebeNora,

dein gestriger Brief hat mich sehr erfreut. Es tat gut, diese Aneinanderreihung positiver Nachrichten zu lesen. Ich hatte mir vorgenommen, dir heute aus Grieth ebenso positiv zu antworten. Doch über Nacht hat sich die Welt geändert.

Heute in der Früh ist Onkel August gestorben. Meine Cousine Margot macht sich große Vorwürfe. Natürlich habe ich ihr gesagt, dass sie alles richtig gemacht hat.

Aber war es richtig? Was ist überhaupt richtig? Dreizehn Jahre lang hat Margot ihren Vater gepflegt. Es war eine Rund-um-die-Uhr-Betreuung und hat sie viel Kraft gekostet. Ihr fiel es unendlich schwer, ihn ins Heim zu geben. Und plötzlich – wegen Corona – gab es keinen Kontakt mehr. Das enge Band war einfach abgebrochen. Zwei, drei Mal hat Margot versucht mit Onkel August zu telefonieren; die Pfleger haben ihm das Telefon ans Ohr gehalten, aber Margot weiß nicht, ob ihr Vater sie erkannt hat …

Margot ist vollkommen aufgelöst. Nun muss sie alles organisieren. Sie hat gefragt, ob wir zur Beerdigung kommen. Ich werde auf alle Fälle fahren, schon allein, um Margot zu stützen. Michael hadert. Wir werden die nächsten Tage darüber sprechen.

Im Moment sind wir sehr betroffen. Wir werden auch erst morgen nach Grieth fahren. Ich denke, der Garten wird uns guttun.

Heute habe ich, das wirst du verstehen, keine Lust mehr zu schreiben. Vielleicht morgen aus Grieth. Oder übermorgen.

Michael habe ich gebeten, mir die alten Fotoalben rauszulegen. Darin werde ich nachher blättern. Und trauern. Wir dürfen unsere Alten nicht einfach weiter derart würdelos wegsperren. Ich möchte nicht so sterben!!!

Traurige Grüße,

Hannelore.

Pinnow, 9. Juni 2020

Liebe Hannelore,

mir fehlen die Worte. Seit ich deine Nachricht erhalten habe, grüble ich, wie ich dir antworten soll? Das übliche Beileidsgeschwafel kann ich nicht. Dagegen sträube ich mich schon mein ganzes Leben. Als meine Omis gestorben sind, beide an beziehungsweise vielmehr mit Alzheimer, war das Erlösung. Ich nehme an, bei deinem Onkel August wird es ähnlich gewesen sein. Aber die Umstände … Wenn ich daran denke, kommen mir die Tränen. Und so viele Fragen. Mich beschäftigt, ob das Pflegepersonal den Tod hat lauern sehen und Margot informiert wurde. Ob Margot kommen und das Sterben begleiten durfte und wenn nicht, ob sie wenigstens hat Abschied nehmen dürfen. Weißt du davon etwas?

Wie geht es dir mit Onkel Augusts Tod? Ward ihr euch sehr nah?

Ich finde es gut, dass du zur Beerdigung nach Wismar fahren willst. Alle Beerdigungen, die ich bislang erlebt habe, waren für mich sehr versöhnlich, einige sogar richtig schön. Für meine Omis und meinen Opi habe ich die Reden geschrieben; das war meine Trauerarbeit. Ich erinnere mich gern daran.

Weißt du schon, wann die Beerdigung sein wird? Und in welchem Rahmen ihr Abschied nehmen dürft?

Ach, liebe Hannelore, ich denk an dich und drücke dich,
deine Nora.

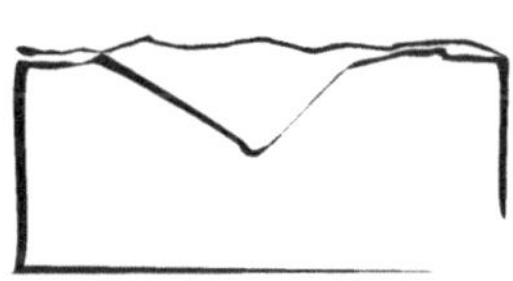

Pinnow, 10. Juni 2020

Liebe Hannelore,

Onkel Augusts Tod hat mich tief getroffen. Stellvertretend für all die Menschen, die seit Corona einsam und verzweifelt sterben und die nicht verstehen, was um sie herum gerade geschieht. Ich habe heute Nacht sogar davon geträumt, von diesem einsamen Sterben. Vom Sterben überhaupt. Vom Tod. Der Tod ist für mich, schon so lange ich denken kann, ein riesiges und schwieriges Thema.

Hatte ich dir schon einmal erzählt, dass ich als Kind Weihnachtsmann werden wollte? Weil ich dachte, der Weihnachtsmann sei der einzige Mensch, der ewig leben würde. Die Vorstellung, irgendwann nicht mehr zu sein, verursachte mir großen Weltschmerz. Anwandlungen davon habe ich heute noch. Ich denke, das ist eine Thematik, die gesellschaftlich bedingt ist. Wie gehen wir mit dem Tod und dem Sterben um? Gar nicht! Das Thema wird verdrängt, tabuisiert, in die Ecke, um die Ecke geschoben. Genau wie unsere Alten.

In unserem Gesprächskreis am Samstag hat einer der Teilnehmer von seiner Oma erzählt, die im April gestorben ist – binnen vier Wochen Lockdowns. Sie war einhundert Jahre alt, dement, aber körperlich noch relativ fit. Ihr Enkel geht davon aus, dass sie vereinsamt, verhungert und verdurstet ist. Er hat erzählt, dass seine Mutter die Oma bis zum Lockdown jeden Tag besucht hat. Wie sollen alte, demente Menschen es fassen, wenn diese Besuche von heute auf morgen ausbleiben? Und dadurch ganz nebenbei plötzlich auch niemand mehr da ist, der sich die dreiviertel Stunde Zeit nimmt, aufzupassen, bis die Oma es geschafft hat, ihr Glas Wasser auszutrinken? Was können wir tun, Hannelore?

In unserem Gesprächskreis erleben wir immer wieder, wie gut es tut, sich über das, was um uns herum passiert und was uns durch die Köpfe geht, auszutauschen. Ich glaube fast, das ist das Wichtigste in dieser merkwürdigen Zeit. Umso dramatischer erlebe ich es, wenn dieser Austausch nicht möglich ist. Aufgrund unterschiedlicher Sichtweisen, vor allem aber aufgrund unserer unmöglichen Kommunikationskultur. Warum muss man einander permanent und unbedingt überzeugen wollen? In der Kommunikation geht es doch nicht um Sieg oder Niederlage. Jedenfalls sollte es nicht darum gehen. Aber ich fürchte, für viele geht es oft genug genau darum.

Das große Anliegen unserer samstäglichen Mini-Demos ist es, alle zu Wort kommen zu lassen, allen Gehör zu verschaffen und alle zu hören. Das funktioniert überraschend gut. Es kommt tatsächlich nicht vor, dass einer dem anderen ins Wort fällt. Allerdings, das muss ich dazu sagen, kamen bisher ausschließlich Menschen, die – genau wie wir Initiatoren – die Verhältnismäßigkeit der Maßnahmen in Frage stellen, die sich wundern und aufregen, dass Andersdenkende nicht nur nicht gehört, sondern diffamiert werden, die erschrocken sind, wie die Presse agiert und die langsam an unserer Demokratie zweifeln. Inzwischen hat sich ein fester Kreis von rund zwanzig Leuten etabliert, zu denen wechselnd immer mal ein paar andere dazukommen. Neugierige Spaziergänger bleiben hin und wieder auch stehen, bislang allerdings ohne etwas beitragen zu wollen.

Letzten Samstag mussten wir alle tief durchatmen, als Felix Teichner, der Kreisvorsitzende der AfD, auftauchte. Bis dato kannte ich Teichner nur von den Plakaten, unter die ich vor der letzten Landtagswahl meine eigenen Gegenplakate gehängt hatte. Diese platten AfD-Sprüche wie „Schreib Geschichte“ oder „Hol dir dein Land zurück“ haben mich damals derartig aufgeregt, dass ich dem unbedingt etwas entgegensetzen wollte. Halber Nacht bin ich losgezogen und habe meine Pappschilder montiert. Das war vielleicht nervenkitzelnd. Mir hat ganz schön das Herz gebibbert. Plötzlich nun saß der Teichner bei uns und hat selbstverständlich auch zum Mikrofon gegriffen. Vorneweg stellte er klar, dass er nicht als Politiker, sondern als Mensch gekommen sei. Aus dem Kreis kam darauf die Frage, ob und wie er das trennen könne. Diese Frage geht mir immer noch im Kopf herum. Kann man sich aufsplitten? Wenn ich zum Beispiel als Autorin auf Lesetour bin, dann bleibe ich doch weiterhin ICH, Nora, Mensch.

Wahrscheinlich wollte Felix Teichner sagen, dass er als Privatmann an unserer Veranstaltung teilnimmt. Aber auch da bleibt die Frage: Kann er den Privatmann vom Politiker trennen? Würde er als Privatmensch den Samstagnachmittag nicht lieber mit seiner Familie verbringen?

Zu Wort hatte er sich übrigens gemeldet, als es erneut darum ging, ob jemand jemanden kenne, der an Corona erkrankt sei. Oder zumindest positiv getestet. Dazwischen liegt bekanntlich ein wohlweislich verschwiegener Unterschied. Felix Teichner war der einzige, der jemanden kannte. Er erzählte von zwei Uckermärkern, einer Frau, die wieder genesen, und einem Mann in den Fünfzigern, der verstorben sei. Ob der Mann an oder mit Corona gestorben war, wusste Felix Teichner allerdings nicht zu sagen.

Als ich später nach Hause kam und erzählte, dass der Kreisvorsitzende der AfD in unserer Runde gesessen und auch gesprochen habe, hat Sophie mich ordentlich runtergeputzt. Sie findet es völlig daneben, jemanden von der AfD in unserem Rahmen zu Wort kommen zu lassen. Im Netz, sagt sie, kursieren derzeit Videos, in denen erklärt wird, wie die AfD versucht, sämtliche Gruppierungen, die sich Corona-kritisch äußern, zu unterwandern. Davon hatten wir natürlich gehört. Von daher waren wir sehr auf der Hut. Allerdings sind wir uns einig, dass wir nicht von vornherein ausgrenzen, sondern erst einmal hören wollen, was die Menschen zu sagen haben. Gegebenenfalls werden wir Stellung beziehen, unser Missfallen äußern oder im Zweifelsfall klipp und klar sagen: So hier nicht!

Es ist ein heikles Thema. Wenn ich allerdings mit meinen frisch politisierten Augen darauf schaue, sehe ich deutlich, dass es ein Thema ist, dass dringend diskutiert werden sollte. Erst jetzt bekomme ich mit, wie viel vorwegnehmende Meinungsmache in unserer Welt an der Tagesordnung ist. Ich höre mir seit Corona öfter den Kanal KenFM an. Macher ist der ehemalige Radiomoderator Ken Jebsen. Vor Jahren moderierte er zusammen mit Volker Wieprecht die Sendung „Radiofritzen". Jens hat diese Sendung eine Zeit lang förmlich inhaliert. Ab und an habe ich mit reingehört. Die beiden Jungs hatten es echt drauf, sie waren schlagfertig, wortgewandt, hatten Humor und Wortwitz und waren ungeheuer schlau – wirklich toll. Irgendwann allerdings gab es einen Riesenwirbel um Jebsen und schließlich wurde er gekündigt. Nur am Rande bekam ich mit, dass er sich antisemtisch geäußert haben sollte.

Ein Freund, mit dem ich kürzlich begeistert über die Inhalte auf Ken FM sprach, sagte mir, diese Vorwürfe seien damals vollkommen an den Haaren herbeigezogen gewesen, Jebsen hätte immer nur Kritik an der israelischen Palästinapolitik geübt. Was mache ich mit diesen gegensätzlichen

Informationen? Israel, Palästina, ich habe mich nie eingehender damit beschäftigt, was im Nahen Osten vor sich geht. Das werde ich nun nachholen. Um mir meine eigene Meinung zu bilden.

Wie bin ich denn jetzt wieder hierhergekommen? Manchmal wundere ich mich, wohin mich meine Gedanken führen. Eigentlich hatte ich den von dir gewünschten „Bericht" über unseren Gesprächskreis komplett anders beginnen wollen. Wer sitzt da in meinem Kopf und bestimmt, was wann raus soll? Das ist auch so eine Frage, die mich wiederkehrend beschäftigt. Bestimmt hast du schon von Leuten gehört, die auf ihr Werk (welcher Art auch immer) angesprochen, erzählt haben, es sei einfach aus ihnen herausgeflossen. Seit ich meine Briefe an dich schreibe, kann ich das gut nachvollziehen. Meine Hand (oder ist es doch mein Kopf?) ignoriert beständig meine vorab gefassten Pläne.

Heute zum Beispiel hatte ich mir einen wundervollen Einstieg überlegt. Ich wollte dir erzählen, wie wir am Samstag unseren Gesprächskreis eröffnet haben. Meine Freundin Vicki und ich haben nämlich „Theater" gelesen. Ich habe Thomas Rühmann gelesen, Vicki Tobias Morgenstern. Thomas Rühmann kennst du vielleicht. Er spielt in der Serie „In aller Freundschaft" den Chefarzt der Sachsenklinik. Zusammen mit dem Musiker Tobias Morgenstern hat er vor mehr als zwanzig Jahren in dem kleinen Örtchen Zollbrücke im Oderbruch das „Theater am Rand" gegründet. Winzig haben sie angefangen. Ihre ersten Aufführungen gaben sie im Wohnzimmer von Tobias Morgenstern. Es soll vorgekommen sein, dass nur ein Mensch im „Saal" saß. Rühmann und Morgenstern haben trotzdem gespielt. Sie waren, was wohl jeder Künstler sein möchte: selbstbestimmt! Inzwischen haben sie mehr als zweitausend Vorstellungen gegeben, ein architektonisch einzigartiges Theater erbaut, eine „Randwirtschaft“ dazu gestellt und eine Buslinie erfunden.

Ich bin durch Ursula Karusseit auf das Theater aufmerksam geworden. Usch Karusseit ist eine meiner Lieblingsschauspielerinnen. Hast du „Wege übers Land“ gesehen? Oder die „Märkische Chronik“? Großartig! Nicht nur die Karusseit, sondern die DDR-Filmkunst überhaupt. Thomas Rühmann, der mit der Karusseit befreundet war, hat sie regelmäßig für sein Theater am Rand „engagieren“ können. Leider habe ich Ursula Karusseit dort nie live erlebt. Erst nach ihrem Tod und nur durch die Augen ihrer Kollegen, die im März 2019 eine einzigartige Trauerfeier für sie „gespielt“ haben, bin ich ihr schließlich doch noch im Randtheater begegnet.

Ich merke, ich muss aufpassen, dass ich mich nicht erneut vergaloppiere: Über das Theater könnte ich viel schreiben. Ich bin absoluter Fan und düse, wenn mir gerade nach Theater und Oderaue ist, gerne mal spontan zu einer Vorstellung. Im Moment freilich nicht. Das vermisse ich.

Vor zwei, drei Wochen hat Vicki mir erzählt, dass Tobias Morgenstern sich auf der Facebook-Seite des Theaters sehr kritisch zum Umgang mit der Corona-Krise geäußert und die sofortige Rücknahme sämtlicher Maßnahmen gefordert haben soll. Daraufhin gab es in den Kommentaren wohl einen wahren Aufschrei. Etliche Fans waren entsetzt, einige haben sogar gedroht, bei dieser Gesinnung des Theaters nicht mehr nach Zollbrücke kommen zu wollen.

Leider war ich zu spät und habe es nicht mehr nachlesen können. Das Theater hatte den Post bereits von der Seite genommen und klargestellt, dass Morgenstern mit seiner Erklärung seine Privatmeinung zum Ausdruck gebracht habe und diese nicht die Haltung des Theaters widerspiegele. Im Theater, hieß es weiter, gäbe es sehr unterschiedliche Meinungen zur Corona-Krise, die offen diskutiert würden, bisher jedoch – genauso wie bei vielen anderen Menschen auch – nicht zu einer Einigung geführt hätten.

Ich wüsste unheimlich gerne, was Tobias Morgenstern geschrieben hatte. Es stärkt ungemein, wenn man von Menschen, die man schätzt, hört, dass sie ähnliche Ansichten teilen. Von daher hätte ich am Samstag lieber den Part von Morgenstern gelesen. Aber gut, Vicki hatte mir den Rühmann zugedacht. Rühmann und Morgenstern haben nämlich miteinander geredet. Herausgekommen ist ein wunderbarer Text, in dem sie beschreiben, wie vor zweiundzwanzig Jahren alles angefangen hat. Von dem Traum zweier Künstler, die im Nirgendwo ein Theater erst gründen, dann wirklich errichten, das so gut besucht ist, dass sogar eine (fast) eigene Buslinie erfunden werden muss. Doch dann plötzlich, schreiben sie, kommt ein Ding durch die Luft geflogen und nichts ist mehr, wie es war. Sogar die Freundschaft und das Theater stehen auf dem Spiel. Eine Entzweiung. Angestoßen durch Morgensterns Vorstoß suchen sie die Diskussion und finden sich im Dialog. Über das, was sie verbindet, was sie eint, was sie am besten können. Kunst. Musik. Sprache. Lieder. Sie beschließen ein zeitgemäßes Stück zu inszenieren. Rühmann hat sofort eine Idee. „Südliche Autobahn" von Julio Cortázar. Geschrieben 1966. Über einen Stau vor Paris, der Monate dauert. Eine Komplettpause, in der eine neue Gesellschaft entsteht.

Ich bin megagespannt auf das Stück. Und begeistert von Rühmann und Morgenstern. Die machen vor, wie es gehen kann.

Für die anschließende Gesprächsrunde hatte sich Vicki

eine spezielle Form des Austausches überlegt – die Fishbowl-Methode[9]. Für mich war diese Art des Diskurses gänzlich neu. Du als Coach wirst sie vermutlich kennen.

Großes Thema des Kreises war unsere Demokratie. Beziehungsweise die Frage, ob unsere Demokratie noch eine Demokratie ist? Ob sie überhaupt jemals eine war? Was Demokratie ausmacht und was der einzelne für demokratisches Handeln hält? Ich habe mir natürlich nicht alles gemerkt, aber eine Frau sagte zum Beispiel, dass Demokratie für sie momentan lediglich eine Überschrift, jedoch nicht fühlbar sei. Sie forderte einen Paradigmenwechsel dahingehend, dass die Politiker wieder wirkliche Volksvertreter würden. Derzeit, so war die überwiegende Meinung, inszenierten die Politiker im Namen unserer Gesundheit ein System, das nicht lebbar ist. Sie lügen uns die Hucke voll, um ihre obskuren Ideen durchzusetzen. Mehrfach wurde der Wunsch geäußert, dass wir uns wieder als Menschen begegnen, uns sehen und hören mögen.

Unter unseren Teilnehmern ist ein Künstler, der offenbar schon viel herumgekommen ist und weltweit Wissen eingesammelt hat. Er sagte, das größte Kommunikationsproblem bestehe seines Erachtens darin, dass die Menschen einander nicht zuhören würden, um zu verstehen, sondern lediglich, um zu antworten. Ein bisschen fühlte ich mich ertappt. Wenn es um Corona geht, merke ich immer wieder, wie ich meinem Gegenüber unbedingt meine Ansichten und

[9] Die Fishbowl-Methode (bekannt auch als Innen-/Außenkreis-Methode) ist eine Form der Diskussionsführung in großen Gruppen. Die Methode hat ihren Namen nach ihrer Sitzordnung: Sie gleicht einem Goldfischglas, um das die Teilnehmer im Kreis herumsitzen. Bei der Fishbowl-Methode diskutiert eine kleine Gruppe von Teilnehmern im Innenkreis, während die übrigen Teilnehmer in einem Außenkreis die Diskussion beobachten. Dabei wechseln immer wieder andere Teilnehmer vom Außenkreis in den Diskussionskreis.

das was mich bewegt, mitteilen möchte. Dabei passiert es mir, dass ich auf das von ihm Gesagte überhaupt nicht eingehe. Wie wirke ich dann? Fest und eingefahren und darauf aus, den anderen zu überzeugen! Mein Gegenüber weiß ja nicht, dass ich mir seine Meinung spätestens nach unserem Disput gründlich durch den Kopf gehen lasse. Aber gut, der erste Schritt ist getan, ich bekomme mit, dass ich noch nicht da bin, wo ich sein möchte. Inzwischen versuche ich viel mehr zu fragen, und dadurch werden die Gespräche tiefer oder offenbaren Wissenslücken. Besonders in dieser Hinsicht ist unsere Samstagsrunde eine unschätzbare Bereicherung für mich. Ich treffe dort auf Leute, die sich schon mit Dingen auseinandergesetzt haben, die für mich noch nie ein Thema waren. Unsere Demokratie ist eines davon.

Ich finde es mehr als bedenklich, dass im Namen einer Pandemie, die nach der ursprünglichen Definition nie eine Pandemie war, unsere Grundrechte außer Kraft gesetzt werden. Um darin, wie du, eine Chance zu sehen unsere demokratischen Regeln weiterzuentwickeln, fehlt mir ein wenig der Optimismus.

Ich sehe nach wie vor keine Gesprächsbereitschaft. Es wird auf Drosten gesetzt, auf Wieler und noch den einen oder anderen, der dem RKI nach dem Mund redet, aber die, die anderer Meinung sind, werden weiterhin ignoriert und diffamiert. Mit Papa habe ich versucht darüber zu reden, aber genau wie du sagt er, er habe davon nichts mitbekommen und wolle sich nicht damit beschäftigen. Das verstehe ich nicht. Man kann doch nicht einfach die Augen verschließen, oder die Ohren, wenn renommierte Wissenschaftler sagen: Stopp, das schätze ich anders ein. Zuweilen habe ich richtig Schiss davor, dass ich miterleben muss, wie sich Geschichte wiederholt. Ich will mir später nicht vorwerfen müssen, nicht aufgestanden zu sein. Womöglich ist das alles Kokolores und ich liege falsch und sehe zu schwarz. Oder ich übersehe etwas. Das wird wohl erst die Zeit zeigen.

Im Moment sind wir im Erleben. Und jeder erlebt diese Corona-Zeit anders. Dieses individuelle Wahrnehmen ist ein Phänomen, das mich sehr beschäftigt. Es gibt doch diesen weisen Spruch: Jeder ist der Schöpfer seiner eigenen Realität. Ich glaube, ich bekomme gerade ein Gefühl dafür, was damit gemeint sein könnte.

Als ich am Samstag nach unserer Demo auf dem Heimweg war, traf ich die Mutter von Hannes' Kumpel Linus. Sie erzählte mir, dass ihr Schwiegervater im März an Corona gestorben sei. Sybille, so heißt die Mutter, ist die erste aus meinem Bekanntenkreis (abgesehen von Papas Arbeitskollegin), die tatsächlich jemanden kannte, der an Corona erkrankt war und leider daran gestorben ist. Ihr Schwiegervater war dreiundachtzig Jahre alt, Arzt und als solcher auch noch praktizierend. Vermutlich hat er sich bei einem Patienten angesteckt. Binnen drei Tagen war er tot.

Wenn Schicksale plötzlich so nahe kommen, bewegt mich das natürlich und macht mich in meiner Haltung wieder wackelig. Für Sybille ist ganz klar, dass wir Abstand halten müssen, dass wir Maske tragen müssen, dass wir Kontakte vermeiden müssen, und das fordert sie von allen – aus Solidarität. Ich kann das verstehen. Aber irgendwie auch nicht. Der Mann war dreiundachtzig, gehörte zur Risikogruppe und war als Arzt sowieso einem erhöhten Risiko ausgesetzt. Wenn ich dann noch dazurechne, dass es keine Schutzkleidung, teilweise nicht einmal Masken gab … Es ist ein Scheißspiel!

Eine Biologin, ich glaube, sie war am Samstag zum ersten Mal dabei, warf die Frage auf, ob wir überhaupt gegen das

Virus kämpfen müssen. Warum, fragte sie, redet niemand vom Immunsystem? Und davon, wie man es stärken kann? Über dieses Widersprüchliche war ich ebenfalls schon ganz am Anfang gestolpert. Ich glaube sogar, ich hatte dir davon geschrieben, dass ich mich wundere, weshalb nicht einfach Obst und Gemüse zwangsverordnet werden? Warum nicht sofort dieser ganze Zuckermüll aus den Regalen genommen wird? Ich weiß noch, wie perplex ich bei meinem ersten Einkauf im Lockdown war, weil mir die Obst- und Gemüseregale quasi alleine gehörten. Die Leute um mich herum hatten es nur auf Teig- und Fertigwaren abgesehen. Es wäre wirklich interessant zu sehen, was geschehen würde, wenn man diese Industrie plötzlich stoppte. Aber das sind so große Nummern ... Letztlich, da stimme ich deinem Cousin Arno zu, geht es immer nur ums Geld. Was können wir Otto Normalverbraucher dagegen tun? Sollen wir es einfach so hinnehmen?

NEIN! Ich bin energisch dafür, dass wir anfangen, all diese Machenschaften zu hinterfragen. Corona als Brennglas!!! Warum muss ich recherchieren, welche Lebensmittel noch Leben in sich haben? Wieso werden überhaupt Lebensmittel ohne Leben produziert? Oder schlimmer noch, vergiftete Lebensmittel? Diese Fragen kamen am Samstag. Und auch die Frage, warum wir immer erst überprüfen müssen, ob ein Politiker die Wahrheit spricht? Warum Politiker gesponsert werden? Und wer eigentlich welche Fäden zieht?

Wenn ich mit Jens darüber debattiere oder mit Papa oder Freunden und Bekannten, wird häufig argumentiert, das sei alles nichts Neues und habe nichts mit Corona zu tun. Richtig! Neu ist es nicht! Mit Corona, denke ich, hat es aber sehr wohl etwas zu tun. Denn Corona, glaube ich, wird zumindest dankbar angenommen, um all diese Missstände zu deckeln. Der Künstler, den ich vorhin erwähnte, hat am Samstag noch einen wunderbaren Satz zitiert, ein tibetisches Sprichwort. Es lautet: Ein Baum, der fällt, ist lauter als ein Wald, der wächst.

Sofort gingen mir die Worte meiner Heilpraktikerin durch den Kopf, die schon zu Beginn des Lockdowns gesagt hatte, wie erstaunlich sie es fände, dass durch Corona plötzlich Dinge möglich würden, die vorher als unmöglich galten, wie zum Beispiel Homeschooling und Homeoffice. Sehr bezeichnend fand sie außerdem, dass Corona vor allem für die alte Garde, die gerne am Althergebrachten, am Etablierten festhalten möchte, supergefährlich ist.

Wie lange wird es dauern, bis der Wald gewachsen ist? Was können wir dafür tun?

Emma, eine unserer „Teilnehmerinnen der ersten Stunde" (Sie hat unseren Fragebogen beantwortet; er ist einzigartig und unterscheidet sich komplett von den bisherigen, ich schicke ihn dir mit.) hat angeregt, einen Runden Tisch für Prenzlau und Umgebung zu initiieren, um hier vor Ort und ganz persönlich zu evaluieren, wie die Menschen den Umgang mit Corona einschätzen – was ihrer Meinung nach bisher gut gelaufen ist, was vielleicht nicht so gut und was wie besser gemacht werden könnte. Offenbar mit dieser Absicht bietet der Prenzlauer Bürgermeister bereits alle zwei Wochen einen Livestream an, in dem er Bürgerfragen beantwortet. Emma glaubt, das reiche nicht aus, um den Bürgern ihre Ängste zu nehmen. Der Bürgermeister als Bürgermeister ist ihrer Meinung nach zu weit weg vom Einzelnen.

Witzigerweise hatte ich mit Vicki ebenfalls schon daran gedacht, eine Art Bürgersprechstunde ins Leben zu rufen, im geschlossenen Raum, ohne die Öffentlichkeit, die wir im

Augenblick am Seeufer haben. Vielleicht ist das eine Möglichkeit, gerade um auch mit jenen Menschen ins Gespräch zu kommen, die bisher nur aus der Ferne gucken.

Inwiefern die Form eines Runden Tisches dafür geeignet ist, kann ich nicht einschätzen. Dafür habe ich mich bislang viel zu wenig mit dieser Art der Meinungsfindung auseinandergesetzt.

Hast du die Demokratie eigentlich schon bei deinen Brenngläsern dabei? Und in dem Zusammenhang auch unsere Grundrechte?

Vor ein paar Monaten bin ich auf ein wunderbares Format unseres Grundgesetzes gestoßen: „Das Grundgesetz als Magazin". Auf hundertvierundzwanzig Seiten sind alle hundertsechsundvierzig Artikel in originalgetreuer Reihenfolge abgedruckt. Anders jedoch als in der herkömmlichen, staubtrockenen Ausgabe, ist der Text grafisch derart brillant in Szene gesetzt und mit Infokästchen und Satellitenbildern von Deutschland und Europa ergänzt, dass es plötzlich Spaß macht, im Grundgesetz zu blättern. Nachdem ich das Magazin gekauft hatte, habe ich es eine Zeit lang stets griffbereit im Wohnzimmer liegen gehabt. Irgendwann jedoch beschwerte sich Jens, weil es ihm zusammen mit dem, was sich noch so angesammelt hatte (Zeichnungen, Notizen, Mangas, Stifte) für zu viel Unordnung sorgte. Also habe ich das Magazin ins Bücherregal einsortiert und seitdem nicht mehr in die Hand genommen. Am Samstagabend habe ich es wieder hervorgekramt und dort deponiert, wo ich mir gerne kurzen Input hole – auf dem Klo. Nun hangle ich mich von Artikel zu Artikel und bin begeistert, aber auch schockiert. Hannelore, es geht gerade wirklich an unsere Grundrechte.

Das beginnt gleich mit Artikel 1: „Die Würde des Menschen ist unantastbar." Sind wir uns überhaupt klar darüber, was Würde ist? Versteht jeder dasselbe darunter? Ich glaube, darüber müsste ernsthaft debattiert werden. Mein Lehrer Frans hat einmal gesagt: Der Mensch erlebt sich als Ich, durch die Entscheidungen, die er selbst trifft. Er ist das gestaltende Subjekt seines Lebens, seiner Realität. Im Moment, so empfinde ich es, wird massiv versucht, aus mir ein Objekt zu machen. Dabei bleibt etwas auf der Strecke. Die Gleichwürdigkeit. Und meine Würde damit auch! (Von der Würde unserer alten Mitbürger will ich gar nicht noch mal anfangen.) Damit wir uns nicht missverstehen; ich bin gerne bereit, Empfehlungen zu beherzigen. Wenn ich sie nachvollziehen kann, wenn sie für mich glaubhaft und vertrauenswürdig sind.

Ich wünschte nach wie vor, wir würden agieren wie die Schweden. Natürlich lese ich die aktuellen Berichte, in denen geschrieben wird, die Schweden würden bereuen und nun ebenfalls die Maßnahmen verschärfen. Daneben lese ich jedoch auch von schwedischen Bürgern, die sagen, nein, nein, hier wird nichts angezogen, wir verfolgen weiter unseren „Sonder"-Weg. Zwar bestätigen sie, dass es im Mai tatsächlich sehr viele Covid-Verstorbene gegeben hat, allerdings sagen sie ebenso klar, dass die meisten Menschen in Pflegeheimen gestorben sind. Offenbar, das räumen sie ein, gab es dort Versäumnisse. In unserer Berichterstattung wird das alles in einen Topf geschmissen. Das muss aber auseinanderklamüsert und gesondert betrachtet werden. Die Alten- und Pflegeheime haben doch nichts mit dem Leben draußen, mit offenen Geschäften, offenen Schulen, dem Arbeitsalltag und einer fehlenden Maskenpflicht zu tun. Das ist für mich kein objektiver Journalismus. Das ist Meinungsmache! Das ist Manipulation!

Da sind wir schon beim nächsten Grundrecht. Wenn Homepages abgeschaltet werden und Beiträge gelöscht, wenn diffamiert und verunglimpft wird, ist unser Grundrecht auf Meinungsfreiheit dann noch gewährleistet? Was ist mit unserer Bewegungsfreiheit? Wenn ich lese, dass Parkbänke abgeschraubt werden, weil jemand trotz Verbotes darauf gesessen hat, dann schaudert es mich angesichts der Assoziation, die mir dazu kommt. Was ist mit der Berufsfreiheit? In unserem Kreis sitzen Etliche, die momentan zum Nichtstun verdammt sind und selbstverständlich finanzielle Einbußen haben. Wie lange wird das gehen? Zu weiteren Dissonanzen führt meines Erachtens die Einteilung in „systemrelevante“ und „nichtsystemrelevante“ Berufe. Damit geht eine Hierarchisierung, eine Auf- und Abwertung einher, die ich für sehr bedenklich halte.

Ich glaube an die Macht der Worte! Ich finde, wir sollten sehr aufpassen, welche Worte wir wann wie benutzen. Systemrelevant ist mein Kandidat für das Unwort des Jahres.

Noch bevor Clara geboren wurde, habe ich einmal ein Seminar „Bewusste Sprache“ besucht. Seitdem liebe ich es, den tieferen Sinn in Worten zu entdecken. System-relevant – nimm das mal auseinander! Oder enttäuschen. Ein Nachbar hat mir kürzlich erst geschrieben, dass er von mir enttäuscht sei. Das muss man sich mal auf der Zunge zergehen lassen: Er ist von mir enttäuscht. Ent-täuscht. Das heißt, eine Täuschung wurde aufgedeckt. Die spannende Frage dahinter ist nun, wer hat wen getäuscht. Habe ich ihn getäuscht? Oder steckte die Täuschung nicht viel mehr in seiner Erwartungshaltung, in seinem Bild, das er sich von mir gemacht hatte?

Am Samstag sprach jemand davon, dass wir uns aus alten Denkstrukturen ent-wickeln müssten. Ich hatte sofort ein Bild.

Zu einem gänzlich neuen Blick auf das Wort Nachrichten verhalf mir, ebenfalls am Samstag, eine Frau, die erzählte, dass sie zwanzig Jahre lang als Nachrichtenredakteurin gearbeitet habe. Angefangen hatte sie unmittelbar nach der Wende als Kameraassistentin. In jenen Monaten, sagte sie, habe sie sehr eindrücklich erlebt, wie Nachrichten funktionierten. Gregor Gysi war damals einer der ersten DDR-Politiker, der sich von einem Westsender hatte interviewen lassen. Das Interview soll so abgelaufen sein, dass der Reporter Gysi Halbsätze vorlegte, die dieser ergänzen sollte. Anschließend ging das Ganze in den Schnitt. Am Ende waren die Halbsätze, die Gysi vollenden sollte, rausgeschnitten und durch andere Halbsätze ersetzt worden. Resultat war ein Interview, das in dieser Form niemals stattgefunden hatte, aber genauso war, wie es gebraucht wurde. In diesem Moment, sagte die Frau, habe sie begriffen, was das Wort NACH-RICHTEN tatsächlich bedeute. Das fand ich heftig. Ich kriege das gar nicht aus dem Kopf. Mir ist klar, dass die Arbeit in den Redaktionen nicht immer sauber ist, aber, dass es solche Ausmaße annimmt und das offenbar normal ist, finde ich echt eine krasse Nummer.

Es bestätigt freilich das, was ich seit Corona sehe und erlebe: Die Medien manipulieren. Sie schüren Angst. Morgens, mittags, abends, nachts. Warum? Wie schrieb dein Cousin? Es geht um Geld, Reichtum und Macht!!!

Wer verdient daran? Das fragte mich mein Bauchgefühl bereits am Anfang der Krise, als ich noch Angst davor hatte, in drei Wochen vielleicht tot zu sein.

Hannelore – fragst du dich nicht, wer an der ganzen Corona-Panik verdient?

Ich kann dir nur noch einmal die arte-Dokumentation „Profiteure der Angst“ ans Herz legen.

Wenn es jetzt heißt: Die Pandemie ist vorbei, sobald wir einen Impfstoff haben!, läuten bei mir sämtliche Alarmglocken.

Oh Gott, Hannelore, gerade läuten hier ganz andere Alarmglocken. Ich habe Clara vergessen. Ich muss sie vom Reiterhof abholen. Ich schreib nachher weiter. Bis später!

Das ist mir noch nie passiert. Da hätte ich doch beinahe wirklich vergessen meine Clara abzuholen. Eine Stunde hatte sie schon „Überstunden" geschoben, bevor sie anrief, um zu fragen, wo ich bliebe. Da sieht man mal, wie sehr ich mich in meinem Corona-Trott eingerichtet habe. Keine oder kaum Termine zu haben, finde ich schon sehr angenehm. Damit ist es nun vorbei. Clara ist die erste, die wieder zur Schule muss. Das heißt, zur Schule musste sie nur gestern. Seit heute absolviert sie ein Praktikum auf dem Reiterhof, auf dem sie sonst einmal in der Woche Reitstunden nimmt. Als ich kam, um sie abzuholen, lag sie im Heu und genoss die Sonne. Sie war ziemlich fertig. Aber auch glückselig. Im Auto hat sie geplappert wie ein Wasserfall und ihren ganzen ersten Tag vor mir ausgebreitet. Die wichtigste Nachricht jedoch hat sie mir per SMS über ihre Reitlehrerin zukommen lassen. Deren Freundin sucht für den Hund ihrer Nachbarin ein neues Zuhause. Der Hund ist ein Border Collie, sieben Jahre alt und gut erzogen.

Vor eineinhalb Jahren haben wir genau solch einen Hund für Sophie gesucht. Sophie war damals ziemlich labil und hätte einen tierischen Gefährten gut gebrauchen können. Nachdem wir keinen Hund fanden, der unserem Anforderungsprofil entsprach, boten uns Freunde einen Labradorwelpen an. Wir hatten schon fast zugesagt, als ich kurzfristig doch noch die Reißleine gezogen habe. Ich steckte mitten in meinem Buch und Sophie war auf Jobsuche – wer hätte den Welpen erziehen sollen?

Inzwischen hatten wir uns von der Idee Hund so gut wie verabschiedet. Sophie steht stabil im Leben, hat einen Job und ihren Claudius und wohnt nur noch sporadisch bei uns. Was tun? Clara liegt mir in den Ohren. Ich werde nachher wohl mal bei der Hundebesitzerin anrufen. Ich halte dich auf dem Laufenden.

Wie finde ich jetzt den Faden von vorhin wieder? Ich hatte mich so schön in Fluss geschrieben. Nun sind die Gedanken weg. Dafür kommen neue. Mir fällt gerade eine Begegnung ein, die ich vor zwei Wochen hatte. Bei einem meiner Spaziergänge traf ich einen Mann, der mit seinem Boot bei uns an der Badestelle angelegt hatte. Wir kamen ins Gespräch und unterhielten uns; natürlich auch über Corona. Es stellte sich heraus, dass der Mann Arzt war, Kardiologe. Als er mir sagte, dass er sehr auf einen baldigen Impfstoff hoffe, sagte ich, mir wären Medikamente gegen Covid wichtiger, einfach um Erkrankte behandeln zu können. Er erzählte, auch an Medikamenten seien die Wissenschaftler dran, derzeit würden fünf verschiedene Präparate getestet, ein Impfstoff jedoch wäre viel effektiver und er gehe davon aus, dass es spätestens im nächsten Frühjahr die ersten gäbe.

Wie soll das gelingen? In einem Jahr einen Impfstoff zu entwickeln? Noch dazu einen neuartigen? Technologischer Fortschritt hin oder her, Hannelore, bisher dauerte es in der Regel zehn Jahre, bis ein neuer Impfstoff zugelassen worden ist. Die kürzeste Entwicklungszeit betrug vier Jahre. Das kann gar nicht funktionieren! Wann soll man denn da irgendwelche Wirkungen testen? Man kann weder prüfen, wie lange der Schutz vorhält, noch, ob es Spätfolgen geben wird. Außerdem ist mir zu viel Impfpflicht in der Luft. Es sollen sich alle impfen lassen, die wollen, aber es muss eine freie Entscheidung bleiben!!!

Genauso sehe ich es bei den Masern. Als meine Kinder geboren wurden, hatte ich mich intensiv mit dem Thema Impfen auseinandergesetzt. Sophie habe ich noch dreifach impfen lassen, Clara und Hannes sind lediglich gegen Tetanus geimpft. Freilich, als Laie sitze ich immer zwischen Baum und Borke. Ich kann mich nur belesen und von verschiedenen Fachleuten beraten lassen. Sophie hat, wie du sicher weißt, seit ihrem dritten Lebensjahr Epilepsie. Wir haben keine Ahnung, ob das mit der Impfung zu tun hat. Die Anfälle waren heftig und nur schwer zu durchbrechen. Jedes Mal habe ich gefürchtet, sie würde sterben oder einen bleibenden Schaden davontragen. Diese Erinnerungen sind furchtbar. Der letzte Anfall ist fast fünf Jahre her. Wir hoffen, dass es endgültig der letzte war.

Ich kenne neun Kinder (zwischen vier und einundzwanzig Jahren), die die Masern durchgemacht haben. Alle sind genesen. Clara hatte Keuchhusten. Das war alles andere als witzig. Allerdings weiß ich auch von geimpften Kindern, die trotzdem an Keuchhusten in schwerster Ausprägung erkrankten.

Es ist immer ein Abwägen. Die Mutter meiner Freundin Conni hat zu DDR-Zeiten in Berlin in der Albert-Schweizer-Stiftung gearbeitet. Das war ein Alters- und Pflegeheim. Sie war dort Erzieherin auf der Station, in der die Kinder mit Impfschäden untergebracht waren. Conni sagt, es sei eine große Station gewesen.

Während ich dir davon schreibe, fällt mir die Parallele auf. Wir, in unserem Samstagskreis, fragen uns, wer kennt jemanden, der an Corona erkrankt oder zumindest positiv getestet ist, und du erzählst, dass du niemanden kennst, der einen Impfschaden hat.

Genauso ist es mit den Masken. Du schreibst von deinem Arzt, der sagt, die Maske sei gesundheitlich unbedenklich und man müsse sich nur daran gewöhnen. Ich lese von Ärzten, die sagen, die Maske sei sowohl für den Körper als auch für die Psyche schädlich. Was ist „richtig", was ist „falsch"? Gerade weil es keine Blaupause (tolles Synonym!) gibt, halte ich es für unerlässlich, nicht nur eine kleine Zahl von Wissenschaftlern, die alle einer Meinung sind, zu Rate zu ziehen, sondern Experten unterschiedlicher Auffassung und verschiedener Spezialgebiete – Task Force-Gruppen hattest du es genannt. Ich verstehe, das strengt total an. Mich ja auch. Ich würde mir diese Arbeit gerne ersparen. Aber wenn die von oben nicht geleistet wird, müssen wir uns unten unsere Puzzleteile selber zusammensuchen. An der Stelle lobe ich mir das Internet und die unabhängigen Medien.

Allerdings zieht ein Puzzleteil dummerweise immer gleich das nächste nach sich. Es ist so viel, was durch meinen Kopf wirbelt. Ich kriege das gar nicht alles auf einmal aufs Papier gebannt. Aber mit jedem Brief sortiert es sich ein bisschen. Das hilft mir ungemein durch diese Zeit. Genau wie die Stimmungsbilder, die wir einsammeln. Wenn deine Schwiegertochter schreibt, wie sehr ihr die Situation emotional zusetzt, verbindet mich das mit ihr. Bei deinem Sohn lese ich ein großes Verdrängen. Das ist auch eine Art, mit diesen herausfordernden Umständen umzugehen. Die Sichtweise deines Cousins Arno betrachte ich sehr ambivalent. Dennoch finde ich es interessant, zu erleben, wie ich versuche, mich einzufühlen und aus der anderen, der („Mainstream"-) Perspektive auf das Geschehen zu schauen. Seit ich Willems Aufzeichnungen gelesen habe, spukt mir ständig der Buchtitel „Zusammen ist man weniger allein“ im Kopf herum. Dass Max in Karl-Otto einen Freund gefunden hat, finde ich einerseits großartig, andererseits sorge ich mich um das psychische Wohl unserer Kinder.

Clara zum Beispiel war die ersten drei Wochen des Lockdowns unausstehlich. Richtig pubertär. Inzwischen glauben wir zu wissen, dass ihr Verhalten nichts mit der Pubertät, sondern dem Wegbrechen ihrer sozialen Kontakte zu tun hatte. In dem Moment, in dem wir ihr erlaubten, sich wieder mit ihren zwei besten Freundinnen zu treffen, war der Spuk vorbei. Keine Vulkanausbrüche mehr, keine Süßigkeitsorgien, stattdessen wohlwollende Teilnahme am Familienleben. Ich denke, es wird massiv unterschätzt, wie die derzeitigen Vorschriften auf das Seelenleben unserer Kinder wirken.

Thea, ein Mädchen aus der Nachbarschaft, das oft bei uns zu Besuch ist, hatte sich mit dem Beginn des Lockdowns, als wir noch unsicher waren, wie wir mit dieser Vorschrift umgehen wollen, zu uns geschlichen. Ihr Vater suchte im ganzen Dorf nach ihr. Als er schließlich bei uns vor der Tür stand, entbrannte zwischen den beiden ein heftiger Wortwechsel. Die Mutter ist Allergikerin und gehört damit zur Risikogruppe. Die Eltern hatten echt Angst. Thea, dreizehn Jahre, schrie „Ihr wollt mich einsperren. Ich lasse mich nicht einsperren!“ Thea hat keine Geschwister und sollte zwei Wochen lang nur auf dem Grundstück bleiben. Angesichts dieses Streits ist mir die Dimension dessen, was da auf uns zugerollt kam, überhaupt erst bewusst geworden. Thea hat es gut gelöst. Sie ist bei Wind und Wetter spazieren gegangen, ist Rad gefahren und hat mit Clara und Hannes über den Gartenzaun Federball und Fußball gespielt.

Außerdem haben sie von dort aus die Nachbarn observiert. Nach zwei Wochen, die wir alle gemeinsam, aber durch Zäune separiert, miteinander verbracht hatten, waren wir alle wieder entspannt und ließen die Kinder „frei".

Eine Lebensweisheit in Schweden lautet übrigens „Frihet under ansvar" – Freiheit unter Verantwortung. Das gefällt mir.

Damit, liebe Hanne, will ich es für heute bewenden lassen, mein Kopf ist leer.

Wenn du derzeit keine Muße hast zu antworten, kann ich das verstehen. Ich gedulde mich.

Sei ganz herzlich gegrüßt
von Nora.

⊙

Emma, 50 Jahre,

Krankenschwester und Schauspielerin, derzeit als Lehrerin tätig

Was hast du gefühlt und was hast du gedacht?

Als es in China losging, war mein erster Gedanke: Wem nützt es?

Nächster Gedanke: Dann wird es wohl still um die Proteste in Hongkong. Schade!

Nächster Gedanke: China, Amerika, Europa – wird hier eine neue Marktordnung von hinten um die Ecke eingeführt?

Gefühlt habe ich erst etwas, als es in Deutschland losging.

Misstrauen. Angst vor etwas Unbekanntem, etwas, das so groß ist, dass ich es nicht verstehe. Angst um meine Gesundheit und die meiner nahen Menschen. Angst vor Fremdbestimmung.
Widerstreitende Gefühle, wie ich sie aus der Zeit kenne, als ich noch ein Kind war – das Gefühl, dass mir die vollständige Wahrheit vorenthalten wird, dass ich es nicht wert bin, die Wahrheit zu erfahren, dass man mir nicht zutraut, selbst Verantwortung zu übernehmen.
Ohnmacht. Wut. Ratlosigkeit. Abschiedsgefühle. Traurigkeit. Heimweh nach der alten Welt. Neugier auf eine neue Zeit.

Endlich ist die Krise da, die ich mir schon sehr lange gewünscht habe. Hoffnung. Resignation. Angst vor Veränderung. Gefühle von tiefer Klarheit. Mut und Mutlosigkeit. Selbstzweifel. Glaubensverlust. Entsicherung.
Durchgehend, beinahe Mantra-artig begleitete mich der Gedanke: Diese Zeit werde ich sinnstiftend für meine seelische Entwicklung nutzen. Ich nehme meine Gefühle ernst, betrachte meine Widerstände sehr genau, betrachte meine inneren Bewertungen, prüfe eingehend, ob es meine sind oder ob sie induziert sind, ich integriere meine körperlichen Symptome und nehme das Wagnis der Veränderung an.

Was habe ich in meinem Umfeld unternommen?
Ich habe meine Schüler über die geniale Arbeitsweise ihres Körpers und ihres Immunsystems aufgeklärt und ihnen etwas über Viren und das Coronavirus im speziellen erzählt; mein Ziel war es, ihnen ein inneres Bild zu vermitteln, mit dem sie gut sein können.
Ich habe Unmengen an Informationen konsumiert (sowohl im Mainstream als auch in den alternativen Medien).
Ich sondierte meine Umgebung nach Menschen, mit denen ich frei reden konnte, ohne bewertet zu werden.

Ich ging mit meinen Ängsten und widerstreitenden Gefühlen zu einer Traumatherapeutin.
Ich machte jeden Tag für meine Familie grünen Saft von der Wiese.
Täglich gingen wir zusammen in die Natur.
Um mich zu stärken, joggte ich viel.
Ich arbeitete solidarisch im Dorfkonsum mit.
Ich begann meine Beziehungen zu klären.
Ich hinterfragte meine berufliche Situation.
Ich führte viele Gespräche mit Menschen, um ihre Sicht zu verstehen.

Was musste ich unternehmen?
Ich musste meine Schüler während der Hausbeschulung begleiten.
Ich musste meine Beziehung zu meinen Schülern und meinem Team plötzlich abbrechen.
Ich musste mich meiner eigenen Gehorsamsbiographie stellen.
Ich musste mich mit den täglich neuen Verordnungen in meinem Arbeitsumfeld auseinandersetzen.
Ich musste aufhören zu arbeiten.
Ich musste mit ansehen, wie der von mir gegründete Schulverein plötzlich von Angst- und Gehorsamskräften übernommen wurde.
Ich musste schweigen und beobachten.
Ich musste mich mit der Entwicklung unseres Vereins auseinandersetzen. Ich musste meine Funktion als Vorstand niederlegen, weil ich erkannte, dass der Verein nicht mehr meine geistige Heimat ist.
Ich musste viel weinen.

Was hat mich am meisten besorgt?
Die Sprachlosigkeit zwischen den Menschen. Meine eigene temporäre Sprachlosigkeit und Lähmung.
Die Konfliktangst. Die Spaltung zwischen den Menschen. Die Sorglosigkeit vieler Menschen beim Entzug der Grundrechte.

Denunziantentum, das von der Regierung nahezu eingefordert wurde. Bußgeldkataloge. Einteilung in Verschwörer und Nichtverschwörer. Ausgrenzung, Sabotage, Diffamierung von Andersdenkenden.

Was hat mich am meisten geärgert?

Falsche Bilder in der Presse.

Dass mir meine Mündigkeit als Bürger abgesprochen wurde. Dass ich zum Funktionsbürger degradiert wurde, dessen vorrangige Pflicht das Einhalten von Verordnungen ist. Dass meine Freiwilligkeit mit der Androhung von Bußgeld ad absurdum geführt wurde. Dass in den offiziellen Medien nicht über die Stärkung des Immunsystems gesprochen wurde, dass Panik geschürt wurde. Dass nichts unternommen wurde, um die Menschen zu stärken.

Was denke ich heute?

Es war gut und anstrengend, dass mir das Leben so brachial den Vorhang weggezogen hat und ich mich meinen Illusionen stellen, sie hinterfragen und anerkennen musste. Ich erkenne an, dass ich die Verantwortung für mein Leben, meine Gefühle und Visionen trage.

Ich bin mir bewusst, dass ich das Risiko für mein Leben selbst trage. Wenn ich anerkenne, dass der Wandel und die Veränderung etwas ist, das mich mit der Natur und allem, was lebt, verbindet, habe ich viel mehr Gestaltungsspielraum, als ich dachte. Wandel bedeutet immer Entsicherung – das macht mir Angst. Dennoch muss ich akzeptieren, dass Sicherung und Entsicherung zum Leben gehören. In dem Moment, in dem ich die Angst vor der Entsicherung nicht anerkenne oder vermeiden will, vermeide ich, wirklich lebendig zu sein. Das ist zwar konfliktarm, in meinen Augen jedoch ein ziemlich hoher Preis.

Womit beschäftigst du dich am meisten?
Mit meinen nahen Beziehungen.
Mit meinen Ängsten.
Mit der Frage: Wie will ich leben?
Mit der Frage: Wie kann ich zu einer menschengerechten Welt in meinem konkreten Umfeld beitragen?
Damit, woher ich ein Attest herbekomme, um keine Maske tragen zu müssen.

Was hat dich am stärksten positiv überrascht?
Dass meine Schüler fast durchweg eine gute Zeit mit ihren Familien hatten und ihnen die Schule nicht fehlte.
Mein eigener Erkenntnisgewinn.
Das freie, eigene Denken von Menschen, die ich vorher nicht im Blickfeld hatte.

Wie gehst du in deiner Familie und in deinem Freundeskreis mit der Situation um?
Viel reden und zuhören. Keine Bewertungen. Abschaffung der Ironie als versteckte Ratlosigkeit. Sprache finden.
Respekt vor meinen Kindern, für die das alles kein Thema ist.
Dennoch nachfragen, wie es ihnen geht und was ihnen Angst macht.
Mit den Kindern im Gespräch sein und gemeinsam schauen – vor allem während der Zeit der starken Kontaktbeschränkungen –, welches Verhalten unnötig andere Menschen provoziert. Ihnen Tipps geben, wie sie zum Beispiel die Kontaktbeschränkungen, unter denen sie und ihr Freundeskreis leiden, umschiffen können; indem ich gute Orte zum Treffen empfehle.
Viele gemeinsame Unternehmungen und Tätigkeiten in Haus und Hof.
Ich überlasse es meinen Eltern und Schwiegereltern, Verantwor-

tung für sich zu übernehmen und nehme ihre Kontaktangebote an.

Freundeskreis:
Er hat sich gewandelt. Andere Menschen geraten in mein Blickfeld. Ich meide moralische Freunde. Wir rücken näher zusammen, tägliche Telefonate, Lagerfeuerabende, Vogelwanderungen. Ich mache mich sichtbarer in meinem Sein, meine Beziehungen werden wirklicher. Ich meide Freunde, die mich belehren wollen und stelle die Beziehung zu ihnen in Frage.

Was hast du in dieser Zeit über dich gelernt?
Ich bin nicht mehr bereit, meine Integrität zu verletzen oder verletzen zu lassen.
Ein sicherer Job und Geld allein reichen mir nicht, um mich sicher und geborgen zu fühlen.
Ich bin weniger stabil als ich in stabilen Zeiten dachte.
Nähe, Berührung, Austausch und Gemeinschaft sind mir wichtig.
Angst macht mich krank und eng. Ich muss für Lebensumstände sorgen, in denen ich mich gesund und in meiner Kraft fühle.

Wie schätzt du den eingeschlagenen Weg zur Bekämpfung der Krise in Deutschland, in Europa, in der Welt ein?
Ich habe keine Hoffnung, dass die Krise als Chance für einen Wandel vom Marktgerechten System zum Menschengerechteren System ergriffen wird.
Ich sehe, dass der Weg in Richtung Gesundheitsdiktatur eingeschlagen wird.
Der Kapitalismus kommt in seine letzte Phase, er zerstört den Menschen als Material durch maximale Ausbeutung zum finanziellen Wohle einzelner.
Die Demokratie ist am Ende, das Sagen hat eine Finanzoligarchie.

Ich sehe keine nennenswerten Initiativen zum Klimaschutz, Artenschutz oder gegen Massentierhaltung. Diese Probleme werden vernebelt durch den Neoliberalismus und dessen irreführende Vokabeln.

Was bewegt dich derzeit am stärksten?
Die Frage: Wie möchte ich leben?
Die Frage: Wie kann ich meine Kinder schützen?
Die Frage: Wird meine Beziehung meine Wandlung überstehen?

Was erwartest du nach der Coronakrise?
Einen Untersuchungsausschuss.
Viele kleine runde Tische in Kommunen und Gemeinden zur Aufarbeitung der Krise und Neufindung von Zukunftsvisionen.
Bürgergeld.
Freiwillige Zwangsimpfung, nach dem Motto: Solltest du das nicht wollen, musst du freiwillig die Beschneidung deiner Grundrechte in Kauf nehmen. Ähnlich wie beim Masernschutzgesetz.
Digitale Patientenakte.
Organspendepflicht.
Erhalt der Maskenpflicht und allgemeine Gewöhnung daran.
Hygienediktatur wider den gesunden Menschenverstand.
Weitere Abkehr von evidenzbasierter Medizin.

Was wünscht du dir am meisten?
In Liebe mit sich aufrichtenden Menschen verbunden sein.
Bürgergeld.
Unabhängige Evaluation der vergangenen Wochen.
Abschaffung der Massentierhaltung.
Entmachtung der Lebensmittellobby und Pharmalobby. Einen runden Tisch mit allen Interessenverbänden.
Neue Verhandlung des Masernschutzgesetzes und auch hierzu

einen runden Tisch mit allen Interessenverbänden.
Offenlegung, welche PR-Agenturen die Bundesregierung beraten.
Friedliche Demonstrationen bundesweit.
Keine Koalitionszwänge bei Abstimmungsprozessen.
Offenlegung finanzieller und lobbyistischer Verflechtungen in der Politik und Wirtschaft.
Veränderungen des Wahlsystems.
Schulen schreiben ihre eigene Schulpolitik.
Mehr Eigenbestimmung der Gemeinden und Entlastung von Altschulden.

Welche konkreten Hoffnungen hast du am meisten für dich und deine Familie?
Ich wünsche mir ein Leben ohne Hygienediktatur, digitale Überwachung, Krankheitsangst und Mundschutz. Ein Leben in Selbstvertrauen und Naturverbundenheit.
Ich wünsche mir gute, authentische Beziehungen zu leben.
Ich möchte ein guter Nährboden und Sicherheitsnetz für persönliche Veränderungen sein.
Ich wünsche mir unbedingten Respekt vor der Selbstbestimmung eines jeden einzelnen.
Ich wünsche mir eine gleichwürdige Beziehungs- und Konfliktkultur.
Ich wünsche mir finanzielle Sicherheit.
Ich hoffe, dass meine Kinder in sinnstiftenden, fördernden Beziehungen leben werden.
Ich hoffe, dass ich jung alt werde.

⊙

Krefeld, 11. Juni 2020

Liebe Nora,

dein ausführlicher Brief verlangt eine ebenso ausführliche Antwort. Die Zeit dafür werde ich frühestens Mitte nächster Woche finden. Bis einschließlich Samstag bin ich beruflich voll eingebunden. Am Sonntag fahren Michael (wenn er es sich nicht noch anders überlegt) und ich nach Wismar. Am Montag um 11 Uhr ist die Beerdigung von Onkel August. Unmittelbar danach werden wir uns wieder auf die Rückfahrt begeben. Wir haben lange hin und her diskutiert. Und diskutieren noch immer. Michael hat sehr große Angst zu fahren. Ganz wohl ist mir auch nicht. Aber die Vorstellung, Margot in dieser Situation ihren Vater alleine unter die Erde bringen zu lassen, finde ich furchtbar. Wir haben ein Hotelzimmer gebucht und werden die Familie wirklich nur zur Beerdigung sehen. Es ist ein kleiner Kreis, zehn Personen, die außer uns alle in Mecklenburg wohnen. Hoffentlich geht es gut und niemand steckt sich an!

Michael würde lieber hier bleiben – es ist nicht sein Onkel. Ich würde sogar alleine fahren, aber das will Michael auch nicht … Es wird schon gut gehen.

Zu deinen Fragen: Ich weiß nicht, ob die Pfleger den Tod haben kommen sehen. Margot wurde erst informiert, als ihr Vater gestorben war. Eine halbe Stunde wurde ihr gegeben, um Abschied zu nehmen.

Für Onkel August war es natürlich eine Erlösung. Aber unter welchen Umständen! Margot macht sich nach wie vor große Vorwürfe. Vor allem deshalb ist es mir so wichtig, zur Beerdigung zu fahren. Abgesehen davon, dass jeder Mensch einen würdevollen Abschied erhalten sollte.

Was mein Verhältnis zu Onkel August anbelangt, kann ich dir gar nicht viel erzählen. Er ist der jüngste Bruder meiner Mutter. Eigentlich haben wir uns nur zu Familienfesten gesehen. Lange Zeit wohnte Onkel August in Dresden, erst im Alter ist er nach Wismar zurückgekehrt. Für mich war er früher der lustige Onkel, der mich immer zum Lachen gebracht hat – mit einem unnachahmlich spitzbübischen Grinsegesicht, bei dem ihm der Schalk förmlich aus den Augen gesprungen ist und sein Schnauzer lustig wippelte. Als Vater allerdings war er alles andere als lustig. Zu Margot war er sehr streng und barsch.
Ich bin froh, wenn der Montag hinter uns liegt und wir gesund zurückgekehrt sein werden.

Nun nehme ich mir doch noch ein paar Minuten, um dir eine erste kleine Rückmeldung auf deine Ausführungen und Emmas Fragebogenrückläufer zu geben.

Ich finde eure Initiative im Ansatz weiterhin gut und richtig. Allerdings bitte ich dich ausdrücklich, bei allem, was dich und euch an Informationen erreicht, gut hinzusehen und abzuwägen, damit ihr nicht versehentlich einer der vielen, augenblicklich aus dem Boden sprießenden Verschwörungstheorien aufsitzt. So etwas kann schnell gehen. Ich habe das seinerzeit bei Anke erlebt. Auch wenn Attac in dem Sinne nichts mit einer Verschwörungstheorie zu tun hat, so war ich doch erschrocken, wie rigoros und missionarisch sich Anke dieser Bewegung damals angeschlossen (oder ich möchte sogar sagen: unterworfen) hat.

Die Geschichte mit Gregor Gysi würde ich nicht überbewerten. Natürlich werden auch Nachrichten, wie es schon immer getan wurde, nachgerichtet. Das ist nichts Neues. Genauso wenig wie die Tatsache, dass Politiker geneigt sind, Informationen so auszulegen, wie es ihnen in den Kram passt. Im nächsten Jahr sind Wahlen. Das ist nicht weit hin. Vieles von dem, was jetzt geschieht, ist bereits Teil des Wahlkampfes. Aber das war schon immer so. Das ist nichts Dramatisches und hat nichts, aber auch gar nichts mit wackelnden Grundrechten zu tun. Schließlich leben wir nicht irgendwo, sondern in Deutschland. Unsere Politik machen gewählte Volksvertreter. Von denen der eine oder andere sicherlich seine Schwächen hat. Aber das ist menschlich.

Den Fragebogen von Emma habe ich nur kurz überflogen. Meiner Ansicht nach steht sie grundsätzlich und energisch auf Kriegsfuß mit der kapitalistischen Demokratie. Durch Corona, ich kann es nur immer wiederholen, kommen die Probleme wie durch ein Brennglas auf den Tisch. Das Brennglas verstärkt.

Ich bleibe weiterhin gewillt, die Krise als Chance zu sehen. Auch als Chance, dass sich das kapitalistische System reformiert.

Mehr von meinen Gedanken, liebe Nora, gibt es nächste Woche.

Bis dahin habe eine gute Zeit,
Hannelore.

PS: Heute Morgen habe ich eine E-Mail von Max erhalten. Nachdem ich ihn zu Corona interviewt hatte, hat er den Spieß umgedreht und mir seine Fragen gestellt. Nun hat er alles abgetippt und mir geschickt. Ich bin sehr stolz. Außerdem habe ich noch die Rückläufer von zwei meiner Cousinen erhalten. Ich leite dir alles weiter!

Hattest du Angst?
Angst hatte ich eigentlich nicht, aber ein etwas mulmiges Gefühl, bevor wir in den Urlaub nach Waldbronn gefahren sind. Normalerweise tanzen wir dort immer sehr eng mit anderen Leuten zusammen, häufig machen wir auch Gruppentänze. Das wollten wir dieses Mal auf jeden Fall vermeiden.

Hattest du Angst um die Menschen in den Risikogebieten?
Ja, das hatte ich. Im Fernsehen hatte ich gesehen, wie schlimm die Zustände in Italien oder Spanien waren. Das hat mich sehr betroffen gemacht. Vor allem weil dort so viele alte Menschen gestorben sind. Da habe ich tatsächlich Angst bekommen. Schließlich bin ich auch schon alt.

Es gab sehr viele Regeln, an die wir uns alle halten mussten. Hast du dir mit Opa noch zusätzliche Regeln ausgedacht?
Normalerweise kann man sich ja mit dem Partner, mit dem man in einem Haushalt lebt, ganz normal bewegen, aber Opa und ich haben beschlossen, dass wir uns erst einmal keine Küsschen mehr schenken, sondern uns nur kurz drücken. Außerdem haben wir versucht, unsere Kontakte ein bisschen einzuschränken.

Hattest du im Januar, als es in China losging, gedacht, dass es in Deutschland, in Europa und sogar auf der Welt so schlimm werden könnte?
Das konnte ich mir überhaupt nicht vorstellen. Zu dem Zeitpunkt dachte ich wirklich, das Virus wäre nur auf China begrenzt. Beziehungsweise nur auf Wuhan. Für mich war das alles furchtbar weit weg.

Was glaubst du, wie viele Menschen auf der gesamten Welt sind an Corona erkrankt?

Oje, eine Zeit lang habe ich mir jeden Tag eine Weltkarte angeschaut, auf der eingezeichnet war, wie es in den einzelnen Ländern aussah, aber jetzt weiß ich es nicht, ich müsste schätzen. Ich denke eine Millionen Menschen.*

* Inzwischen habe ich recherchiert: Infiziert sind acht Millionen Menschen. Fast zwei Millionen allerdings sind davon bereits wieder genesen.

Hast du eine Ahnung, wie viele Menschen auf der ganzen Welt an Corona gestorben sind?

In manchen Ländern ist es so, dass nur jeder Hundertste stirbt, in anderen Ländern aber, zum Beispiel in Afrika, ist fast jeder gestorben, der mit dem Virus infiziert war. Deswegen ist die Quote dort vergleichsweise sehr hoch. Weltweit sind fast 800.000 Menschen gestorben.

Wenn du sagst 800.000, wie viele davon sind an Vorerkrankung und Altersschwäche gestorben und wie viele sind gestorben, obwohl sie eigentlich topfit waren?

Ich nehme an, dass bestimmt siebzig Prozent mit Vorerkrankung verstorben sind. Die anderen dreißig Prozent hatten keine Vorerkrankungen.*

*Wenn man sich die Zahlen anschaut, sieht man, dass Corona eigentlich nicht lebensgefährlich ist. Von den 800.000 Toten sind 750.000 wegen ihres Alters oder wegen einer Vorerkrankung gestorben. 40.000 - 50.000 Menschen sind gestorben, weil es in ihrem Land oder ihrer Region keine guten Krankenhäuser gibt und sie nicht beatmet werden konnten. Nur etwa zehn Prozent sind an Corona gestorben, obwohl sie topfit waren (10.000 Menschen weltweit).

Was glaubst du, welches Land hat im Moment die meisten und welches die wenigsten Infizierten?
Ich glaube, dass im Verhältnis zu seinen Einwohnern Italien am meisten Corona-Infizierte hat. In welchem Land aktuell die wenigsten infiziert sind, weiß ich nicht. Ich denke, das wird eines der sehr kleinen Länder sein. Die meisten Toten hatten Spanien und Italien zu verzeichnen, die wenigsten Costa Rica. In Spanien und Italien starben zusammen fast eine Million Menschen, in Costa Rica genau einer.

Was glaubst du haben Italien, Frankreich, die USA, Spanien und auch Deutschland und viele andere Länder falsch gemacht und Costa Rica oder andere Länder, in denen es nicht mehr als hundert Infizierte gab, richtig?
Ich vermute, dass bei uns noch zu viele Leute hin- und herreisen durften. Costa Rica dagegen hat sofort am allerersten Tag alle Grenzen zugemacht und dadurch kamen lediglich drei Infizierte ins Land. In Costa Rica gab es in der gesamten Zeit nur siebzehn Infizierte, die alle sofort in Quarantäne gesteckt wurden. Italien und Spanien hatten bereits vor Corona ein schlechtes Gesundheitssystem. England ebenfalls.

Jetzt ist der Lockdown vorbei. Findest du, es ist wieder wie früher?
Deutschland und die ganze Welt haben ihre Regeln extrem gelockert. Eigentlich ist wirklich alles wieder normal. Außer, dass man sich noch nicht wieder umarmen kann und die Schulen und die Kitas weiterhin geschlossen sind. Aber du kannst wieder essen gehen, du kannst wieder in die Skihalle gehen, du kannst einfach vieles wieder machen, was während des Lockdowns verboten war. Und wenn wir jetzt krank werden, könnte es auch einfach nur eine Erkältung sein.

Glaubst du, dass es eine zweite Welle geben wird oder ist Corona endgültig vorbei? Glaubst du, die Lockerungen sind eine gute Idee?
Ich glaube, es ist keine gute Idee. Aus meiner Sicht kommen diese Lockerungen zu früh. Ich kann mir nicht vorstellen, dass die Menschen die Abstandsregeln konsequent einhalten werden. Es würde mich nicht wundern, wenn es eine zweite Phase geben würde. Ich will es nicht hoffen, aber es würde mich wirklich nicht wundern.

Mechthild, 70 Jahre, Rentnerin

Liebe Hannelore,

nun liegt dein Fragebogen schon so lange bei mir. Deine klugen Fragen haben mich jeden Tag begleitet und in meinem Kopf habe ich sie dir längst und ausführlichst beantwortet. Mir haben diese Überlegungen sehr viel gebracht. Du freilich hast davon bislang nichts gehabt. Um das zu ändern, will ich versuchen, die Essenz meiner Gedankenspiele aufs Papier zu bringen. Bei Gelegenheit würde ich mich gerne mit dir austauschen.

Liebe Grüße, auch an Michael. Bleibt gesund!
Mechthild.

Zu Beginn der Corona-Krise galten meine ersten Gedanken meinen Kindern. Sind und bleiben sie gesund?

Ich selbst zog mich zunächst einfach nur zurück. Dann begann ich für meine Familie und die Nachbarn Masken zu nähen. Bei meinen regelmäßigen Spaziergängen plauderte ich über den Zaun mit den Mitgliedern unseres Seniorenclubs, und mit meinen Kindern hielt ich Kontakt per Video.

Sehr beschäftigt hat mich die Frage, und sie beschäftigt mich auch heute noch, wie ich feststellen kann, ob ich gesund bin. Ich möchte mein Umfeld nicht unbewusst infizieren.

Als Zugehörige der Risikogruppe habe ich sehr wohl meinen baldigen Tod einkalkuliert und noch einmal meine Vorsorge überprüft. Ich war mir unsicher, ob ich wirklich alles geregelt hatte. Außerdem wollte ich meiner Familie keine angefangenen Arbeiten hinterlassen.

Natürlich habe ich mir auch universelle Fragen gestellt. Die Antworten darauf suche ich noch immer. Ich würde gerne wissen, wie lange die Krise dauern wird? Wie gravierend sich die Maßnahmen auf die wirtschaftlichen und politischen Verhältnisse aller Menschen auswirken werden? Wie es nach der Krise aussehen wird? Ob es wieder so werden wird, wie es war? Wer die unzähligen Rechnungen für die jetzt ausgeschütteten Milliarden bezahlen wird? Der kleine Steuerzahler!?

Wenn ich ein erstes Resümee ziehe, kann ich sagen, mir persönlich geht es gesundheitlich und finanziell gut. Bei anderen Menschen sieht das sicherlich anders aus. Momentan überlege ich, in welcher Form ich solche Menschen entsprechend meiner Möglichkeiten unterstützen kann.

In meinen Alltag greift Corona insofern ein, als dass ich mir täglich die Nachrichten und die Statistiken zur Krise bei uns in Deutschland und in der Welt anschaue. Ich bin sehr positiv überrascht, wie äußerlich ruhig und strukturiert unsere Regierung mit der Krise umgegangen ist. Beeindruckt hat mich ebenfalls, wie sich die Menschen an die Maßnahmen zur Eindämmung der Pandemie gehalten haben. In meinem Umfeld sind viele Menschen, genau wie ich, dabei, lange aufgeschobene Arbeiten zu erledigen. Ich selbst habe inzwischen alle meine angefangenen Handarbeiten fertiggestellt und mir angewöhnt, etwas neu Begonnenes umgehend zu Ende zu bringen. Außerdem habe ich meine Schränke aufgeräumt und alte Sachen weggeworfen.

Kontakte vermeide ich trotz der Lockerungen weiterhin. Ich gehe nur zum Einkaufen aus dem Haus und mit Roland bin ich jeden Tag im Wald spazieren.

Corona hat mir noch einmal verdeutlicht, wie richtig meine Devise ist, jeden Tag so zu leben, als ob es der letzte wäre.

Dabei verliere ich den Blick in die Zukunft dennoch nicht aus den Augen. Ich sorge mich (vor allem auch für unsere Kinder), wie es weitergehen wird. Ob wir die Schäden in den Griff bekommen können? Ob wir die Rückschritte in allen Bereichen des Lebens verkraften werden und wie sich eine zweite Welle auf die Entwicklung auswirken könnte? Beunruhigt bin ich, wenn ich sehe, wie die rechte Szene versucht, die Krise für sich zu nutzen.

Sobald wir alles überstanden haben, wünsche ich mir eine umfassende Analyse über die getroffenen Maßnahmen, um künftig Fehler vermeiden zu können. Wenn ich beispielsweise auf die Testerei schaue, denke ich, es hätten (vor allem in den systemrelevanten Bereichen) mehr Tests durchgeführt werden müssen. Darüber hinaus hätte ich es für sinnvoll gehalten, jedem Anfragenden unkompliziert die Möglichkeit zu geben, sich testen zu lassen.

Ich hoffe sehr auf schnelle Fortschritte bei der Entwicklung eines Impfstoffes. Ich wünsche mir sehnlichst, dass das Leben wieder normal weitergehen kann. In meinem Fall heißt das, am Leben meiner Kinder teilzunehmen, das gesellschaftliche Leben im Ort wieder zu beleben, zu reisen und Kultur genießen zu können.

Eleonore, 65 Jahre, Künstlerin

Liebe Hannelore,

es hat eine Weile gedauert, aber lieber spät als nie! Hier nun sende ich dir endlich meine Gedanken zur Corona-Situation.

Anfänglich war ich noch sehr naiv und nahm alles eher locker. Die ersten Märztage verbrachte ich mit Ferdinand in Spanien. Dort hörten wir davon, dass die Grenzen bald schließen könnten. Ich nahm das gar nicht für voll. Ferdi flog am 11. März zurück nach Hause in die Schweiz. Ich selbst unternahm noch einen Abstecher nach Portugal, um ein dort laufendes Projekt zu begleiten. Zwei Tage später machte auch ich mich auf den Heimweg in die Schweiz.

Beim gemeinsamen Frühstück am nächsten Morgen eröffnete mir Ferdi, dass wir den Einzug in unser neues Haus in Spanien Ende April vorläufig wohl vergessen könnten. Ich konnte das gar nicht nachvollziehen. Ich glaubte zu dem Zeitpunkt noch, dass wir einfach normal weiterleben könnten. War das blauäugig? Ferdi und ich sind sehr verschieden. Während ich grundsätzlich optimistisch denke, ist Ferdi eher realistisch.

Mit dem Shutdown hat mich das Leben dann eingeholt.

Inzwischen haben sich die Zahlen bei uns in der Schweiz schon lange stabilisiert beziehungsweise sind extrem gesunken. Angesichts der allgemeinen Angst und der Möglichkeit, dass alles hätte viel schlimmer kommen können, denke ich, waren die einschneidenden Maßnahmen nötig. Ob sie es tatsächlich waren, weiß natürlich niemand.

Dennoch bin ich der Ansicht, dass die Rückkehr zur Normalität viel zu langsam erfolgt und schon längst hätte erfolgen sollen. Die Schweiz ist über den Berg, die Spitäler sind halb leer. Mir ist es ein Rätsel, weshalb die Regierung in dieser Situation weiterhin wochenlange Einschränkungen plant. Wir haben doch nun Masken und Schutzkonzepte.

Es macht mich wütend, zu erleben, wie rücksichtslos man mit der Wirtschaft, der Kultur, der Freiheit und dem Leben der Bevölkerung im Allgemeinen umgeht. Vermutlich spüren diejenigen, die diese Entscheidungen treffen, die Auswirkungen selber gar nicht oder nicht genug.

Für mich persönlich bedeutet der Shutdown in Europa eine massive Einschränkung meiner Bewegungsfreiheit. Ich kann nicht reisen und unser neues Haus in Spanien nicht beziehen. Für mich ist das schwer auszuhalten, weil Geduld und Warten nicht meine Stärken sind. Ich will die Dinge immer sofort anpacken. Ferdi dagegen fällt das Warten überhaupt nicht schwer. Er kann Dinge viel besser akzeptieren als ich. Allein an uns beiden ist ersichtlich, wie unterschiedlich wir Menschen auf die Covid-Krise reagieren. Die Meinungen gehen stark auseinander: die einen akzeptieren, was die Regierung vorgibt, die anderen nicht. Dieses Spannungsfeld zieht sich quer durch Familien.

Aus übergeordneter Sicht sehe ich freilich auch, dass es uns, gegenüber anderen Mitbürgern, die wirtschaftlich zu leiden haben, deren Lebensträume zerstört sind oder die krank geworden sind, extrem gut geht. Diese Menschen erfahren derzeit wirkliches Leid. Daran zu denken, deprimiert mich sehr. Und da man von nichts anderem mehr hört, finde ich es unerhört schwierig, in meinen Gedanken positiv zu bleiben.

Um mich zu stärken, habe ich bereits versucht, keine Nachrichten mehr zu konsumieren. Mein Rekord liegt bei vierundzwanzig Stunden. Danach greife ich doch wieder zur Zeitung.

Mit zunehmender Dauer der Krise stellt sich mir die ethische Frage: Wie viel ist ein Menschenleben wert? Natürlich muss man Menschenleben schützen, so gut es geht. Doch man muss sich auch bewusst bleiben, dass das Leben grundsätzlich gefährlich ist.

Wenn ich nur an den Verkehr denke, an HIV, Malaria, Lebensmittelgifte und vieles andere mehr. Ab wann, ab welcher Zahl, frage ich mich angesichts dessen, berechtigt es die Regierung(en), das Leben einer ganzen Gesellschaft zu blockieren? Ab hundert, ab tausend oder ab zehntausend Toten? Ich finde, das ist eine wichtige Frage. Und ich bin mir durchaus bewusst, dass jeder sie anders beantworten wird.

Ich denke, man muss die Zahlen immer in Relation zur Bevölkerungsgröße sehen.

Zahlen wie in Italien und Spanien sind so hoch, dass sie besondere Maßnahmen rechtfertigen. Zahlen wie in Deutschland und der Schweiz aber eher nicht.

Nach der Krise erwarte ich von den Regierungen eine bessere Vorbereitung auf eine eventuell nächste Pandemie. Wenn man bedenkt, dass diese heutigen Szenarien schon lange als Gefahr bekannt waren, ist es ein absolutes Armutszeugnis für die meisten Regierungen, wie schlecht sie auf diese Situation vorbereitet waren.

In der Schweiz gab es lange keine Masken. Die Konzepte sind überhaupt nicht logisch. In den Bergen war es nicht erlaubt, eine geführte Wanderung zu machen, aber im öffentlichen Verkehr durften sich die Massen weiterhin ohne Masken bewegen. In den Supermärkten waren die Abteilungen mit Beautyprodukten und anderen nicht lebensnotwendigen Dingen abgesperrt. Ich verstehe nicht, wieso man in ein und demselben Laden aus dem einen Regal etwas nehmen darf und aus einem anderen nicht.

Ich denke, wir alle müssen lernen, mit Viren zu leben. Selbst wenn wir Covid in den Griff bekommen, kann jederzeit ein anderes Virus auftauchen.

Für diesen Fall sollten für potentielle Risikogruppen Konzepte bereitstehen.

Allerorts hört man, dass sich die Gesellschaft verändern wird und dass es nicht mehr so sein wird wie zuvor. Wir sollten wieder mehr an geistige Werte denken. Weniger Globalisierung! Weniger in der Welt herumfliegen! Zu Hause ist es auch schön. Weniger Großveranstaltungen!

Ich glaube nicht an eine allgemeine geistige Erweckung oder eine Umkehr zu anderen Werten und Gewohnheiten. Wer vorher nicht in diesen Zusammenhängen gedacht hat, wird es nachher ebenso wenig tun.

Womöglich werden sich einige Dinge ändern – ich denke vor allem an die zunehmende Digitalisierung. Die Kommunikation könnte sich beispielsweise mehr und mehr im virtuellen Raum abspielen, ebenso Kulturveranstaltungen. Außerdem kann ich mir vorstellen, dass das Homeoffice vielfach Standard wird. Einige Neuerungen werden vielleicht ein Fortschritt, andere jedoch, denke ich, werden überhaupt nicht auf den Menschen zugeschnitten sein.

Für die Zukunft wünsche ich mir, wieder in einer freien Gesellschaft zu leben, in der das Versammlungsrecht und die Demonstrationsfreiheit gewährleistet sind!

Viele liebe Grüße euch zweien
und der gesamten Familie!

Elo

Pinnow, 14. Juni 2020

Liebe Hannelore,

vermutlich bist du gerade auf dem Weg nach Wismar. In Gedanken bin ich ganz bei dir. Ich hoffe, dass ihr trotz des traurigen Anlasses eine gute Zeit in der alten Heimat haben werdet. Obwohl ich Wismar früher, wenn ich meine Ferien bei Oma Resi verbracht habe, manchmal ziemlich langweilig fand, ist es heute so, dass mir, sobald ich in der Ferne die Werft auftauchen sehe, ganz warm ums Herz wird. Richtig heimatlich. Irgendwie muss dieses Gefühl über Papa in mich übergegangen sein. Katharina hat mir erzählt, dass es ihr ebenso geht.

Bevor wir vor vier Jahren unser Pinnow für uns entdeckt haben, fand ich die Idee sehr reizvoll, mal für ein Jahr in Wismar zu leben. Einfach, um auszuprobieren, wie es ist, tatsächlich in dieser „vererbten" Heimat zu wohnen und nicht nur auf Besuch zu sein. Wegen der Kinder blieb es allerdings eine Gedankenspielerei. Allein bei der Erinnerung daran würde ich jetzt am liebsten alles stehen und liegen lassen und unverzüglich losfahren. Einfach nur, um einmal auf St. Georgen zu klettern, durch meinen geliebten Lindengarten zu schlendern, zu schauen, ob die Grube weiterhin brav unterm Fachwerkhaus hindurchfließt, und schließlich noch meine Spucke von der Schweinsbrücke auf Kahnfahrt zu schicken. In den vergangenen Jahren bin ich hin und wieder ganz kurzentschlossen für einen Tagesausflug nach Wismar gedüst. Dass solche Spontanreisen momentan nicht möglich sind, belastet mich. Zum Glück sieht es so aus, als sollte die „Grenze" nach Mecklenburg demnächst wieder ohne besonderen Grund passierbar sein.

Es lockert sich.

Über den Buschfunk habe ich gehört, dass unsere Grundschule ihre Pforten vermutlich ab Donnerstag doch noch einmal verbindlich öffnen wird. Ich weiß nicht, ob ich das gut finden soll. Ich hatte mich inzwischen darauf eingerichtet, Hannes bis zu den Ferien zu Hause zu behalten. Vergangene Woche hätte er bereits an zwei Tagen wieder zur Schule gehen können. Die Kinder durften frei entscheiden. Aber Hannes hatte keine Lust dazu. Nach so langer Zeit war ihm das irgendwie komisch. Mal sehen, was er nun sagt, wenn sich das Gerücht bestätigen sollte.

Diese Ungewissheit oder vielmehr diese Abhängigkeit von Anweisungen von oben macht mich echt kirre. Das beschwert mich. An manchen Tagen könnte ich vor Wut heulen. Nein, das stimmt nicht. Ich würde gerne heulen können, alles einfach mal rauslassen, aber ich kann nicht. Es kommen keine Tränen.

Genug davon.

Jetzt will ich dir noch etwas Schönes schreiben. Die Babystörche sind zu sehen! Drei kleine Schnäbelchen recken sich über den Nestrand, wenn Adele oder Alois mit dem Futter landen. Das ist ein Schauspiel, von dem ich nicht genug bekommen kann. Und wir haben es direkt vor der Haustür. Besser geht es nicht. ☺

Obwohl, Steigerungen gibt es immer. Für die Kinder wäre das DER HUND. Unentwegt liegen sie mir in den Ohren und wollen wissen, wie unsere Chancen stehen. Ich glaube, sie stehen gut. Ich habe mich mit der Besitzerin unterhalten. Sie war ein wenig erschrocken, dass sich so schnell jemand gefunden hat, der ihre Zelda übernehmen würde. Als ich ihr gesagt habe, dass wir gerne auch noch ein halbes Jahr warten können, war sie beruhigt. Am Freitag wollen wir uns beschnuppern und schauen, ob wir zu Zelda passen und Zelda zu uns. Wir „Frauchen“ sind uns jedenfalls sehr sympathisch. Ohne uns zu kennen, haben wir gleich eine Stunde miteinander telefoniert und über Gott und die Welt geplaudert. Nun freue ich mich auf die Begegnung von Angesicht zu Angesicht und bin sehr neugierig auf Zelda. Ein bisschen Muffensausen vor einer Zukunft mit Hund habe ich allerdings auch.

Aber ich vertraue darauf, dass es schon richtig sein wird, wie es kommt! Bisher war das bei (fast) allem so, was mir im Leben begegnet ist.

Das soll für heute mein Schlusswort sein! Mehr will mir nicht einfallen.

Ich hoffe, du freust dich über meinen kleinen Morgenwiederzuhauseankommensbrief,

sei ganz herzlich gegrüßt,

von Nora.

PS: Jetzt fällt mir doch noch etwas ein. Mein Hannes war sehr erpicht darauf zu lesen, was dein Max über seine Corona-Zeit geschrieben hat. Noch am selben Tag hat er sich hingesetzt und eine kleine Corona-Aufstellung angelegt. Als er sie mir zeigen wollte, war sie leider im Kinderzimmerchaos verschollen. Gestern Abend plötzlich ist sie wieder aufgetaucht. Mit Hannes „Genehmigung“ darf ich sie dir schicken.

Hannes, 10 Jahre

Was ich über Corona denke!
Corona hat zwei Seiten. Eine ist gut, eine schlecht. Die schlechte ist länger.

SCHLECHT

Viele Leute können sich nicht treffen. Das ist schlimm. Vor allem, wenn sich Familien nicht sehen können.

Die Coronatests sind komisch. Wenn man sich einmal testen lässt, kann es sein, dass man Corona hat und wenn man sich noch mal testen lässt, hat man es nicht mehr.

Ich finde blöd, dass man überall Mundschutz tragen muss Und dass man angepfiffen wird, wenn man keinen hat. Es sei denn, man zeigt ein Attest. Aber auch dann kann es sein, dass man beschimpft wird.

Mir fehlen meine Freunde.

Ich finde es doof, dass wir zu Opas Geburtstag nicht an die Ostsee fahren durften. Hoffentlich können wir im Sommer nach Österreich.

Am allerschlimmsten ist natürlich, dass wegen Corona so viele Menschen gestorben sind

GUT

Ich finde es gut, dass man auch mal schulfrei hat.

Krefeld, 18. Juni 2020

Liebe Nora,

dies wird mein vorerst letzter Brief an dich. Die Beerdigung von Onkel August hat mir ganz deutlich gezeigt, dass ich eine Pause brauche. Abstand. Von den Menschen, den Gesprächen und vor allem dem leidigen Thema Corona.

Ich bin jetzt vierundsiebzig Jahre alt, Michael ist fünfundsiebzig. Wir haben nicht mehr ewig zu leben. Wir wollen nichts riskieren, sondern einfach nur unseren Lebensabend in Ruhe genießen, die Natur, die Enkel … Momentan jedoch sitzt uns die Angst in den Knochen. Was, wenn wir uns in Wismar angesteckt haben? Michael sagt, es war falsch zu fahren. Ich fürchte, er hat recht. Was, wenn wir uns das Virus eingefangen haben?

Die Beerdigung war furchtbar. Unheimlich bedrückend. Meine Cousinen und Cousins, alle hatten Angst und wollten den Abschied nur schnell hinter sich bringen. Ich kann dir nicht einmal sagen, ob die Rede des Pfarrers gut war. Ich war die ganze Zeit nur darauf bedacht, aufzupassen, nicht zu nahe bei den anderen zu stehen. Es war nicht schön. Wirklich nicht. Ich hoffe, dass diese Pandemie bald vorbei ist!!! Und wir unbeschadet durch den Sommer kommen. In zehn Tagen fahren wir für zwei Wochen nach Bansin an die Ostsee. Allerdings mit einem unguten Gefühl. Aber wir wollen Max nicht enttäuschen, der sich schon sehr auf seine Ferien mit Oma und Opa freut. Danach werden wir uns in Grieth einigeln. Ich brauche jetzt diese sieben, acht Wochen Besinnung durch Rückzug. In dieser Zeit werde ich auch nicht arbeiten. Ich habe alles runtergefahren. Reset. Danach sieht die Welt hoffentlich wieder besser aus. Bleibt alle gesund. Hannelore.

Pinnow, 18. Juni 2020

Liebe Hannelore,

dein Brief berührt und bewegt mich. Corona rüttelt an unseren Grundfesten. Natürlich respektiere ich deine Entscheidung. Offenbar hat dich und euch die Beerdigung tief erschüttert. Um dich vielleicht ein wenig zu beruhigen, habe ich mir noch einmal die Zahlen für Mecklenburg-Vorpommern angeschaut. Ich denke, ihr braucht wirklich keine Sorge haben, euch angesteckt zu haben. Momentan liegt die Zahl der Erkrankten (die ja gar nicht alle erkrankt, sondern lediglich positiv getestet sind) bei zwanzig von einhunderttausend Einwohnern. Das sind 1,2 Prozent. Hannelore, ihr könnt euch gar nicht angesteckt haben!

Sicher war es gut und richtig, Onkel August verabschiedet und Margot zur Seite gestanden zu haben. Stell dir vor, Margot hätte ihren Vater alleine beerdigen müssen …

Wir dürfen uns von der Angst nicht auffressen lassen. Weder von der Angst vor dem Virus, noch von der Angst vor dem Verlust wichtiger Grundrechte, und auch nicht von der Angst vor Armut. Wir müssen uns das anschauen. Und im Gespräch bleiben. Nach dem Sommer. Ich freue mich.

Habt eine gute und vor allem erholsame Zeit!

Liebe Grüße,
deine Nora.

„Betrachten Sie Konflikte immer als ein Aufeinanderprallen von Ideen, nicht von Menschen.“

-Robert Kegan-

Ganz herzlich danke ich

Simone, Hannes, Arno, Barbara, Iris, Willem, Eleonore, Caro, Erwin, Max, Emma, Toni, Heiko, Nadine, Jo, Viviane, Hanka sowie Mechthild, die mit ihren eindrücklichen Stimmungsbildern nicht nur den „Briefwechsel“, sondern auch mich enorm bereichert haben.
Elke, Jenny und Falk, die Brief für Brief das Entstehen meines Manuskriptes begleitet und mit ihren Anmerkungen optimiert haben.
meiner Freundin und Lektorin Clara, die genau zum richtigen Zeitpunkt wieder aufgetaucht ist, um im Akkord, aber hoffentlich ohne Druck, am Manuskript zu feilen. Clara, das war ein erstklassiger Endspurt! BFF!!!
der weltbesten umland-Grafikerin. Liebe Annett, du bist ein Juwel! Danke für deine fabelhaften Ideen, deren Umsetzung und dein immer herzerfrischend glucksiges Lachen!
Ina, die ganz still und leise all jene Aufgaben für mich erledigt hat, die mir partout nicht liegen.
meiner Mama, die in einer letzten Prüfung (hoffentlich) alle kleinen und größeren Rechtschreibfehler aufgespürt und ausgemerzt hat.
meinem Papa für den reibungsvollen Diskurs.
Annelie für ihren analytischen Blick und eine schlaflose Nacht.
meinen Kindern für ihre Lebendigkeit.
Trixi dafür, dass sie mich jeden Tag raus in die Natur „gezwungen“ hat.
meinen Leuchttürmen sowie den Prenzlauer Linden, die mich durch diese stürmische Zeit getragen haben.

und immer, immer wieder: Ingeborg.

„Was für ein Schatz - dieses Buch! So klug, so mutig und schön - und man kann immer wieder von vorn anfangen. Es gehört, eigentlich, auf jeden Nachttisch!“ *(Ricarda Strehlow)*

Doreen Mechsner
Wege
Auf 18 Pfaden unterwegs
Gesprächsprotokolle über das Leben
ISBN 978-3-9819587-1-3
umland verlag, Gerswalde

Wie bist du aufgewachsen? Was ist Heimat für dich? Woran glaubst du? Hast du Sorgen? Hast du Träume? Wie sieht dein Alltag aus? Woraus schöpfst du Kraft? Glaubst du an Schicksal?

Mit diesen und vielen weiteren Fragen im Gepäck nimmt uns Doreen Mechsner mit auf eine Reise in achtzehn verschiedene Leben. Acht Frauen und zehn Männer, darunter die DDR-Radsportlegende Täve Schur, die Schauspielerin Maria Simon, die gehörlose Erzieherin Claudia sowie Ulrich, ein ehemaliger Stasi-Offizier, erzählen überraschend offen von ihren Familien, ihrer Arbeit, ihren Gefühlen, ihrem Glauben, von Liebe, von Ängsten, von Verletzungen, von Trauer, von Wut, von Kriegs- und Wendeerlebnissen, von ihren Träumen und Wünschen, von Alter und Tod. Ihre Geschichten berühren, bringen zum Schmunzeln und regen zum Nachdenken an.

Doreen Mechsner ist eine Schatzsucherin der kleinen Momente. Die persönliche und selektive Auswahl ihrer Gesprächspartner bildet ein Kaleidoskop des deutschen Alltags- und Familienlebens. Es sind Geschichten, die berühren und begeistern, sie regen zum Nachdenken an und schaffen Verständnis für andere und Andersdenkende.

Anke Frey

Doreen Mechsner hat sehr sorgfältig zugehört. Mit vielen Fragen, noch mehr Geduld und nahezu unendlicher Neugier begegnet sie Menschen, die gerne ihre Geschichten teilen und dadurch sehr persönliche Einblicke gewähren. Mechsners „Wege“ machen deutlich, dass jeder Mensch etwas zu sagen, jeder eine eigene, manchmal sogar sehr viele Geschichten hat. Wenn wir, wie Mechsners Gesprächspartner, die Gelegenheit bekommen würden, diese Geschichten mit anderen zu teilen, würden wir dem, was uns ausmacht, immer mehr auf die Spur kommen.

Trude Schneider (www.literaturpower.de)

„Die Zukunft ist so kurz. Wie sollen wir dem begegnen?“

(Ricarda R.)

Doreen Mechsner
Ich möchte einfach noch Bäume ausreißen!
Aber nur kleine
Fast Hundertjährige erzählen
ISBN 978-3-9819587-5-1
umland verlag, Gerswalde

„Wie tickten die Menschen früher? Wie lebten sie? Was ist aus ihnen geworden? Und wie konnten sie die sein, die sie einmal waren? Mich interessieren weniger die großen Politiker und Heerführer, nein, ich will wissen, wie lebten die einzelnen kleinen Menschen, die den Großen ihr Leben und ihre Kriege erst möglich gemacht haben.“

Doreen Mechsner hat zwölf zufällig ausgewählte fast Hundertjährige nach ihren Leben, ihren Erfahrungen und ihren Erkenntnissen befragt. Ihre Gesprächsprotokolle widerspiegeln einhundert Jahre deutscher Alltagsgeschichte.

Es ist faszinierend, welch unglaubliche Lebensgeschichten Doreen Mechsner zu Tage fördert. Von ganz einfachen Menschen, wie dir und mir. Ganz offenbar hat Doreen Mechsner nicht nur die Fähigkeit gut zuhören zu können, sondern vor allem auch die Gabe, die Menschen zu ermuntern, sich ihr zu öffnen. Dieses Buch ist ein Geschenk.
Frank Werner

Doreen Mechsner lässt ihren Gesprächspartnern viel Raum, erhält ihren Sprachstil und mit jeder Seite, die man umblättert und mit jeder Person, die man näher kennenlernt, wird Geschichte lebendiger. Die Erinnerungen machen Mut und zeigen, dass auch Krisen zu einem erfüllten Leben dazugehören. Aus ihnen spricht Zuversicht und eine große Begeisterung für das Leben. So müde die Körper der alten Menschen sind, so hellwach ist ihr Geist. *Anke Frey*